KB200547

선하고 아름다운 삶을 위하여

선하고 아름다운 삶을 위하여

지은이 | 김형석
초판 발행 | 2018. 1. 29.
13쇄 | 2022. 12. 20.
등록번호 | 제1988-000080호
등록된 곳 | 서울특별시 용산구 서빙고로65길 38
발행처 | 사단법인 두란노서원
영업부 | 2078-3352   FAX | 080-749-3705
출판부 | 2078-3331

책값은 뒤표지에 있습니다.
ISBN 978-89-531-3068-5 03230

독자의 의견을 기다립니다.
tpress@duranno.com   www.duranno.com

두란노서원은 바울 사도가 3차 전도여행 때 에베소에서 성령 받은 제자들을 따로 세워 하나님의 말씀으로 양육하던 장
소입니다. 사도행전 19장 8-20절의 정신에 따라 첫째 목회자를 돕는 사역과 평신도를 훈련시키는 사역, 둘째 세계선교
(TIM)와 문서선교 (단행본잡지) 사역, 셋째 예수문화 및 경배와 찬양 사역, 그리고 가정·상담 사역 등을 감당하고 있습니다.
1980년 12월 22일에 창립된 두란노서원은 주님 오실 때까지 이 사역들을 계속할 것입니다.

선하고 아름다운
삶을 위하여

김형석 교수의　　　　신앙과 인생

김형석 지음

두란노

목차

예수와 더불어 선하고 아름답게 살자

나는 중학생이 되면서부터 지금까지 85년 동안 신앙생활을 해왔습니다. 힘겨운 일제강점기와 고통스러운 공산 치하에 살면서는 기독교 신앙이 얼마나 소중한가에 대해 더 깊이 깨달았습니다.

처음 일터였던 중앙학교에서는 나 혼자만 그리스도인 교사였기 때문에 사랑하는 제자들에게 어떻게 복음을 전할 수 있을까를 고민했습니다. 그 후 연세대학에 머물면서는 기독교 사회 속에 참된 실천적 신앙이 절실하다는 것을 실감했습니다.

그동안에 나는 여러 신앙적 선배와 동지들을 통해 많은 가르침과 도움을 받았습니다. 장로교의 김재준·한경직 목사, 감리교의 홍현설 목사, 성결교의 정진경 목사, 천주교의 김수환·정진석 추기경 등이 보여 준 사랑 있는 관심은 잊을 수가 없습니다.

지금 돌이켜보면 나에게는 3단계의 신앙적 성장 과정이 있었습니다. 20세가 될 때까지는 교회가 내 신앙의 모체였습니다. 교회가 내 신앙생활의 가정 같았습니다.

대학 생활을 시작하면서부터는 교회라는 가정적 울타리를 벗어나 한 국민과 지성인으로서의 신앙을 탐구하게 되었습니다. 예수의 가르침이 내 인생의 진리일 수 있는가를 물어야 했습니다. 철학도였기 때문에 더욱 그러했습니다. 인간이란 어떤 존재인가를 알아야 했고, 기독교가 그 문제에 해답을 줄 수 있을 때 나의 인생관과 가치관으로서의 신앙을 받아들일 수 있었습니다. 그 기간에 나는 많은 기독교 관련 책을 읽었고, 성경과 신학서적들을 탐독했습니다. 목사님들의 설교나 가르침보다는 기독교 사상가와 저명한 신학자들의 정신을 통해 내 신앙을 굳혀갈 수 있었습니다. 교회가 요청하는 교리적 신앙과 더불어 진리로서의 복음을 터득하고 싶었던 것입니다.

연세대학을 떠나 30여 년 사회생활을 하면서는 교회와 현실 사회의 장벽과 거리가 아직도 엄연히 존재하고 있음을 발견했습니다. 그 책임은 사회보다도 교회에 있다고 생각했습니다. 기독교는 기독교회를 위해 있지 않고, 교회를 통해 하나님 나라를 건설하는 데 있음을 망각했다는 반성이었습니다. 물론, 교회는 대표적인 기독교 공동체입니다. 그러나 민족과 국가를 하나님 나라로 바꾸는 소금과 빛의 책임을 다하지 못한다면, 교회는 사회로부터 버림을 받게 된다는 것이 주님의 권고이면서 우리에게 맡겨 주신 사명입니다. 좋은 가정은 자녀들을 키워 사회로 내보내야 합니다. 교회는 우리끼리 즐기고 만족하는 신앙의 안식처가 아닙니다. 주님의 일꾼을 사회와 국가로 배출하는 사명을 소홀히 해서는 안 됩니다. 사회가 교회를 위해 있지 않고 교회가 사회를 위해 존재하는 것입니다.

이런 긴 과정을 거치는 동안에 나는 몇 권의 저서를 남겼습니다. 2004년에는 《나의 인생, 나의 신앙》을 출간했습니다. 주로 나 자신의 신앙생활과 체험이 담긴 내용이었습니다. 이번에 그 내용과 신앙적 과제들을 보충하면서, 우리 사회와 역사를 위해 기독교는 어떤 책임을 감당해야 할 것인가를 취급해 보았습니다. 가장 중요한 것은 사람의 아들로 오셨던 예수와 더불어 선하고 아름다운 삶과

사회를 건설하는 것입니다. 그런 마음 밭이 형성되지 않고서는 하나님의 나라가 이 땅에 건설되지 못할 것으로 생각되었습니다. 하늘나라는 노력 없이 이루어지는 것이 아니기 때문입니다.

독자 여러분과 더불어 주님께서 남겨 주신 사명에 동참할 수 있으면 감사하겠습니다.

2018년 1월에

김형석

1부

하나님의
은총 안에서

1

자유나 운명이 아닌
섭리였다

어느 날,
세월 속에 덩그러니 홀로 남다

    나는 70대 후반에 모친을 보내드리고, 80대 초반에 병중에 있던 아내까지 내 곁을 떠났다. 셋이 살던 연희동 집에 나 혼자 남게 되었다. 어머니께서 남겨 주신 마지막 말씀이 "너 혼자 남으면 집이 비어서 어떻게 하지…?"였다. 나는 그 뜻을 깊이 깨닫지 못했다. "혼자가 될 텐데…"라는 어머니의 걱정 어린 배려로만 생각했다. 혼자 남게 되면서 점점 더 내가 머물 공간인 집이 비었다는 생각이 엄습해 왔다. 미수(米壽)의 나이라고 해서 마지막으로 긴 여행 기간을 갖기로 했다. 미국, 캐나다에 있는 가족 친지들도 찾아보고, 내가 도움을 주었던 몇 교회를 방문해 설교와 강연 시간도 가졌다. 옛날 친분을 쌓았던 분들은 이미 세상을 떠나 있었고, 제자들도 모두 늙어 있었다. 나를 맞이해 주는 젊은 세대들은 간접적으로 선배나 부모들로부터 전해 들은 호기심과 기대를 갖고, 교회당으로 찾아온 듯싶었다. 70대 전반까지만 해도 나를 반가이 영접해 주던 분들이 많았는데 싶은 허전함을 느꼈다. 그래도 많은 이들이 반겨 주었다. 뉴욕에서는 몇 차례 계속되는 설교 시간에 많은 젊은이가 모여 주었다. 감사했다. 워싱턴 D.C. 한인 교회에서는 근래에 보기 드문 설교 시간을 가졌다. 90분에 걸친 긴 설교였다. 끝난 뒤에는 모두가 기립박수를 보내 주었고, 내가 예배실 출입구를 나설 때까지 박수 소리가 그치지 않았다. 그 교회는 내가 5, 6차례 특별 집회를 맡아 주기도 했던 곳이다.

두 달 가까운 긴 여정을 끝내고, LA 공항에서 서울행 대한항공에 몸을 실었다. 긴 시간 잠들었다가 깨어나면 인천 공항에 도착할 것이다. 그런데 예전과 같이 서울 집으로 가야지 하는 생각과 기대감이 들지 않았다. 아무도 없는 빈집이라는 생각이 들었다. 인천 공항에 내렸다. 이전 같으면 서둘러 버스나 차편을 찾았겠는데, 그러고 싶지도 않았다. 아들 집에나 들러 쉬다가 저녁때가 되면 집으로 갈

까 하는 생각이 들었다. 집에는 아무도 기다리는 이가 없었기 때문
이다.

그럴 때는 모친의 말씀이 다시 들려오는 것 같았다. "집이 비어서
어떻게 하지…?"라는 말씀은 '병든 네 처를 위해서 20여 년 동안 뒷
바라지를 했는데, 나는 네가 재혼이라도 해서 빈집에 머물지 않았
으면 좋겠다'는 뜻이었다.

그러나 나에게는 그런 세월의 여유가 없었다. 대신 남다른 축복
의 길이 열려 있었다. 아들딸들과 가족들의 사랑이 남아 있고, 하고
싶고 해야 할 일들이 기다리고 있었다. 그리고 나에게는 50여 년을
함께 살면서 일해 온 두 친구가 있었다. 안병욱과 김태길 교수이다.
그 두 친구가 있었기 때문에 집이라는 좁은 공간은 상실했으나 더
넓은 사회 공간이 기다리고 있었다. 가정 공간은 사회 공간의 한 부
분일 수 있다고, 나 자신에게 타이르곤 했다.

생각해 보면, 존경스러운 두 친구가 있어 나는 누구보다도 행복
하고 자랑스러웠다. 내가 연세대에 부임한 후에 안 선생도 연세대
로 왔다. 그러나 곧 연세대를 떠나 숭실대로 일터를 옮겼다. 아쉽기
는 했으나 그분은 숭실대 철학과뿐 아니라 대학 전체를 대표하는
정신적 터전을 쌓아 갔다. 사회적 활동도 우리 셋 중 누구보다도 영
향력이 컸다.

김태길 교수는 내가 연세대로 모셔 온 셈이다. 그 당시의 총장이

가급적이면 그리스도인 교수를 원했고, 그리스도인은 교회에 출석하는 사람을 지칭하는 것이 보통이었다. 그래서 내가 일요일이 되면 혜화동까지 가서 김 교수를 동반해 교회에 참석하기도 했다. 그때까지 김 교수는 교회에 다닌 적이 없었기 때문이다. 그렇게 연세대에 왔던 김 교수도 몇 해 후에 모교인 서울대로 적을 옮겼다. 그때는 내가 미국에 있었다. '대학에 있었더라면 연세대에 계속 머물 수도 있었을 텐데…' 하는 생각을 했다. 그러나 서울대로 갔기 때문에 서울대 철학과의 실질적인 주임 책임을 맡게 되었다. 나는 두 교수를 잃은 듯싶어 허전했으나 세 대학 모두가 철학 분야의 주인을 찾았고, 사회적 활동도 세 배나 늘어난 셈이 되었다. 60년대부터는 우리 셋을 한국 철학계의 삼총사로 불러 주었을 정도로 많은 일을 했고, 또 분에 넘치는 평가와 감사의 대상이 되기도 했다. 나 혼자 속으로 생각하곤 했다. 헤어졌기 때문에 우정은 더욱 깊어졌고, 세 밭에서 일했기 때문에 더 많은 사회적 수확을 걷을 수 있게 되었음을 감사드리는 마음이 되었다.

우리 세 친구는 철학의 좁은 영역을 인문학의 열린 광장으로 바꾸는 역할을 했다. 철학의 문제들을 사회로 확대시키는 책임을 감당하기도 했으나 철학과 사회를 연결 짓는 과업을 성취시키는 데 도움을 주었다. 물론 그 일에는 장단점이 있다. 그러나 지금에 와서는 우리의 노력이 헛되지 않았음을 인정받는 결과가 되었다.

이상할 정도로 우리는 같은 해에 태어났고, 같은 철학 분야에서도 비슷한 과제와 방향을 다루고 있었다. 다른 철학 교수들이 학문의 울타리 안의 책임을 맡아 주었다면, 우리는 그 경계선을 넘어 철학의 영향을 사회적으로 넓혀 주는 과업을 성취한 성과를 남겼다.

돌이켜보면 정말 우리 셋은 많은 일을 했다. 세 사람의 저서는 유례가 없을 정도로 많았다. 세 사람 다 남에게 뒤지지 않는 문장력을 갖고 있던 영향도 적지 않았다. 안 선생과 나는 어느 정도 타고난 언변도 지니고 있었을지 모른다. 우리만큼 많은 강연을 한 사람도 적을 것 같다. 학문적으로는 김태길 선생이 높은 위치를 차지했으나 사회적 봉사에서 안 선생을 앞지를 사람이 없을 정도였다. 그렇게 30여 년을 대학에서 보냈고, 정년 후에도 우리의 노력은 계속된 셈이다. 반세기 동안 우정을 지키며 함께 일할 수 있었던 행운은 어떤 섭리에 따른 결과라고 여기며 나는 언제나 감사하며 살아왔다.

그러나 세상과 인간이 하는 일에 영원한 것은 존재하지 않는다. 80세 후반기를 맞이하면서 우리도 늙음의 굴레를 벗어날 수 없었다.

어느 날 내가 김태길 교수에게 전화를 걸었다. 우리 셋이 50년 동안 함께 일해 왔으나 셋이서 만나 즐거운 시간도 갖고 대화도 나누는 우정을 다짐하는 시간은 거의 없었던 것 같은데 더 세월이 가기 전에 1년에 두세 차례라도 만나서 즐거운 시간을 가져 보자고 제안했다. 안 선생도 같은 뜻이라고 전했다. 그런데 김 교수의 생각은 우리와 달랐다. 생각에 잠겼던 김 교수가 "나도 그런 마음은 있어. 하지만 그러기엔 때가 늦은 것 같아. 세상 사람들은 우리 모두가 곧 세상을 떠날 사람으로 알고 있어. 이제 새삼스럽게 정을 쌓았다가 누군가 한 사람이 먼저 갈 것 아니겠어. 가는 사람이야 모르지. 그러나 보내고 남는 사람의 마음이 어떠하겠어? 누군가는 마지막에 남게 될 텐데. 그 심정도 생각해 보았어?"라면서 찬성해 주지 않았다. '그저 이렇게 따로 헤어져 있으면서 열심히 일하다가 한 사람씩 가는 것이 더 좋을 거야'라는 생각이었다.

김 교수가 먼저 갈려고 그런 말을 했는지 모르겠다. 89세가 되는 5월에 먼저 우리 곁을 떠났다. 안 선생의 건강에도 이상이 있었기 때문에 내가 혼자 문상을 갔다. 영정 밑에는 '성도 김태길'이라는 글씨가 또렷했다. 나 혼자 생각에 잠겼다. 수십 년 동안 철학도로 성실하게 고민하고 삶에 있어서 영원한 것이 무엇인가를 모색하고 있었는데, 말년에는 말없이 신앙으로 귀의했던 것이다. 진리와 철학을 위해 출발했던 지성인이 신앙을 갖는다는 것은 좀체 쉬운 일이 아니다. 일생에 단 한 번만 있는 선택이며 결단이기 때문이다. 겸손한 심정으로 교회의 의식과 절차를 따르기로 결심했을 마음을 짐작할 수 있었다.

한번은 안 선생에게서 전화가 왔다. 한두 가지 인사말을 하더니 좀 조용한 음성으로 바뀌면서, "나 요사이 며칠 동안 이런 생각 저런 일들을 정리해 보고 있는데, 김태길 선생도 말없이 떠나고 우리 둘이 남았어. 그런데 아무래도 김 선생이 마지막 주자가 될 것 같아.

혼자 남을 것 같은 생각이 들어서…"라는 얘기였다. 내가 "왜? 건강이 좋지 않으세요?"라고 물었다. "건강보다는 그저 내 예감이야"라는 것이다. 어쩐지 얘기를 나누고 보니까 작별 인사를 교환하는 것 같아 그 얘기는 더 계속하지 않고 전화를 끊었다.

나 혼자 생각해 보았다. '무슨 얘기를 하려고 전화를 걸었을까?' 김태길 선생을 아무런 따뜻한 얘기도 못 하고 보냈는데, 우리도 그렇게 무심히 떠나지 않을까 싶어 전화를 걸었음에 틀림이 없다. 유언도 아니고 마지막 작별의 인사도 아니지만 한 번쯤은 얘기라도 나누고 싶었던 것이다. 그리고 하고 싶은 얘기는 '혼자 남더라도 너무 외롭거나 힘들어하지는 마세요. 어차피 누군가는 겪어야 할 운명인데…'라는 위로의 마음이었을 것이다. 그리고 '그리고 김 선생은 나보다 정신력이 강하니까 우리가 남기고 떠난 일들을 마무리해 주기 바란다'는 당부의 뜻이었을 것이다. 내가 먼저 갈 것이라고 예측했다면, 나도 그랬을 것이다.

지금은 안병욱 선생도 떠났다. 혼자 남았다. 모친과 아내를 보냈을 때는 집이 빈 것 같았는데, 두 친구를 보내고 나니까 세상이 빈자리로 변하고 혼자 남은 것 같은 공허감이 찾아들었다.

사실은 그것으로 끝나지 않았다. 나와 비슷한 나이의 친구들이 모두 세상을 떠났다. 대문을 마주하고 지내던 연세대의 유봉로 교수, 바로 앞집에 살던 동갑내기의 탈북한 친구, 중학교 선배인 작곡가 김동진 교수, 월드비전에서 함께 일했던 정진경 목사, 14살 때 중학생으로 만나 모교를 이끌어 준 김창걸 이사장, 친분을 나누어 오던 연세대 박대선 총장, 김수환 추기경, 이 밖의 몇 분이 내가 90 고개를 넘길 때 세상을 떠났다. 내 가족들과 더불어 섬겼고, 아내가 권사로 있었던 대신감리교회의 김문희 목사, 앞뒷집에서 40년을 친구로 지냈던 이화여대의 김흥호 교수, 같은 교회 장로이기도 했던 이영덕 총리, 고당기념사업회 일로 친밀히 지냈던 박재창 선생, 중·고등학교 때 제자였고 평생을 사제 관계 이상의 애정을 갖고 일하던 오재식까지 세상을 떠났다.

병중에 머물고 있던 안병욱 선생도 2013년 10월에 내 곁을 떠났다. 마지막 방문했을 때만 해도 "또 봅시다"라면서 밝게 웃음을 보여 주었는데….

하나님의 사랑의
섭리 안에서

안병욱 선생이 병중에 있을 때, 우리가 예상 못 했던 한 가지 일이 진행되고 있었다. 강원도 양구의 몇 분이 지역 사회의 발전과 문화적 향상을 위해 뜻을 모으던 중에 우리 세 사람의 노고를 기리고 기념하는 사업을 하기로 했다. 셋 중의 김태길 교수는 고향이 충청도이기 때문에 괜찮으나 안 선생과 나는 실향민이어서 갈 곳이 없이 90을 넘기고 있다는 처지를 고려했던 모양이다. 그래서 북한과 가장 가까운 휴전선 밑이 되는 양구로 제2의 고향을 삼도록 하자는 합의를 보았던 것이다. 안 선생의 아드님인 안동규 교수가 그 제안을 받아들여 안 선생의 동의를 얻었고, 뒤를 이어 나에게도 그 뜻을 전해 왔다. 그래서 우리 둘은 감사하는 마음으로 받아들였다. 두 사람을 위한 기념관이 설립되고, 그 옆에 우리 둘을 위한 묘지까지 준비하고 있었던 것이다.

2012년 12월 1일 개관식 때에는 안 선생도 참석하기로 기대했으나 건강에 무리가 발생할지 몰라 끝내 생전에 양구에는 가 보지 못했다. 2013년 10월 10일에는 안 선생의 영결 예배가 양구에서 있었다. 기념관 좌측 호숫가 공원에서였다. 내가 안 선생을 보내는 기념사를 맡게 되었다. 자랑스럽고 존경스러운 생애였고, 93세의 고령이었기 때문에 안 선생보다 더 축복받은 사람은 없었다. 그런데 슬프지는 않은데, 눈물을 참을 수가 없었다. 나는 마지막 보내기 전에 꼭 해야 할 말이 있었다. 그것은 충북 영동에 갔을 때, 대화를 나누고 부탁을 받은 분과의 얘기였다.

내가 맡았던 강연을 끝내고, 대기실에서 쉬고 있을 때였다. 지방의 유지로 보이는 분이 찾아와 이야기를 나누었다.

"안병욱 선생님의 건강은 어떠신지요?"

"2년 전부터 노환으로 계신데, 외출이나 전과 같은 일은 못 하고 계십니다."

"그러시겠지요. 고령이시니까. 그래도 오늘 선생님을 뵈오니까 안 선생님도 뵌 것 같이 기쁩니다. 저희가 젊었을 때는 60년대 이후

인데 그때는 참으로 사는 것이 힘들었습니다. 가난해서 그랬다기보다는 정신적으로 의지할 곳도 없었고, 삶의 방향도 찾지 못하고 살았습니다. 그럴 때, 두 분 선생님이 계셔서 저서도 남겨 주시고, 강연이나 방송도 해 주셨습니다. 그것이 힘이 되어 저희들은 그 어려운 시기를 잘 넘길 수 있었습니다. 저희가 그렇게 힘들었을 때, 하나님께서 우리를 위해 두 분 선생을 보내 주셨다는 고마운 마음을 갖고 살았습니다. 두 분 선생님, 정말로 수고 많으셨습니다. 감사합니다. 기회 닿으시면 안 선생님께도 감사의 말씀을 전해 주시기 바랍니다. 그러면 피곤하실 것 같은 데, 저는 가 보겠습니다. 두 분 다 안녕하시기 바랍니다"라는 내용이었다.

나는 "여러분이 다 그렇게 고마운 마음을 갖고 우리를 보내고 있습니다. 부디 하나님 품 안에서 안식을 누리시기 바랍니다"라고 마지막 송별사를 끝냈다.

안 선생이 세상을 떠난 지 벌써 4년이 되었다. 그 후부터 지금까지 나는 친구의 뜻도 있었을 것이기 때문에 양구의 여러분을 위해 기도하는 마음으로 몇 가지 봉사를 계속하고 있다. 그 일들 때문에 더욱 행복한 여생을 감사히 여긴다.

나는 오래전 우리 장로교와 감리교가 신앙에 있어서의 예정과 자유의 교리를 갖고 대립하며 신도들에게 부담과 고민을 더해 주는 것을 보면서 질문을 해 오는 사람들에게 대답하는 때가 있었다. 나는 지금까지 그런 교리 문제를 갖고 고민해 본 적이 없다. 내가 체험한 것은 '은총의 선택'이다. 지금은 내 인생을 돌이켜 보면서, 나 나름대로의 신앙적 고백을 한다. 인생에는 자유만이나 운명의 절대성만 있는 것이 아니라, 어떤 사랑의 섭리가 있다는 사실이다. 그 섭리의 주관자는 하나님 아버지이시다.

2

은총의
부르심

부모님의 신앙을
보고 배우며

내 고향 송산리(松山里)에는 내가 태어나기 전부터 장로교회가 있었다. 처음의 예배당은 작았으나 증축한 뒤에는 제법 큰 예배당이 되었다. 어렸을 때 예배당에 들어가면 한가운데에 천으로 된 휘장이 처져 있어 남녀 좌석이 구별되어 있었다. 휘장 가에는 장로들이나 나이 많은 사람들이 앉곤 했다. 그때만 해도 남녀칠세부동석이 지켜지던 때였다. 서로 조심하는 분위기 때문에 그렇기도 했으나, 유교적인 전통을 지닌 사람들에게 오해를 받지 않으려는 초창기 교회의 배려 같기도 했다. 초등학교 때 몇 달 동안은 이 예배당이 학교로 사용되기도 했다.

넓은 예배당에서 여러 학년 아이들이 함께 공부했다. 학년 구별이 있기는 했으나, 선생님 한 분이 다 가르쳤다. 차종식 선생님은 어디서 공부하고 선생이 되었는지는 모르나 후에 목사가 되면서 고향을 떠났다. 나는 자랄 때 이 교회가 내 신앙의 온상이 되리라고는 미처 생각지도 못했다. 그다음에 담임 선생님이 된 윤옥경 선생님도 후에 목사가 되었다. 그런 전통 때문인지는 모르나 내 고향에서는 목사가 많이 배출되었다. 이상하게 나만은 같은 환경 속에서 자랐으면서도 목사가 되지 못했다. 지금 생각해 보면, 그것이 주님의 뜻이었던 것 같다. 나는 그 일을 감사히 여기고 있다.

내 부친은 언제부터 어떻게 그리스도인이 되었는지는 잘 모른다. 조부는 일찍부터 고향에서 경제적 기반을 갖추고 있었고, 부친은 결혼과 더불어 평안북도 운산에 있는 금광으로 일터를 찾아 떠나갔다. 부친은 거기서 미국인들을 만나면서 기독교에 관심을 갖게 되었고, 누구의 도움을 받았는지는 모르나 성경을 많이 읽게 되었다. 그리고 그것이 믿음을 갖게 된 계기가 되었던 것 같다.

부친은 평소 성경을 즐겨 읽었다. 그래서 교인들은 물론 때로는 목사님들도 부친에게서 성경에 관한 해설을 듣곤 했다. 그것은 부친이 성경 주석에 관한 책들도 읽었기 때문이다. 부친의 신앙생활은 좀 특이했다. 어떻게 보면 교회주의보다는 성서주의 신앙인 같은 인상을 주었다.

예배를 드리러 가서도 사람이 많은 본당에 들어가지 않고 지하창고에서 혼자 예배를 드릴 때가 있었다. 몸이 약했기 때문에 감기나 돌림병 같은 것을 우려했던 것 같다. 위생 관념이 철저했고, 고향 일대에서는 면허가 없는 의사로도 알려져 있었다. 그렇게 된 데는 내 병약했던 유년기를 통해 의학을 알아야 나를 살릴 수 있다는 결심이 작용했던 것 같다. 유아기 때 나를 치료해 주었던 미국인 의사가 "이 아이는 아버지가 의사가 되어야 할 텐데…"라고 말했던 것이 원인이 되었다고 모친은 말하곤 했다.

어느 때는 부친을 따라 나도 예배당에 들어가 예배를 드리기도 했다. 다들 눈을 감고 기도를 드리는데 부친은 가볍게 눈을 뜬 채로 기도를 드리기도 했다. 처음에는 이상하다는 생각도 들었으나, 나는 아버지가 테가 두꺼운 안경을 꼈기 때문일지도 모른다고 생각했다. 그래도 그 기도드리는 엄숙한 표정 때문에 그것이 잘못이라는 생각은 하지 않았다.

부친은 형식적인 기도를 하지 않았다. 식사 기도를 했는지조차 기억이 없을 정도였다. 신앙은 마음과 생활이라는 분위기를 짙게 심어 주었던 편이다. 그랬기 때문에 모친도 교회 중심의 신앙생활은 하지 않은 셈이다. 또 부친은 누구에게나 신앙을 권고하지 않았다. 삼촌도 교회에 나가지 않았다. 삼촌은 그 옛날의 직업의식에서 볼 때 교회에 가까이하기 힘든 편이었다. 그래서 부친의 고민도 컸던 것 같다. 언제나 동생이 신앙생활을 했으면 하는 기대를 갖고 있었다. 아마 남몰래 기도도 많이 했으리라고 생각한다.

모친이 농담 삼아 하는 이야기가 있었다. "너희 아버지는 교회에 열심히 나가지도 않고, 연보도 많이 하지 않으니까 평생에 한 번도 집사나 장로가 되어 보지 못했다"는 것이었다. 그러나 그때부터 부친은 집사가 되는 것과 신앙은 별개의 것으로 여기는 것 같았다. 친구들이 장로가 되어도 부러워하는 기색이 없었고, 자녀들도 집사나 장로가 되었으면 하는 바람이 없었다. 그 당시로서는 드문 신앙관이었다.

모친도 그 영향을 받았는지 모른다. 교회에서 철야기도를 하고, 부인네들이 울면서 찬송을 부르고 기도드리는 것을 보면서도 공감을 갖지 않는 편이었다. '바르게 살고 남에게 고통과 피해를 입히지 않는 것이 교회에 나가는 것보다 더 중요하지…' 하는 생각을 오랫동안 갖고 있었다.

나도 그런 환경에서 교회에 다녔다. 신앙이 무엇인지 깨닫기에는 너무 어렸다. 마음에 남는 것이 있었다면 주일학교에서, 이스라엘 민족을 구출한 모세와 같은 사람이 되고 에스더와 같은 애국자가 되어야 한다고 되풀이해 들었던 교훈이다. 일제강점기였기 때문에 기독교 신앙은 애국·애족심과 직결되어 있었다.

열네 살에
부르심을 받다

그렇게 자라던 나에게 신앙적 깨달음과 삶의 변화가 찾아온 것
은 열네 살 때 일이다. 초등학교를 마치고 중학교에 입학하게 된 봄
이었다. 나는 건강에도 자신이 없었고, 장래에 대한 희망도 포기해
야 했다. 집이 가난했기 때문에 중학교 진학을 생각할 수 없었다. 그
런데 그해 정월 초하룻날 밤에 모친은 인상 깊은 꿈을 꾸었다. 내가
두 손을 모아 무릎을 감싸고 앉아 있다가 그대로 하늘로 올라가 버
리는 꿈이었다. 모친이 조모에게 그 꿈 얘기를 했더니 할머니는 "에
계계, 오메 방정맞게 그런 꿈을 꿨니? 장손이가 금년에는 죽을라나
보다"라면서 한숨을 쉬었다는 것이다. 나는 자주 졸도하고 의식을
잃곤 했기 때문에 조모와 부모는 내 생명이 언제나 풍전등화와 같
이 느껴졌던 것이다.

그러나 그해에 나는 창덕학교를 졸업하고 평양의 숭실중학교에
입학했다. 나는 지금도 그 일을 도와준 윤태영 담임 선생님의 은혜
를 잊지 못하고 있다. 입학원서를 쓸 때는 없는 재산을 부풀려 써
주었고, 내 건강에 대해서도 좋은 평가를 내려 주었다. 또 부친에
게 나를 중학교에 꼭 보내야 한다고 설득하면서 용기를 북돋아 주
었다.

우리 마을 송산리에 있는 신망(信望)학교는 4학년까지밖에 없었
기 때문에 5, 6학년은 10리쯤 떨어진 칠골(下里)에 있는 창덕(彰德)학

교에 다녔다. 윤 선생님은 5, 6학년 합반을 가르치고 있었다. 학생은 다 합쳐서 30명 정도였던 것으로 기억한다. 같은 반에 결혼한 친척 아저씨가 있었을 정도로 잡동사니를 이룬 시골학교였다.

평양에는 여러 중학교가 있었으나 교회, 그것도 장로교 분위기에서 자란 우리는 숭실중학교를 유일한 중학교로 알고 있었다. 중학생이 된 나는 나도 모르는 어떤 변화를 느끼고 있었다. 그 하나는 건강에 대한 희망이었다. 나를 중학교에 가도록 해 준 어떤 섭리의 손길이 내 건강도 도와줄 것이라는 믿음이었다. 거기에는 철없이 드렸던 내 기도가 버림받지 않았다는 생각이 깔려 있었다. 신입생을 선발할 때, 학교에서 신체검사가 있었다. 기홀(기독) 병원 의사들이 몇 명 와서 검진을 할 차례였다. 한 의사가 나에게 아픈 곳은 없느냐고 물었다. 나는 없다고 대답했다. 의사는 영양 부족에다 뼈만 앙상해 보이는 내 모습을 보고 걱정스러운 표정을 짓고 있었다. 그러나 통과시켜 주었다. 그 뒤부터는 내 건강에도 이상이 없어졌다.

중학생이 된 뒤부터 나는 느낌과 생각의 차원이 달라졌다. 한마디로 나도 어른이 되고 있다는 생각이 들었고, 다른 친구들과는 달리 뜻이 있어 중학교에 오게 되었다는 자부심 비슷한 것을 느끼고 있었다. 무엇인가가 나를 기다리고 있다는 예감 같은 것이었다. 나는 내 인생을 준비해야 하고, 누군가가 나를 불러 줄 때가 왔다는 절박감 같은 것에 사로잡혀 있었다.

드디어 그때가 찾아왔다. 내가 찾아간 것이 아니었다. 그때가 다가온 것이다. 신입생이 된 해 마지막 학기였을 것이다. 우리 중학교와 같은 캠퍼스 동쪽에 있는 숭실전문학교에서 학생들을 위한 신앙부흥회가 있었다. 장소는 5층 소강당이었고, 일주일 동안 저녁 시간에 집회가 있었다. 그 소식을 들은 나는 시골 통학을 중단하고, 시내에 사는 작은 할머니 댁에 묵으며 집회에 참석키로 마음먹었다.

전문학교 학생들을 위한 집회인데 중학생인 내가 참석해도 되는지 걱정은 되었으나 일찍 들어가 맨 앞줄에 자리를 잡고는 예배가 시작되기를 기다렸다. 예배는 7, 80분쯤 계속되었던 것으로 회상된다. 지붕 밑 강당이었기 때문에 좁고 긴 방이었으나 호화로워 보이는 전등들이 밝게 비추고 있었다.

설교자는 두 분이었다. 장로교를 대표하는 윤인구 목사와 김창준 목사였다. 윤인구 목사는 영국에서 돌아온 지 얼마 안 되는 비교적 젊은 편이었고, 김창준 목사(감리교 소속으로 기억한다)는 좀 더 나이가 많아 보였다. 많은 학생이 모였다가 흩어져 돌아가곤 했다. 아마 나는 말없이 참석했다가 돌아가는 중학생으로서 제일 어렸을 것이다.

나는 두 목사님의 설교를 마음으로 받아들였다. 특히 윤 목사의 설교에 감명을 받았다. 지금도 그 제목과 내용을 기억하고 있을 정도이다. 지금 생각해 보면, 그 아늑하고 엄숙했던 예배 분위기는 성경에 나오는 말씀의 잔칫집을 연상시키는 것이었다. 많은 젊은이가 영혼의 양식을 얻을 수 있었고, 나도 그중의 한 사람이었다.

그 부흥회를 끝내면서 나는 지금까지 깨닫지 못하고 있던 마음의 문을 열게 되었다. 그것은 마치 계란 속에 갇혀 있던 병아리가 껍질을 깨고 밖으로 나온 것 같은 변화였다. 얼마 동안은 마치 무엇엔가 취해 있는 것 같은 기분이었다. 내 삶의 새로운 이정표가 생겼다. 나는 멀고 먼 길을 믿음과 희망을 갖고 출발하는 느낌이었다.

가족들도 나의 이런 변화를 인정했던 것 같다. 나를 병약했던 한 소년이 아닌, 누군가가 함께해 주고 있는 새로 태어난 사람으로 보는 눈치였다. 나는 그해 정초에 어머니가 꾼 꿈이 내가 죽을 꿈이 아니라 신앙으로 태어날 꿈이었다는 것을 확인할 수 있었다.

그 뒤부터 나는 신앙적인 의욕을 채우는 노력을 아끼지 않았다. 그 하나는 많은 기도를 하나님께 드렸다는 사실이다. 예배당과 집에서는 물론 새벽에 산에 올라가 기도드렸고, 무슨 일을 대하든지 기도드리는 습관을 갖기 시작했다. 기도 내용 중의 하나는, 이제부터 내 삶이 나를 위한 것이 아니며 하나님의 뜻과 주님의 이끄심을 따라 살리라는 다짐이었다. 내가 그리스도를 택한 것이 아니라 그리스도께서 나를 택하셨다는 신념이었다.

나는 기회가 허락되는 대로 교회 집회와 그 당시 많이 열리던 부흥회에 참석했다. 학교 채플 시간에는 평양의 여러 목사님들이 설교해 주었다. 나는 가장 열심히 말씀에 귀를 기울이는 학생 중의 하나가 되었다.

읽고 들음으로써
진리를 배워 가다

그 당시에는 우리말로 쓰인 기독교 관련 책이 거의 없었다. 다행히 일본에서 출간되는 기독교 서적들을 접하게 되어 열심히 읽었다. 신앙인들의 전기와 고백이 실린 작은 책들이었다. 그런 책들이 내 신앙적인 체험을 간접적으로 키워 주는 계기가 되었다. 일본의 구세군 중장이었던 야마무로 군페이(山室軍平)의 책을 읽고 많은 감명을 받았다. 그리고 장편소설《사선을 넘어서》의 작가인 가가와 도요히코(賀川豊彦)의 책과 우치무라 간조(內村鑑三)의 책도 읽었다. 그런 책들은 신학적이기보다는 인간적인 호소를 담은 것들이어서 많은 신앙적 뒷받침을 얻을 수 있었다.

그리고 레오 톨스토이(Leo Tolstoy), 빅토르 위고(Victor Hugo) 등을 비롯한 신앙적 배후를 갖춘 인도주의적 작품들을 통해 신앙의 인간적 과제에 접근할 수 있었는데, 나는 그것들을 통해 나 자신의 인생관과 가치관의 기틀을 잡아 가기 시작했다. 또 그것들이 교회와 학교에서 배울 수 있는 성경 공부의 여백을 채워 주기도 했다.

내 인생에서 잊히지 않는 삽화 같은 두 장면이 있다. 하나는 중학교 1학년 때의 일이다. 호주에서 세계 일주 여행을 하던 한 목사가 우리 학교에 들러 채플 시간에 설교한 적이 있었다. 그 목사는 설교를 끝내면서 "내가 여러분과 보낸 시간을 기념하기 위해 수수께끼를 남겨 놓을 테니, 그 답을 맞히는 학생 세 명에게는 1, 2, 3등 선물을 주겠다"고 말했다. 수수께끼란 "이 세상에서 제일 강한 것은 무엇인가?"라는 것이었다.

어린 내 친구들은 사자, 코끼리, 전기, 태양 등이라고 답하기도 했다. 그러나 나는 "인생을 살아가는 데 가장 강한 것은 무엇인가?"라는 질문이라고 생각했다. 그래서 "이 세상에서 제일 강한 것은 정의입니다. 사람이 의롭게만 살면 두려울 것이 아무것도 없기 때문입니다"라고 답을 썼다.

며칠 뒤, 교장 선생님이 수수께끼에 대한 시상을 했다. '사랑'이라고 답한 상급생이 1등 상을 받았고, 나는 2등 상을 받았다. 받은 상품은 잘 장정된 신약성경이었다. 나는 아무리 생각해도 사랑이 정의보다 강하다는 것을 받아들일 수가 없었다. 성경책 뒤표지 안에 '정의'라는 답으로 2등 상을 준다는 내용이 영어로 쓰여 있었다.

나는 집에 돌아와 숫자 2를 X자로 지우고, 1로 바꾸어 놓았다. 1, 2등이 문제가 아니다. 정의가 사랑보다 강하다고 확신하고 있었기 때문이다. 그러고는 먹을 갈아 한자 의(義)를 써서 책꽂이 위에 붙였다. 그리고 목사님이나 교장 선생님이 몰라서 그렇지, 정의가 사랑보다 강하다고 굳게 믿었다.

그런 내 신념에는 변화가 없었다. 중학교 과정을 끝내고, 나는 일본에서 대학에 다니게 되었다. 여러 친구가 그러했듯이 나도 어려운 고학 생활을 겪어야 했다. 그때마다 나에게 아무 이유나 조건 없이 도움을 주는 이들이 있었다. 그중 한 사람이 숭실학교의 교장(서리) 일을 보기도 했던 E. M. 마우리(Mowry) 선교사이다. 또 여러 일본인 그리스도인이 내게 도움을 주었다.

나는 그분들의 사랑을 받으면서, 언제부터인가 정의보다는 사랑이 더 필요하며 강하다는 사실을 깨닫게 되었다. 8년의 세월이 지난 뒤였다. 그것은 목사님의 설교나 가르침을 통해서가 아니라 나 자신이 눈물겹게 체험한 신앙의 결과였다. 그래서 후에도 교회 안에서 옳고 그름을 따지면서 싸우는 것을 볼 때면 신앙적이지 못하다는 생각이 들었다. 그리고 지금은 기독교 신앙이란 사랑으로 정의를 완성시키는 것이라는 점을 강조하기에 이르렀다. 정의라는 현관을 통해서 사랑의 집으로 들어가는 것이 그리스도인의 길이라고 가르치기도 한다.

또 하나의 삽화 같은 장면은 중학교 2학년 때 있었던 일이다. 어떻게 전해 들었는지는 기억이 없으나 일본의 유명한 기독교 지도자인 가가와 도요히코가 우리 학교 강당에서 강연하게 되었다는 소식을 접했다. 2층으로 되어 있는 강당은 체육관을 겸하고 있었기 때문에 평양에서는 가장 많은 사람이 모일 수 있는 곳이었다.

저녁때 강당에 들어서니 벌써 많은 사람이 모여 있었다. 학생보다는 시민의 수가 더 많았다. 그 넓은 강당이 가득 찰 정도였다. 강당 주변에는 일본 경찰들이 여기저기 눈에 띄었다. 가가와 도요히코가 그리스도인이므로 한국이 일본 식민지가 된 것을 마땅찮게 여길 것으로 생각했던 것 같다. 그렇지 않다 하더라도 생각이 있는 일본인이라면, 지금 총독부가 저지르고 있는 정치적 횡포를 그대로 승인하지는 않을 것이라는 기대감 같은 것이 있었다. 또한, 그는 일본 밖에서도 인도주의 사상가로 널리 알려져 있었다.

키가 작은 데다 머리가 크고 이마가 넓어 보이는 가가와 도요히코가 사회자의 소개를 받고 나와 다음 같은 얘기를 꺼냈다.

"나는 세계 일주 여행을 하면서 시베리아를 거쳐 평양까지 오게 되었습니다. 친구들이 평양에 가면 모란봉에 꼭 가 보라는 권고를 했습니다. 다른 곳에서는 볼 수 없는 아름다운 경치라고 말입니다. 오늘 오전에 나는 모란봉에서 대동강변 길을 걸어 내려오다가 아담한 기와집을 한 채 발견했습니다. 조선의 전통과 정취가 풍기는 건물이었습니다. 참 훌륭한 예술품 같았습니다.

그런데 자세히 봤더니 대문에 '기생 학교'라는 간판이 붙어 있었습니다. 그 간판을 보는 순간, 나는 기억에서 사라진 내 어머니 생각을 떠올리게 되었습니다. 어머니는 기생만도 못한 부끄러운 인간이었습니다. 아버지가 지방에서 정치한답시고 여러 곳을 돌아다니다가 술집에서 잡부로 일하는 어머니를 알게 되었습니다. 그 이름도 모르는 여성에게서 태어난 사람이 나입니다. 내가 아들이 아닌 딸이었다면 찾지도 않았을 것입니다. 아들이었기 때문에 나를 데려다가 호적에 넣었던 것입니다. 나는 그 사실이 창피스럽고 부끄러워 지금까지도 그 일을 얘기하기를 꺼렸습니다.

그러나 내가 그리스도를 믿게 되고 주님이 그렇게 천한 나를 택하셨다는 사실을 알게 된 뒤부터는 그것을 부끄럽게 생각지 않습니다. 가장 천한 사람을 택해 당신의 일꾼으로 쓰신다는 은총의 사실을 누구에게나 전파하고 사는 것이 내 마음이기 때문입니다. 여러분은 우리 주변의 여성들을 절대로 내 어머니와 같은 여성으로 만들어서는 안 됩니다. 이렇게 하나님이 주신 아름다운 강산에 눈물 흘리며 숨어 사는 여성들이 있어서야 되겠습니까?"

그날의 강연 내용을 다 기억하지는 못하지만, 그 고백은 청중에게 큰 감명을 남겼다. 나도 저렇게 사는 것이 신앙인의 길이라고 생각했다. 그 후 일본에 가서 대학 생활을 하면서 나는 몇 차례 더 그의 강연을 들었고, 그의 책을 읽기도 했다. 광복이 된 후에 우연히 다시 한 번 그에 관한 글을 읽게 되었다.

일본 왕은 전쟁 뒤 다시 태어날 일본의 장래를 위해 여러 가지 연구를 했다. 그 하나로, 그는 노동 정책에 관한 공부를 계획하고는 적당한 선생을 물색했다. 그러던 중에 보좌관들이 일본에서 최초로 민간 노동운동을 일으킨 바 있는 가가와 도요히코를 추천했다. 그래서 그가 전쟁 후 평상시에 입던 허름한 옷을 입고 궁성에 들어가 왕에게 노동운동에 관한 강의를 계속했다는 것이다.

나는 그 기사를 읽으면서 어렸을 때 들었던 그의 신분에 관한 이야기를 잊을 수 없었기 때문에 저런 역사적 사실이 그리스도인의 삶의 모습이라고 생각했다.

내 인생을 바꾼
두 번의 집회

아름다운 숭실에서
그리스도를 배우며

숭실중학교에서는 일주일에 한 시간씩 성경 공부가 있었다. 그때 정재호 목사에게서 사도행전을 배웠던 기억이 떠오른다. 우리는 모두 공부 내용보다도 정 목사의 중후한 모습과 정열적인 애국심에서 얻는 바가 컸다.

평양에는 한국 최초의 신학교가 있었다. 미국 북장로교 계통의

신학교였는데, 숭실중학교와 울타리를 같이하는 숭실전문학교에서
멀지 않은 곳에 자리 잡고 있었다. 신학교에서 〈신학지남(神學指南)〉
이라는 월간지를 발행하고 있었는데, 당시 교계 지도자들의 글들이
실리곤 했다. 때때로 그 학교의 교수이자 목사인 분들이 우리 중학
교 예배시간에 와서 설교를 해 주었다. 물론, 평양 시내의 유명 목사
들의 설교도 있었다. 그리고 목사는 아니지만, 숭실전문학교의 교
수들도 좋은 말씀을 해 주곤 했다. 지금도 채필근, 김재준, 김화식,
한경직, 박형룡, 우호익, 조만식 등 교수들의 이름을 기억하고 있다.
공부는 학교에서 했으나 정신적인 지도는 채플 시간 설교 말씀을
통해 얻는 바가 더 컸다.

　그 당시는 드문 일이었으나 우리 학교에는 기숙사가 있었다. 장
로교의 대표적인 학교였기 때문에 북간도의 용정학교에서 전학 오
는 이들도 있었고, 친구들 중에는 부산, 대구, 전남, 평북에서 온 학
생들도 적지 않았다. 그들은 기숙사 생활을 하면서 기독 학생 운동
도 열심히 전개했다. 방학 때가 되면 몇 명씩 그룹을 짜서 지방 교
회로 전도 여행을 떠나기도 했다. 그것이 오랜 전통이었기 때문에
지방 교회에서는 숭실중학교 전도대를 기다리기도 했다. 선배들도
그 봉사 활동에 동참하곤 했다.

신사참배의
강요 앞에서

그러나 이런 아름다운 꿈들은 깨지기 시작했다. 일본이 중국과의 전쟁을 일으키면서 일본의 조선총독부가 한국에 와 있는 선교사들의 활동을 억제하기 시작했고, 민족주의 학교들을 탄압하여 폐교시키려는 계획을 진행시켰다. 그 첫 목표가 된 것이 평양의 3숭(三崇), 즉 숭실전문학교, 숭실중학교, 숭의여자중학교였다. 이 학교들은 선교사가 교장으로 있는데다가 일본이 강요하는 신사참배를 거부하고 있었기 때문이다.

내가 3학년 때였다. 미국 선교부는 할 수 없이 세 학교에서 손을 떼게 되었고, 신사참배를 거부하는 교사들과 학생들은 학교에서 쫓겨나는 비운을 맞았다. 지금도 생생한 것은 맥큔(George Shannon McCune, 한국명 윤산온) 교장 선생님이 학교를 떠나던 마지막 예배 시간 장면이다. 맥큔 교장은 빨간 표지로 된 당신의 저서를 전교생에게 한 권씩 나누어 주었다. 어떤 어려운 일이 있더라도 예수님께 호소하면 다 해결될 수 있다는 주제의 책이었다.

그날 오전 채플 시간의 분위기는 삼엄했다. 일본 경찰들이 강당을 둘러싸고 있었으며, 형사들이 강당 뒷방에서 경찰서로 통하는 전화통을 붙들고 감시하는 분위기였다.

우리 500명 학생들 앞에 나타난 교장 선생님은 오른쪽 주먹을 불끈 쥐고 팔을 높이 들면서 '하라'(do)라는 고함을 일곱 번 외쳤다. 그의 두 눈에서 눈물이 흘러내렸다. 그것이 우리가 본 교장 선생님의 마지막 모습이었다.

채플 시간이 끝나자마자 우리는 강당에서 교문을 통해 학교 뜰 안으로 달려갔다. 숭실전문학교 앞까지 뛰어가면서 "숭실학교 만세"를 외쳤다. 사실은 "대한 독립 만세"를 불러야 했으나 배치된 경찰들 앞에서 그렇게 할 수는 없었다. 이런 과정을 거치면서 선교부에서는 학교에서 손을 떼게 되었고, 학교는 신사참배를 강요당했다.

마침내 한국인에게로 경영권이 넘어가게 되었다. 실질적으로 선교사들의 손을 떠나게 된 숭실학교는 정두현 교장을 받아들이면서 새 출발을 하게 되었다. 선생님들 가운데 몇 분은 학교를 떠났다. 문제는 우리 학생들이었다. 신사참배를 거부하면 학업을 계속할 길이 없었다. 같은 학년에 있던 시인 윤동주 같은 이는 용정에 있는 모교로 되돌아갔다. 나는 마침내 학교를 자퇴하기로 결정했다.

내가 다니던 송산리교회의 목사와 두세 장로들이 일본 경찰에 의해 모진 고문을 받고, 할 수 없이 강제로 신사참배를 해야 했던 사실을 알고 있기 때문에 나만이 순순히 신사참배를 할 수는 없다고 생각했다. 누군가의 신앙적 지도가 아쉽기는 했으나 진로를 가르쳐 줄 사람이 없었다. 학교를 떠나 있는 동안, 나는 평양에 있는 부립 도서관을 찾아 독학으로라도 공부하겠다는 결심을 했다. 등교 시간에 맞추어 도서관을 찾았고, 같은 시간에 하교했다. 그 고됨과 번뇌는 더 말해 무엇하겠는가.

그러는 동안에 몇 사람이 내 생각을 바꾸어 주었다. 마우리 선교사도 내게 권고하기를 강요에 의해 형식적으로 신사참배를 했다고 해서 죄가 될 리 없고, 먼 장래에 신앙인으로 항일운동을 하는 것이 더 좋으리라는 것이었다. 교회의 목사와 장로들도 같은 견해를 갖고 있었다. 내 학업이 중단되는 것을 걱정했던 부친도 아직 어린 나에게 그 길을 택하도록 이끌어 주었다. 더 큰 목적을 위해 강요당하는 참배가 신앙적으로 죄가 되지 않을 것이라고 타일러 주었다.

어쨌든 1년 뒤 나는 학교를 찾아갔다. 정문으로 되어 있는 층층대를 걸어 서무실 앞에 섰다. 영어를 가르치면서 서무 책임을 맡고 있던 김 선생님이 나를 알아보고 반기는 표정을 했다. 학교생활을 다시 계속할 수 있겠느냐고 물었더니, 그는 기다리고 있었다는 듯이 모든 절차를 친히 밟아 주었다. 나는 다시 4학년으로 복교할 수 있었다.

그리고 평양 신사로 전교생이 참배하러 가는 대열에 끼었다. 그 것은 한 달에 한 번씩이었던 것으로 기억한다. 나는 첫 참배를 하면서 울었다. 그리고 기도드렸다. 그런 비극이 사라지는 날이 오게 해 달라고…. 간절한 기도였다. 그리고 그렇게 될 것을 믿기 시작했다. 나는 거기서 행복한 1년을 보냈다. 그 해는 아마 당시 우리 주변에서 가장 좋은 교육이 실시된 해이기도 했다.

그러나 1년 후 숭실중학교는 완전히 폐교되었고, 일본인 학교로 바뀌었다. 학교 이름은 평양 제3공립중학교였다. 일본 학생을 위한 제1중학교, 평양고보로 불리던 한국 학생들의 학교가 제2중학교가 되었다. 그리고 우리 학교는 일본 학생과 한국 학생이 함께 수업을 받는 공립학교로 개편된 것이다.

　나도 1년 동안은 그 학교에 다녔다. 그 학교는 우리를 황국신민으로 개조하려는 세뇌교육을 목적으로 했다. 그들은 한국은 물론 일본에서도 찾아볼 수 없던 군국주의식 학습을 강요했다. 학교에서는 우리말을 쓸 수 없었고, 민족주의 의식이 남아 있다고 여겨지는 학생들은 수난을 당해야 했다. 숭실학교 때부터 있었던 일본인 교사들이 앞잡이가 되어 숭실 정신을 이어받은 학생들을 못살게 굴며 고생시켰다. 나도 그중의 한 학생이었다. 몇 차례 이유 없이 구타를 당하기도 했으나 다행히 1년은 참아 낼 수 있었다. 우리에게는 학교가 전쟁터 같은 인상을 풍겼다. 그 대신 세상에서 가장 잘못된 교육이 어떤 것인지를 체험할 수 있는 기회이기도 했다.

엉겁결에
설교자로 서다

　숭실중학교 4학년 여름방학 때였다. 나와 가까운 자리에 김영철이라는 학생이 있었는데, 그와 나는 절친한 사이였다. 영철 군은 동급생들보다 나이가 많았다. 그는 육상선수였는가 하면, 일찍이 사회주의 독서회 같은 데 가입할 정도로 사상적으로 앞서 있었다. 그뿐만 아니라 항일정신이 남달리 투철하기도 했다. 그 때문에 친구들의 은근한 존경을 받고 있었다. 때로는 일본 경찰의 감시 대상이 되기도 했다. 그런 친구였기 때문에 그는 제3공립중학교로 진학하지 못했다. 후에 알려진 바에 의하면, 그는 일본 경찰에 의해 희생되어 해방을 맞지 못한 비운의 주인공이 되었다고 한다.

어느 해 가을인가 영철 군이 말없이 시골 우리 집에 들렀다. 그는 도산 안창호 선생의 별장을 찾아가는 길이라고 했다. 자기가 우리 집에 들렀다는 사실이 왜경에 알려지면 내게도 폐가 될 것 같다면서 그는 지나가는 길손같이 떠나버렸다. 그것이 그와의 마지막 작별이 되고 말았다.

먼저 얘기로 돌아가자. 같은 반에 있던 홍 군이 나에게 부탁을 해왔다. 이번 여름방학에 자기네 고향 교회에서 하기 아동 성경학교를 하게 되었는데, 영철 군이 강사로 오게 되었으니 나도 따라오면 어떻겠느냐는 것이었다. 나는 혼자라면 갈 자신이 없지만, 영철 군과 함께라면 갈 수 있겠다고 대답했다. 우리 셋은 평양역 대합실 시계 아래서 만나기로 약속했다. 약속한 날, 기차 시각은 되어 가는데 두 친구가 나타나지 않았다. 둘만 갔을 리는 없다고 생각하고 있을 때, 홍 군이 뛰어오더니 개찰구로 나가자고 했다. 영철 군은 복통과 심한 설사 때문에 못 가게 되었다고 했다.

나는 몹시 당황했다. 나는 영철 군의 보조 역할만 하기로 되어 있었기 때문이다. 나는 아무런 준비도 되어 있지 않았다. 그런 상태에서 우리는 순안을 거쳐 어파 역에서 내렸다. 거기서 버스로 갈아타고 영읍을 지나 덕지리라는 시골 교회로 갔다. 지금도 당시 정경을 잊지 못하는 것은 그만큼 내가 곤경에 처해 있었기 때문일 것이다.

홍 군은 마중 나온 장로와 교회 어른들에게 진짜 강사는 아파서 못 오고, 보조 선생인 나만 왔다고 설명했다. 일찍 미국에서 돌아와 과수원을 경영하던 장로가 모든 일을 주관하고 있었다. 교회 옆 사택으로 안내된 나에게 장로가 새벽에 기도회를 인도하고, 오전에는 어린이를 위한 성경 공부를, 저녁에는 부흥 설교를 해 달라고 부탁했다. 지금도 동네 어른들 앞에 초라하게 앉아 있던 내 모습을 그려 보면 아찔하다. 그때 그것은 가냘픈 어깨에 쌀 열 가마쯤 지고 가자는 권고 같았다.

어쨌든 다음 날부터 계획대로 순서가 진행되었다. 제일 난처한 것은 밤 강연회였다. 그런데 의외의 사태가 벌어졌다. 첫날, 크지 않은 예배당이 거의 찰 정도로 사람들이 모여들었다. 그러더니 다음 날에 만원이 되고, 후에는 앉을 자리가 없어 사람들이 창문 밖에까지 서서 설교를 듣게 되었다. 그러자 나도 자신감이 생겼다. 속으로는 나도 괜찮은 설교를 할 수 있다는 위로를 받았다.

오후 쉬는 시간에는 홍 군의 안내를 받아 몇몇 주일학교 선생들과 논밭 사잇길을 산책했다. 들에서 일하던 사람들이 우리 일행을 바라보면서, 저기 세 번째 학생이 강연하는 학생이라고 수군거리기도 했다. 그러자 이제는 설교에 대한 걱정도 없어지고, 오히려 혼자 온 것이 더 좋았는지도 모른다는 생각도 들었다.

하지만 태어나서 처음 집을 떠났기 때문에 밤에 잠자리에 들면, 집과 어머니에 관한 생각을 떨칠 수가 없었다. 집에 가는 꿈을 꾸기도 했다. 그런데 한번은 장로가 찾아와 부흥회의 은혜가 넘쳐서 모두가 감사해 하니 일주일 더하면 어떻겠느냐고 했다. 나는 집에 가고 싶다는 말을 차마 할 수 없어서 바빠서 안 되겠다고 거절했다. 장로가 방학인데 무슨 바쁜 일이 있느냐면서 웃었다. 그래서 결국은 며칠 더하기로 했고, 아마 열흘쯤 머물렀던 것 같다.

집회를 끝낸 다음 날, 그렇게 홀가분할 수가 없었다. 한 시간이라도 빨리 집에 가고 싶었다. 동네 밖 버스 정거장까지 많은 사람이 배웅을 나왔다. 가다가 점심을 사 먹으라고 동전을 건네주는 할아버지도 있었고, 손을 붙잡고 눈물을 떨구는 할머니도 있었다. 그분들은 '내가 살아서 다시 이런 일이 있을까?'라는 상념에 사로잡혀 있었을 것이다. 그러나 그 마음을 받아들이기에는 내가 너무 어렸다. 철이 없었던 것이 사실이다.

나는 홍 군의 안내를 받으면서 버스에 올라 영유를 거쳐 어파 역에서 기차를 탔다. 기차 안에서 나는 해방되었다는 안도감과 쌓였던 피곤 때문에 모든 것을 잊고 잠이 들었다. 마침 일본 군인과 군수 물자가 계속 만주로 수송되던 때였다. 남하하는 기차는 예정에 없는 정차를 강요당하고 있어 평양까지 몇 시간이 걸릴지 예상할 수 없었다.

깊은 잠에 빠져 있던 나는 갑자기 들려오는 소란스러운 소리에 눈을 떴다. 기차가 철교 위를 지나고 있었다. 잠에서 깨어난 나는 창

밖을 내다보았다. 해가 서산에 걸린 것이 저녁때였다. 이렇게 늦으면 밤이 깊어서야 시골집에 도착할 것 같다는 생각을 하고 있었다. 그때였다. 어디선가 아주 조용한 음성이 들려오는 것을 느꼈다. "열네 살 때, 네가 나에게 드린 기도를 나는 이번에 이루어 주었는데, 너는 집 생각밖에는 하지 못하느냐?" 하는 책망이었다. 나는 차창에 얼굴을 대고 눈물을 흘렸다. 그렇다. 주님은 철없던 시절의 내 기도를 기억해 주셨는데, 나는 그 뜻을 잊고 있었던 것이다. 말없이 울고 난 나는 "잘못했습니다. 앞으로는 그러지 않겠습니다" 하고 다짐했다. 어린애 같은 고백이었다.

그다음 일들은 어떻게 되었는지 기억에 없다. 아마도 늦게 평양역에 도착했을 것이고, 무거운 짐을 들고 시골집에 들어섰을 것이다. 내가 얼마나 철없고 부족했는가를 스스로 물을 용기도 나지 않았다. 이렇게 해서 나의 전도생활이 시작된 셈이다.

두 번째로
집회를 맡다

다음 해 여름방학 때의 일이다. 마우리 선교사가 송산리 우리 집에 찾아와 평양 동쪽에 있는 숭실전문학교 농장 교회에서 부흥회를 맡아 달라는 부탁을 했다. 마우리 선교사는 숭실전문학교에서 생물학을 가르치면서 중학교 일에도 관여하고 있었다. 그는 음악에도 조예가 깊었기 때문에 우리나라 교회 음악과 서양 음악을 일깨워 준 은인이기도 했다. 선교사로 와 있었기 때문에 평양 주변의 여러 교회를 후원하고 돌보는 직책도 맡고 있었다. 내가 자란 송산리 교회도 그중 하나였다.

내가 중학교 1학년 때였다. 고향 집에 들렀다가 예배가 끝난 후 혼자 평양으로 가는 신작로를 걷고 있었다. 그때 마우리 선교사가 교회 일을 끝내고 자동차를 타고 지나다가 숭실중학교 교모를 쓰고 걸어가는 나를 보았다. 그는 차를 멈추고 나에게 평양 어디로 가느냐고 물었다. 그러고는 차에 올라타라고 한 뒤에 내가 머무는 할머니 집 부근까지 데려다주었다. 그것이 계기가 되어 마우리 선교사가 나를 기억하게 되었고, 나는 그의 사랑을 받게 되었다.

내가 상급생이 된 뒤에는, 그가 송산리교회나 만경대에 올 일이 생기면 나를 찾아 주곤 했다. 그리고 시골 교회를 방문할 때면 나를 데리고 가곤 했고, 때로는 내게 설교를 부탁하기도 했다. 물론 나는 사양했다. 그러나 그는 "내 서투른 한국말보다는 한국인인 네가 설교하는 것을 교인들이 더 좋아하니까 사양하지 말라"고 타이르곤 했다. 그는 주님의 일에는 주님의 뜻이 있는 법이라고 말하기도 했다. 그렇게 하여 선교사님과의 신앙적 교류가 두터워지기 시작했다. 선교사님은 일제의 압박으로 한국을 떠날 때까지 나를 아끼고 이끌어 주었다. 지금도 한국을 떠나기 전, 당신 집 뒤뜰에서 한국의 독립과 내 장래를 위해 기도해 주던 장면을 잊을 수가 없다.

해방이 되고 10여 년이 지났을 때였다. 나는 마우리 선교사로부터 한 통의 편지를 받았다. 그가 나에 대해 수소문을 하다가 내가 연세대학교에 있다는 사실을 알고, 편지를 보냈던 것이다. 그 후 해마다 성탄절이 되면 카드와 편지를 보내오곤 했다. 한번은 늦은 여름에 성탄 카드가 왔다. 너무 이른 계절이어서 의아하게 생각할지 모르겠으나 딸네 집에 마지막으로 방문했다가 이 세상에 더 오래 머물지 못할 것 같아서 성탄 메시지를 일찌감치 보낸다는 내용이었다. 문맥이 약간 흩트러져 있는 것으로 보아 주님의 부르심이 임박했던 것으로 짐작되었다. 그리고 얼마 후에 그는 실제로 하나님의 부르심을 받았다.

한번은 마우리 선교사를 따라 시골 교회에 간 일이 있다. 교회 목사가 중환자 한 사람이 있다고 걱정했다. 그 집을 찾아가 봤더니 장티푸스 환자인 것 같았다. 마우리 선교사가 그 환자를 차에 태우고 자기 사택까지 데려왔다. 환자를 하룻밤 재운 뒤, 다음 날 평양 기홀 병원에 입원시켰다. 그러면서 나에게는 위험하니 가까이하지 말라고 주의를 주기도 했다.

나는 지금도 그의 신앙적 삶을 잊지 못하고 있다. 신앙은 그리스도와 더불어 사는 일이다. 주님을 대신해서 사랑을 베푸는 생활이다. 그리스도 안에서의 사랑의 공존성이다.

그런 관계였기 때문에 나는 마우리 선교사의 부탁을 거절할 수가 없었다. 농장 교회는 농장에서 일하는 사람들과 그 가족이 중심이 되고 인근 농촌에 사는 교우들이 모이는 곳이었다. 우 장로라고

하는 이가 농장을 관리하면서 교회도 이끌고 있었다. 1년에 한 번씩 하는 부흥회는 마우리 선교사가 추천하는 목사가 맡아 왔다.

나에게는 그것이 두 번째 부흥회였기 때문에 큰 어려움 없이 진행할 수 있었다. 집 생각에서도 벗어날 수 있었고, 나름대로 인상 깊은 한 주간의 집회가 되었다. 그때 무슨 설교를 어떻게 했는지 지금은 기억하지 못한다. 비교적 책을 많이 읽었기 때문에 신앙 수기들을 소개했을 것 같고, 교회사에 나오는 인물들의 생애를 전해 주었을 것 같다.

그러나 아직 철없던 내가 그런 중책을 맡았던 것은 목사와 교우들 그리고 나의 기도가 받아들여진 결과였으리라고 믿는다. 주님이 계획하고 이루시는 것이 교회의 행사인 것이다. 집회를 끝내고 돌아오는 기분도 지난번과는 완전히 달랐다. 기쁨과 감사와 보람이 가득한 귀향 같았다. 마우리 선교사는 우리 기도가 응답되어 주님께 영광 돌리고 싶다는 말을 해 주었다.

그러나 신앙집회는 더 계속되지 못했다. 일제의 탄압 때문에 마우리 선교사와의 접촉도 중단되었고, 숭실학교는 문을 닫았으므로, 학교를 배경으로 하는 집회나 행사를 지속할 수 없었다. 그래서 그 두 번의 신앙 집회는 내게 평생 잊을 수 없는 추억이 되었다. 그리고 그것은 내 신앙의 확실한 증거를 굳히는 기반이 되기도 했다.

4

일본에서의
대학 생활

조치대학에서
철학도가 되어

많은 시련을 겪으면서 중학교 5년 과정을 끝낸 나는 고향에서 1년 동안 초등학교 교사 생활을 했다. 가난한 집안의 맏아들이었고, 가정에 대한 책임을 등질 수 없었다. 그러나 마음은 항상 대학에의 꿈을 안고 지냈다. 1년을 보낸 뒤, 나는 부모님의 동의를 얻어 일본으로 유학을 떠나기로 했다.

그때 어머니의 권고가 내게 큰 힘이 되었다. "내가 아직 이렇게 건강한데 동생들과 굶어 죽기야 하겠니? 네 친구들은 고학의 길을 떠나는 모양인데, 너도 집 걱정은 하지 말고 대학에 가거라" 하고 말씀하셨다. 그 속에는 아들인 나에 대한 주님의 뜻이 있을 것이라는 믿음이 있었다. 아버지의 신앙은 지적인 면이 있었으나 어머니의 신앙은 실천적인 면이 강했다.

당시에는 일본 이외의 나라로 유학 간다는 것은 힘든 일이었다. 일본에는 쉽게 갈 수 있었고, 중국까지도 가능했다. 나는 일본행을 굳혔다. 그리하여 동양에서 문화의 한 중심지를 이루고 있던 도쿄를 찾기로 했다.

철학과를 지망한 나는 조치대학교(上智大學校)에 입학했다. 조치대학은 가톨릭계 대학으로 독일 교구에 속해 있었다. 그러나 독문과보다는 철학과가 더 큰 비중을 차지하고 있었다. 스콜라 철학이 큰 비중으로 포함되어 있는가 하면, 전통적으로 신부가 되기 원하는 학생들이 철학과를 지망하기도 했다. 나의 선후배 중에 서양 철학을 전공한 학생들 외에 정욱진, 정진구, 김태관 신부 등이 선배로 있었고, 김수환 추기경이 후배 중의 한 사람이었다.

지금은 신학부와 스콜라 철학 전공이 분리되어 있으나 당시에는 같은 철학과에 속해 있었다. 천주교의 특색 중의 하나는, 대학에서는 기독교 분위기를 일체 풍기지도 느끼지도 않는다는 점이다. 내가 봉직했던 연세대학교나 이화여자대학교에는 이수 과목 중에 기독교 관련 과목이나 성경 시간이 있고, 거의 강요하다시피 하는 예배 시간이 있었다. 그러나 조치대학에서는 학생들 자신이 원하거나 선택하지 않는 한 기독교 교육과는 전연 상관이 없다. 종교나 기독교에 관심이 없는 학생들은 조치대학이 가톨릭계 대학인 줄 모르고 다니기도 했다. 내 동창 친구들도 기독교에 관한 강의나 강연을 한 번도 듣지 않고 졸업한 이가 대부분이다. 대학에서 학문과 신앙은 완전히 구별되어 있었다. 나도 5년 동안 미사에 참석해 본 일이 한 번도 없었다. 물론, 대학 밖에 있는 개신교 예배에는 빠짐없이 참석했으면서도 말이다.

독서벌레가 되어
철학을 배우다

대학생이 된 나는 철학도임을 자처했다. 철학을 위해 철학을 공부하는 것이 나의 길이었다. 그래서 적지 않은 철학 책과 사상 서적을 읽었다. 당시 대학생들은 공부벌레라기보다는 독서벌레라고 할 수 있었다. 남들이 읽는 책이면 나도 읽는다는 경쟁의식 비슷한 습관이 있었다.

나는 중학생 때 톨스토이를 비롯한 인도주의적 문학 책을 많이 읽었고, 철학에 관한 입문 지식을 갖추고 있었기 때문에 철학과 사상 서적을 탐독했다. 자연히 비종교적이며 반기독교적인 책들도 읽었다. 쇼펜하우어나 니체의 저서들에 빠지기도 했다. 그러나 이상하게도 종교와 기독교를 비판, 거부하는 저서를 읽으면, 종교적 욕구를 더 강하게 느끼곤 했다. 쇼펜하우어나 니체 뒤에는 더 높은 무엇인가가 있어야 하고, 그것은 종교적 과제임을 부정할 수가 없었다. 그것들로 인간과 세계의 문제가 해결되는 것은 아니기 때문이다. 그래서 지금도 깊은 자아를 찾기 위해서는 반종교적이거나 비신앙적인 책을 읽는 것이 좋다고 생각하고 있다. 그런 책들은 내 신앙을 뒤흔들지 못했다. 인간적 고뇌가 없이는 참 신앙에 도달할 수가 없다고 생각했다. 왜냐하면, 종교는 철학적 과제라기보다는 인간과 삶에 관한 궁극적 관심의 문제라고 생각하기 때문이다.

그런 점에서 도스토옙스키(Dostoevsky) 같은 작가의 작품에서 얻는 신앙적 깨달음이 더 컸던 것 같다. 《죄와 벌》이나 《카라마조프 가의 형제들》을 읽는 사람은 인간의 근원적인 문제와 신앙적 해결을 생각지 않을 수 없게 된다. 그것이 우리 삶의 현실이며 과제인 것이다.

여러 책을 읽는 가운데 기독교 신앙을 위해 도움이 되었고, 지금까지 영향을 주고 있는 사상가는 아우구스티누스(Augustinus), 파스칼(Pascal), 키에르케고르(Kierkegaard) 같은 사상가이다. 특히 아우구스티누스의 《고백록》 후반부의 "시간론" 같은 내용은 현재까지도 인용할 만한 좋은 사상이다. 그것이 바로 기독교의 시간관이고, 먼 후일에 키에르케고르나 하이데거(Heidegger)가 택한 시간관과 일치되기 때문이다.

당시에도 파스칼은 널리 읽혔다. 나는 기독교 신앙을 '인간 문제와 그 해결'이라는 위치에서 받아들이고 싶었다. 파스칼의 신앙을 고찰하는 사람은 그의 《팡세》가 어떤 결론을 의도했으리라는 점을 쉽게 짐작할 수 있을 것이다.

당시 대학생들은 이상스러울 정도로 니체에 열정을 쏟았는가 하면 키에르케고르에 관한 관심도 컸었다. 나는 학교 강의 시간에는 니체를, 집에서는 키에르케고르를 읽었다. 두 사람에게는 비슷한 점이 너무 많았다. 두 사람의 천재적 문장력도 우열을 가리기 힘들 정도였다.

그러나 사상적으로는 니체에서 키에르케고르에의 길을 밟은 것이 나았다. 그것은 그리스적인 정신에서 기독교적인 세계관으로 가는 길이었고, 무신론을 받아들여 극복하는 과정이기도 했다. 니체는 자기 자신을 운명에 대한 사랑 앞에 서게 했으나 키에르케고르는 하나님 앞에 스스로 서는 길을 선택했던 것이다. 나는 니체의 인간적 과제를 키에르케고르에서 해결 짓는 방향을 찾았던 것이다. 내가 연세대학교에 있으면서 키에르케고르에 관한 논문을 몇 편 쓰게 된 것도 그때의 영향 때문이다. 이런 점들을 생각해 본다면, 나는 기독교 신앙을 교리나 신학적인 면에서 받아들인 것이 아니었다. 오히려 인간적인 문제의 해결을 위해 노력한 것이 신앙의 깊이를 더해 준 것이다.

중세의 안셀무스(Anselmus)나 오리게네스(Origenes)나 토마스 아퀴나스(Thomas Aquinas)를 읽을 때는 신앙적 호소를 느끼지 못했다. 내 관심을 끈 것은 인간적 고백을 쓴 아우구스티누스였다. 데카르트(Descartes)나 스피노자(Spinoza)에게서는 철학을 읽었으나 파스칼을 통해서는 인간적 신앙에 접할 수 있었다. 19세기 후반기에는 두 명의 종교 및 기독교 사상가가 있었다. 한 사람은 널리 알려진 슐라이어마허(Schleiermacher)이고, 또 한 사람은 키에르케고르이다. 키에르케고르는 뒤늦게 등단했으나 나는 처음부터 키에르케고르를 택했다. 전자는 기독교 신앙을 신학과 철학으로 이끌어 간 사람인 반면, 후자는 철학과 신학을 기독교 신앙으로 이끌어 간 철학자이다. 후에 철학사를 취급하는 사람들이 니체를 하이데거와 사르트르에 연결시키고, 키에르케고르가 야스퍼스(Jaspers), 가브리엘 마르셀(Gabriel Marcel)과 통한다고 보는 것도 무신론적인 세계관과 유신론적인 철학으로 비교해 본 결과일 것이다. 또 키에르케고르의 사상을 신을 배제한 인간학으로 발전시킨 것이 하이데거였고, 신을 중심으로 발전시킨 것이 칼 바르트(Karl Barth)의 신학이 되었다는 점도 간과해서는 안 될 것이다. 이렇듯 유럽 전통에서는 철학과 신학이 사상의 양변을 만들었다.

일본에서 대학생활을 하는 동안에 나는 철학적 깊이를 가진 일본 학자들의 종교적 저서를 접하지 못했다. 평양에서 공부할 때는 한국인이 쓴 기독교 서적이 없었기 때문에 일본의 책들을 읽었으나 일본에 있을 때는 오히려 서구의 기독교 서적을 읽는 추세가 되었다. 그 점은 철학에 있어서도 마찬가지였다. 일본 철학계는 마치 독일 철학의 지점과도 같은 인상을 주었다. 물론 우리보다는 앞섰으나 기독교 이해와 서양 철학 이해를 위해서는 서구 전통을 따를 수밖에 없었다.

우치무라 간조의 책을 읽으며
일본 교회에 다니다

그 당시 일본에서는 기독교계뿐만 아니라 지성 사회 전반에 걸쳐 우치무라 간조의 영향이 컸었다. 그의 전집은 서점에서 가장 비싼 값으로 팔렸다. 우리는 흔히 우치무라 간조를 무교회주의자로 부른다. 교회 속에서 본다면, 교회 밖의 기독교 운동이기 때문이다. 그가 도쿄에서 성경 강좌를 열 때는 전국에서 수백 명이 모여들기도 했다. 그들은 대부분 대학생과 지성인들이었다. 일본에서 공부하는 우리나라 청년들 중에도 그 모임에 참석하는 이들이 있었다. 김교신, 함석헌, 류달영, 노평구 등이 참여했던 것으로 기억한다.

그리고 그들은 후에 한국에서 우치무라 간조와 같은 신앙운동을 계승해 왔다. 김교신은 서울에서, 함석헌은 평안도에서, 그리고 노평구는 후에 서울에서 성경 연구반을 운영했다. 일본에서는 우치무라 간조의 후계자들이 저명한 성경학자가 되어 뒤를 따랐다. 교수와 사상계의 지도자들 중에 그 후계자들이 적지 않게 포함되어 있다. 지금도 그 후계자들이 많다. 그들은 모두 성경을 원문에서 해독한 데다 교회의 전통과 인습을 떠나 있었기 때문에 순수하면서도 보수적인 신앙을 지켰다. 오히려 교파나 교단에 따르는 신학적 갈등이나 교리적인 집착이 없기 때문에 많은 동조자를 얻을 수 있었다.

태평양 전쟁이 끝난 후에 일본 도쿄 대학에서 정부로부터 발령 받은 것이 아니라, 교수들의 투표로 선출된 난바라 시게루(南原繁) 총장이나 그 뒤를 이은 야나이하라 다다오(矢內原忠雄) 총장 같은 이는 철저한 성경주의 신자들이었다. 내가 연세대학교에 있을 때, 노평구의 성경 연구반에 참석했던 고병려 교수는 신약성경을 직접 번역하면서 교회에서 사용하고 있는 성경의 오역을 지적하기도 했다.

나도 우치무라 간조의 책을 많이 읽었다. 그의 성경 본위의 철저한 신앙관은 배울 바가 많았다. 그리스도의 정신을 바탕으로 한 그의 계몽적 사상은 당시 일본 사회에서 하나의 등대와도 같은 역할을 담당했다. 정치계에 대한 날카로운 비판과 교계에 대한 충고에는 공감 가는 점이 많았다. 우치무라 간조의 전집은 우리말로도 번역되어 나왔다. 생각 있는 목회자들도 그의 책을 많이 읽는 것으로 알고 있다. 교회에서 쓰는 말을 인용한다면, 성경적인 보수 신앙을 지켜 준 성경학자이다. 교회와 신학과는 무관한 성경 연구의 순수성이 엿보여 깊은 감명을 준다. 나도 그를 접하면서 기독교 공동체는 기성 교회의 독점물이 아니라는 생각을 하게 되었다. 기독교는 기독교회보다 크고 넓은 활동 무대를 지녀야 하는 것이다.

일본에 머무는 동안, 나는 주일마다 일본 교회에 참석했다. 도쿄에 한국인이 모이는 교회들도 있었다. 그러나 나는 일본 교회를 많이 찾았다. 일본에서는 그리스도인들이 사회적으로 높은 평가를 받고 있었다. 옆집에 사는 사람이 교회에 나가는 것을 보면, "저 댁에서 벌써 교회에 나갈 정도가 되었나?"라고 말할 정도였다. 그만큼 그리스도인은 도덕적이며 지성인인가 하면, 모든 점에서 모범적인 인물로 평가받고 있었다. 내가 기숙하던 집 옆에는 하숙을 전업으로 하는 큰 집이 있었는데, 그곳에 머무는 일본 학생들 중에서도 나와 같이 교회에 나가는 이가 있었다. 하숙집 사람과 학생들은 교회 다니는 우리를 어딘가 다른 부류의 학생처럼 보았다. 술, 담배 문제를 떠나 생각과 인생관이 남달리 정착되어 있는 사람으로 보는 것 같았다. 오히려 미안스러운 것은 우리들 자신이었다. 그리스도인의 수가 적었던 것이 사실이나 일본 기독교인의 수준이 그만큼 높았던 것도 사실이다.

내가 찾아다닌 교회들은 주로 도쿄 도심지에 있었다. 어떤 교회에는 그리스어 원전으로 공부하는 마가복음반이 있었다. 거기엔 20명 정도의 대학생과 신학생들이 참석하고 있었다. 그 교회들은 우리와 같은 대교회는 아니나 알찬 교회, 공부하는 교회로 성장하고 있었다.

내가 찾아간 교회 가운데 여자 목사가 시무하는 곳도 있었다. 그 여자 목사는 유명한 우에무라 마사히사(植村正久) 목사의 딸, 우에무라 타마키(植村環)였다. 그 교회에는 헌금 순서가 없었다. 예배실 앞에 헌금함이 놓여 있고, 벽에 예산과 결산서가 붙어 있었다. 특별히 필요한 헌금이 있을 때는 교인들이 주보를 보고 헌금하는 것이었다.

나는 여러 일본 교회를 다녀 보았으나 교회에서 십일조 헌금에 관한 얘기를 들은 적이 없었다. 일본에서는 500명만 모이면 큰 교회였다. 그러나 모든 교회가 질적으로 높은 수준을 유지하고 있었다. 목사들의 설교도 우리 교회와는 완전히 다른 성격을 띠었다. 설교 뒤에는 무엇인가 신앙적 반성을 갖게 하는 내용이었다. 일본에 있는 한국인 교회를 멀리하게 된 이유가 거기에 있었던 것 같다. 우리 교회는 대중 모임이기 때문에 그 영향력이 교회 안에서만 이루어지는 편이다. 그러나 일본 기독교는 지성적이어서 그 영향력이 오히려 생각 있는 국민들에게 미치고 있었던 것이다.

일본 구세군 중장의
추모 강연회에서

한 가지 예를 들겠다. 내가 일본에 가서 얼마 안 되었을 때였다. 일본 구세군 중장 야마무로 군페이의 1주기 추모 강연회가 있었다. 도심지에 있는 상과대학 대강당에서 집전되었다. 나는 친구의 소개를 받아 거기에 참석하게 되었다. 그 큰 강당이 만원이었고, 밖에 서 있는 사람들도 있었다. 청중 대부분이 구세군과 관련이 없는 지성인들이었다.

당시 일본 군부는 영국, 미국과의 전쟁을 계획 및 진행하고 있었다. 그래서 본부가 영국에 있는 구세군에 종교를 빙자한 친영 이적

단체라는 비판을 퍼붓던 시기였다. 예배가 진행되었다. 한 해군 장성이 군복을 입은 채 강단 마루에 무릎을 꿇고 기도드렸다. 나는 그 장면을 지금도 잊지 못하고 있다.

몇 사람이 야마무로 군페이를 위한 추모사를 했다. 마지막 차례가 되었을 때였다. 일본에서 최강 국수주의자로 알려져 있으며 반영·반미 언론인으로 인정받던 도쿠토미 소호(德富蘇峰)라는 이가 휠체어를 타고 강단에 나왔다. 모두가 뜻밖이었다. 그는 대표 일간지의 책임자였고, 오래전부터 인정받는 소설가 중의 한 사람이었다. 내 친구 말로는 그의 일을 돕는 법률 고문 변호사만 4명이라고 했다. 명문가 중의 명문 출신이었다.

그가 추모사에서 다음과 같은 얘기를 했다.

"내가 심한 감기 때문에 여기 나올 수가 없었으나, 존경하는 친구 야마무로 군페이를 위한 마지막 기회이기 때문에 불편한 몸으로 나서게 되어 죄송합니다. 야마무로와는 중학교 1학년 때부터 남다른 우정을 나누며 자랐습니다. 야마무로는 살아 있을 때 자기가 기도를 드리곤 하던 서재 책상 앞에 그리스도인이 되게 해 달라고 기도드리는 사람들의 명단을 갖고 있었습니다. 그리스도인이 된 사람 이름은 지우고, 또 다른 사람의 이름을 대신 올리곤 했습니다. 나는 두 번째로 이름이 올라 있었습니다. 그런데 그가 눈을 감을 때까지 나를 위해 기도했으나 나는 아직도 그리스도인이 되지 않고 있습니다. 내 동생도 그중 한 사람이었고요. 그런데 내 동생 도쿠토미 로카

(德富蘆花)는 이미 그리스도인이 되었습니다(그도 유명 작가였다). 지금은 내 이름이 그의 명단에 첫 번째로 되어 있을 것을 생각하면 친구로서 마음이 아픕니다.

그러나 내가 여기 나올 수밖에 없었던 이유는 최근 우리 주변에서 구세군 본부가 영국에 있다고 해서 야마무로 군페이와 구세군을 비애국적인 친영 세력으로 몰아붙이는 사람들이 있기 때문입니다. 나는 단연코 언명하지만, 야마무로는 누구보다도 일본을 사랑하는 애국자였습니다. 그 애국의 차원이 우리보다 높기 때문에 오해를 받는다면, 그것은 우리 모두의 잘못입니다. 야마무로는 내가 일본을 사랑하는 것보다도 더 일본을 사랑한 내 친구입니다. 그의 애국심을 의심하는 사람은 일본을 사랑할 자격이 없는 사람입니다."

다음 날 신문에 기사가 크게 보도되었고, 일본 군부가 구세군에 대해 새로운 시각을 갖는 것 같았다. 반영(反英)은 주장하지만, 반구세군을 주장하는 풍조는 개선된 것으로 보였다. 이것이 일본 기독교계의 일면이었다.

5

하나의 깨달음과
또 하나의 사건

기독교는 인간 문제와
그 해결을 위한 진리

내가 대학생활을 보낸 1940년대 초반만 해도 천주교와 개신교의 벽이 높았던 시기였다. 천주교는 개신교를 같은 기독교로 받아들이지 않았으며, 개신교 신학자들과 목회자들은 천주교에는 구원이 없다는 얘기를 공공연히 하고 있었다. 아우구스티누스만 해도 교회 밖에는 구원이 없다고 주장했고, 루터가 천주교에서 파문을 당했던 역사가 엄존했기 때문이다. 그러나 나는 대학에 있는 동안 기독교는 하나라는 신념을 갖고 있었다. 적어도 교회주의자나 신부, 목사가 아닌 지성인들은 다 같은 생각을 갖고 있었을 것이다. 그렇게 개신교와 천주교의 벽이 높았던 데는 두 가지 신앙관이 깔려 있었다. 하나는 성직자와 교리주의자들은 천주교와 개신교의 차이점이 너무 강하므로 그 차이를 받아들이기 힘들었을 것이며, 다른 하나는 기독교를 다른 종교와 비교하여 바라보지 못하는 폐쇄성 때문이었을 것이다. 만일 기독교를 인간 문제와 그 해결을 위한 진리로 받아들일 수 있었다면 천주교와 개신교의 구별은 거의 없었을 것이다. 그리고 좀 더 넓은 위치에서 다른 종교와 기독교의 차이점을 고찰했다면 둘은 한 나무의 두 줄기, 또는 한 가정의 형제와 같은 위상을 차지했을 것이다.

나는 대학에 있을 때 천주교와 개신교는 물론 희랍정교회까지도 포함해 하나의 기독교로 믿고 있었다. 기독교라는 큰 나무에는 많은 줄기와 가지가 있으나 그것들이 하나의 나무임에는 틀림없었다. 그 장벽을 헐기 시작하는 운동이 천주교 본부인 바티칸에서 일어나기 시작했다. 교황청에서 그런 변화를 일으켜 오늘에 도달하는 데는 70여 년의 세월이 걸렸다. 천주교를 지켜야 한다는 보수적인 신부와 신학자들의 수가 너무 많았기 때문이다.

나는 교황이 희랍정교의 대표자를 만나 화해와 공존을 다짐하고 개신교와의 대화, 그리고 같은 신앙 공동체임을 인정하기 시작했다는 뉴스를 접하면서 때늦은 선택과 결단이었다고 생각했다. 기독교계의 지도자들이 자찬할 행사가 아니라 전 세계의 그리스도인들에게 사과해야 할 과오라는 생각을 떨치지 못했다.

모든 종교가 안에서 볼 때는 다른 교리가 크게 보이나, 밖에서 관찰하면 진리의 공통성이 더 큰 것이다. 사회 문제는 물론 종교에 있어서도 폐쇄적인 교리주의가 인간과 진리를 위한 개방적인 미래 지향성을 찾지 못하면 대내외적으로 불행을 자초하게 될 것이며, 다른 종교에 대한 사회악을 저지르는 결과가 되기도 할 것이다.

얼마 전까지 우리 주변에서도 어려운 문제가 있었다. 젊은 남녀 가운데 한쪽은 천주교이고 다른 쪽은 개신교일 때 결혼하기 어려웠던 것이다. 신부는 상대방이 개신교이기 때문에 주례 미사를 올릴 수 없다고 거절했고, 목사는 같은 개신교가 아니면 안 된다고 하여 젊은이들이 당황했다. 많은 개신교 목사가 둘 다 세례 교인이 아니면 주례를 해 줄 수 없다고 거절한다. 다른 종교를 믿는 사람과의 결혼을 받아들이지 않는 부모도 있었다. 결국, 그들은 교회에서 결혼식을 올리지 못했다. 실제로 이보다 더 어려운 경우도 많았다.

나도 내 제자들이나 사랑하는 남녀의 그런 고충을 알고 있기 때문에 직접 결혼식 주례를 맡아 준 일이 자주 있었다. 한쪽이 불신자일 때는 신앙을 갖도록 권고해 주고, 교파가 다를 때는 둘이 잘 상의해서 같은 교파로 가는 것이 좋으나 꼭 그렇게 할 의무는 없다고 타이르곤 했다. 오히려 그런 위치에 있는 남녀들에게 폭넓은 하나님의 사랑을 깨닫게 해주는 것이 옳다고 믿었기 때문이다. 지금은 다른 종교와의 대화나 공존까지도 이루어지고 있다. 그것은 신앙적 차이보다는 인간적 공통점이 더 크기 때문이며, 기독교는 바로 그 책임을 감당해야 하는 것이다.

베드로는 이스라엘 사람들이 구약의 계명을 따른다면 먹을 수 없는 더러운 곤충과 벌레들을 먹으라는 하나님의 묵시를 받고 따랐기 때문에 오늘의 교회와 기독교가 이루어진 것이다. 바울도 드로아에서 이스라엘 사람들이 사는 곳으로 되돌아오려고 했을 때, 바다 건너 마케도니아로 가라는 하나님의 지시를 받고 유럽 세계로 떠났던 것이다. 만일 베드로와 바울이 그 뜻을 어겼다면 기독교는 어떻게 되었겠는가. 구약 종교인 유대교로 되돌아가 기독교는 인류의 종교로 발전하지 못했을 것이다.

나는 지금도 하나님께 감사 기도를 드리곤 한다. 가톨릭 대학에 다녔기 때문에 천주교를 받아들이게 되었다는 점과 성경주의자들을 간접적으로 접할 수 있었기 때문에 교회주의를 넘어설 수 있었다는 사실 때문에 말이다. 지금은 이 모든 것이 상식이 되어 버렸다. 그러나 20대의 나로서는 그것이 신앙생활의 큰 변화였던 것이다.

나는 대학 후배였던 고(故) 김수환 추기경이나 고등학교 때 제자였던 정진석 추기경을 위해 기도하곤 했다. 그분들의 역할과 책임이 다른 목사들보다 막중했기 때문이다. 어떤 때는 사회적으로 규탄받는 교회의 개신교도들에게 천주교로 이적해도 좋다는 권고를 하기도 한다. 개신교보다는 천주교의 성격에 맞는 편일 때는 그 길이 더 도움되기 때문이다. 물론 나는 그런 일 때문에 오해받기도 하며, 때로는 무교회주의자라는 평을 받기도 한다. 그러나 먼 후일에는 이 모든 문제가 관심의 대상에서 사라질 것이다. 지금도 사라져 가는 중이기도 하다.

제2차 세계대전
소용돌이 속에서의 구원

이렇게 대학생활을 보내고 끝낼 무렵 나에게는 시련과 좌절의 큰 폭풍우가 몰아쳐 왔다. 그 당시 일본은 독일, 이탈리아와 동맹을 체결하고 영국과 미국에 대하여 전쟁을 벌이고 있었다. 전쟁이 불리한 상황으로 몰리면서 일본은 대학에서 공부하는 학생들까지 징집해서 전선으로 보내는 수순을 밟기 시작했다. 문제는 한국 대학생들이었다. 일본 학생들을 군대로 끌고 가면서 한국 학생들을 내버려둘 수도 없었고, 그렇다고 징집할 법적 근거도 준비되지 못했던 시기였다. 그래서 그들은 자원입대라는 명목을 내세웠다. 말은 자원이지만 실제로는 징집을 강요하는 것이었다. 그들은 경찰력을 동원해 학부모와 본인으로 하여금 입대를 지원하도록 압박을 가해 왔다.

그것은 우리 대학생들에게는 청천벽력과 같은 사건이었다. 이미 대학을 갓 졸업한 사회인들에게도 일본과 천황을 위해 자원한다는 명분을 내세웠고, 학교를 쉬고 있는 젊은이들도 예외는 없었다. 나와 같은 시기에 일본에 있던 대학생들은 벗어날 방도가 없었다. 일본 친구들은 조국을 위한 출정이었지만, 우리로서는 원수 국가인 일본의 군인으로 끌려간다는 굴욕감을 호소할 곳이 없었다. 많은 친구가 술과 좌절에 빠져 하루하루를 보낼 수밖에 없었다. 일본 경찰과 공무원들은 마치 한국 학생들이 일본 학생 못지않은 애국심을 갖고 입대하는 듯이 선전하고 있었다. 어떤 친구들은 한국으로 돌아와 입대하기도 했다. 그러나 나와 내 친구 몇 명은 오히려 일본에서 그 난국을 겪는 것이 편할 것 같아 그대로 머물러 있었다.

그런 와중에, 나는 이렇게 중대한 사건에 부닥치면서 나의 신앙 생활이 어떤 의미를 갖는가 하고 스스로 묻고 싶었다. 그것은 목숨을 건 일이었고, 내 생애를 좌우하는 큰 사건이었기 때문이다.

나는 하숙방에서 외부와의 연락을 끊고 성경과 기도를 통해 주님의 뜻이 어디에 있는가를 찾고 싶었다. 방에 조용히 앉아 성경을 읽으면서 기도드리는 시간을 가졌다. 처음에는 3일간을 계획했다. 그런데 어느 날 내가 읽는 성경 말씀이 내 목소리가 아닌 누군가의 음성같이 들려오고 있었다. 요한복음에 이르렀다. 15장의 포도나무 장면을 읽었다.

15 이제부터는 너희를 종이라 하지 아니하리니 종은 주인이

하는 것을 알지 못함이라 너희를 친구라 하였노니 내가 내
아버지께 들은 것을 다 너희에게 알게 하였음이라 16 너희
가 나를 택한 것이 아니요 내가 너희를 택하여 세웠나니 이
는 너희로 가서 열매를 맺게 하고 또 너희 열매가 항상 있게
하여 내 이름으로 아버지께 무엇을 구하든지 다 받게 하려
함이라 요 15:15~16

여기까지 읽는 동안에 내 눈에서는 눈물이 흘러내렸다. "너희가
나를 택한 것이 아니요 내가 너희를 택하여 세웠나니"라는 소리는
내 심근과 삶 자체를 놀라게 했다. 주께서 나를 택한 것이다. 그렇
다. 내가 내 삶을 살고 있는 것이 아니다. 주님의 삶을 이어 가고 있
는 것이다. 나는 그 음성을 들으면서 책상에 엎드렸다. 그리고 세상
에서 가장 짧은 기도를 드렸다. "하나님 아버지!"라고 불렀다. 하나
님이 내 아버지가 되시는데 내가 무엇을 걱정하고 있는가.

나는 밖으로 나왔다. 하늘은 맑고 주변은 지극히 조용했다. 그렇
다. 과거에도 그러했고 지금도 하나님은 살아 계신다. 앞으로도 하
나님은 나의 아버지로 계시는 것이다. 그다음부터 나는 처음 신앙
생활에 들어갈 때와 같은 고요 속에 머물 수 있었다. 주변에서는 폭
풍우가 몰아치고 있었으나 나는 조용했다. 책도 읽을 수 있었고, 교
회에서도 변함없는 안정과 기도 시간을 가질 수 있었다.

이런 일들이 벌어지고 있는 동안에 나는 학도병의 굴레를 벗어

날 수 있었다. 그뿐만 아니라 아내와의 사랑을 굳히게 되었다. 아내
도 하나님이 나와 함께하심을 끝까지 믿고 따랐다. 이즈음에 많은
한국 대학생이 군에 끌려가 남태평양 지방으로, 또 중국으로 전투
에 투입되는 비운을 겪었다. 희생된 친구들도 적지 않았다. 학생이
아닌 젊은이들은 징용으로 강제 수용되었고, 마침내는 모든 한국
젊은이가 군에 징집되는 불운을 겪어야 했다.

또 많은 애국적 의지를 지키던 젊은이들이 일본 경찰의 감시를
받고 구속되기도 했다. 숭실학교 때 같은 반이었던 윤동주 시인도
그중의 한 사람이었다. 그 당시는 전쟁의 후반기였기 때문에 일본
에 있던 우리들은 한국으로 돌아올 길이 막혀 있었다. 시모노세키
까지 가는 기차표를 구하기도 힘들었으니, 현해탄을 건너는 연락선
을 탄다는 것은 하늘의 별따기만큼이나 어려웠다.

어느 날 나는 도쿄를 떠나 교토에 머물면서, 시간을 내어 극장에
갔다. 왜 가게 되었는지는 기억이 없다. 제목을 보고 들어간 것도 아
니었다. 그런데 영화 마지막 장면에서 주인공이 "돌아가라, 고향 집
으로 돌아가라"고 외치는 대사가 흘러나왔다. 나는 그 소리를 들으
면서 고향으로 돌아갈 때가 되었다는 예감이 들었다. 매일 기도를
드리고 있었기 때문에 주님이 돌아가게 해 주실 것을 믿고 있었던
것이다.

그런데 그다음 날 밤 꿈에서였다. 검고 큰 말이 내가 있는 집 대

문 앞에서 나를 기다리고 있었다. 말은 내게 빨리 타라는 동작을 해 보였다. 내가 탔더니 말은 순식간에 날아 고향 우리 집 앞까지 나를 데려다주고 떠나 버렸다. 꿈을 깬 나는 무작정 역으로 나갔다. 역 게시판에는 한국과 만주로 가는 사람들의 명단이 올라 있었다. 거기에는 놀랍게도 내 이름도 있었다. 나는 어떻게 된 영문인지 몰랐으나 역 사무실로 들어가 절차를 밟았다. 그러고는 평양까지 가는 기차표를 입수했다. 물론, 현해탄을 건너는 배표를 포함한 것이었다. 그렇게 하여 나는 아내와 같이 일본을 빠져나올 수 있었다.

그 기회를 놓쳤더라면, 나도 광복 후에야 한국으로 돌아오게 되었을지 모른다. 지금도 나는 어떻게 그렇게도 쉽게 갑자기 돌아오게 되었는지를 모른다. 신청을 해 놓으면 2, 3주일씩 걸리고도 안 되는 때였는데 말이다. 짐작하기는 내 친구가 귀국 신청을 하면서, 내 이름도 넣었던 것이 아닌가 생각된다. 그때 나는 아르바이트 자리를 구해 열심히 일하고 있었기 때문에 신청할 여유가 없었던 때였다. 어쨌든 나는 일본의 울타리를 벗어나 고향으로 돌아오는 행운을 얻었다.

6

광복,
그리고 탈북자가 되다

도둑같이
찾아온 광복

부끄러운 일이지만 사람은 평탄한 세월을 보낼 때는 하나님을 찾지 않는다. 즐겁고 기쁜 일이 생겼을 때는 감사와 영광을 주님께 돌리지 않는다. 그러나 시련과 고통스러운 일에 직면하게 되면, 나도 모르게 하나님께 매달리는 것이 인생이다. 그래서 악마는 우리를 유혹하지만, 하나님은 사랑하는 사람에게 시련을 준다는 교훈이 있다.

시련을 극복하는 동안에 우리는 악마의 유혹을 멀리할 수 있고, 시련과 더불어 하나님의 은총의 돌보심을 깨닫게 되기 때문이다.

고향에 돌아와서 광복을 맞이하게 될 때까지는 하루하루의 생활이 어려움의 연속이었다. 정신생활만이 아니었다. 많은 식구의 식생활까지도 위협을 받고 있었다. 나는 계속 일본 경찰의 주시를 받아야 했다. 그래서 가족들을 떠나 상당한 기간 동안 황해도 안악 등지로 왕래하기도 했다. 황해도는 곡창 지대였기 때문에 식량을 구하는 데 도움이 되었다.

그런 시기였으므로 나는 가정과 민족을 위하는 기도를 소홀히 할 수가 없었다. 나는 어떤 절박한 위기의식과 절망감 같은 것을 느끼곤 했다. 이런 현실이 더 지속되어서는 안 되며 또 지속될 수도 없다는 상념에 사로잡혀 있었다.

그런 가운데 내가 머물던 집의 젊은이가 군에 입대하게 되었을 때, 나도 모르게 눈물의 기도를 드렸다. "주님, 이제는 더 갈 곳도 없고, 모든 희망이 사라지고 마는 것입니까?"라는 호소였다. 결국, 그 친구는 다시 돌아오지 못하고 말았다. 가냘픈 체구에 착한 마음씨를 가진 젊은이였다. 부모님을 떠날 때보다도 나와 헤어지는 심정이 더 괴롭다고 말하던 친구였는데 말이다. 나는 안악에도 더 오래 머물 수 없어 고향으로 돌아왔다. 다행히 집이 마을과 떨어진 산속이어서 조용히 숨어 지낼 수 있었다.

크고 놀라운 사건은 누구도 모르게 찾아오는 법일까. 성경에는 때때로 도둑과 같이 찾아온다는 표현이 있다.

1945년 8월 14일 밤과 15일 새벽. 그날도 나는 생각 없이 조용히 잠이 들었다. 그리고 나는 자면서 꿈을 꾸었다. 내가 선교사인 마우리 목사와 함께 진남포 바닷가로 나갔는데, 거기에 큰 창고 두 개가 있었다. 그중의 한 창고에 들어섰더니, 어느 정도 부패된 일본인들의 시신이 창고 높이까지 쌓여 있었다. 그중에는 내 대학 동창들의 사체도 몇 구 있었다. 다른 창고에도 마찬가지였다. 나는 마우리 선교사와 함께 그 사체들을 바다 쪽으로 옮기다가 꿈에서 깨어났다.

이상한 꿈이었다. 왜 하필이면 일본인들의 시체였으며, 한국의 독립을 위해 애태우다가 그 때문에 일본 경찰에 붙들려가기까지 했던 미국인 선교사와 같이 갔었을까. 그런 생각을 하다가 나는 다시 잠들었다.

그런데 나는 또다시 꿈을 꾸게 되었다. 아직 어두운 시각이었다. 하늘을 바라다보니 큰 태양이 동쪽 산이 있는 곳으로 지고 있었다. 빛을 잃은 태양이었다. 나는 무척 넓은 들에서 소에 연장을 메운 채로 밭을 갈고 있었다. 막 시작이었다. 축축이 젖어 있는 옥토가 한없이 넓었다. 나는 저 밭을 다 갈고, 씨를 뿌려야겠다는 생각을 하면서 꿈에서 깨어났다.

연속된 꿈이어서 더욱 이상했다. 아침에 조반을 먹으면서 꿈 얘기를 했다. 부친은 잠시 생각에 잠겼다가 이렇게 말씀하셨다.

"옛날, 내가 네 나이쯤 되었을 때 꿈을 꾸었는데, 작은 태양들이 무수히 동쪽에서 떠올라 오더니 온 땅에 가득 차더라. 그리고 얼마 안 되었는데 일본의 일장기가 방방곡곡에 스며들어 오는 것을 보았다. 일본의 침략이 시작되었을 때였으니까. 네 꿈대로 일본의 깃발이 동쪽으로 되돌아갔으면 좋겠다."

그러면서 부친은 내게 "너 오늘 평양까지 좀 다녀와 보라"고 부탁했다.

아침 식사를 마친 뒤 나는 20리 길을 걸어 평양까지 갔다. 날씨는 맑았으나 더위는 그렇게 심하지 않았다. 누이동생 집에 들렀다가 전차를 타고 평양 중심지를 서쪽으로 지나고 있을 때였다. 갑자기 전차가 멎었다. 거리에서 일본 국가가 라디오로 흘러나오면서 일왕의 중대 발표가 있겠다는 예고가 나왔다. 나는 전차에서 내려 방송을 들었다. 일본이 항복하고 전쟁은 끝난다는 일왕의 목소리였다.

정말 뜻밖이었다. 나는 시골에서 모르고 지냈지만, 바로 몇 시간 전까지만 해도 일본은 승리하고 있으며, 대동아 공영권이 이루어진다고 떠들지 않았던가. 나는 내 귀를 의심했다. 몇 가지 생각이 스쳐 지나갔다. 전쟁은 끝났다. 일본은 패했다. 그렇다면 우리는 독립해야 할 것이라는 생각이었다.

나는 발걸음을 집으로 돌렸다. 사실, 갈 곳이 있는 것도 아니었다. 여러 가지 상념에 사로잡힌 채 옛날 내가 숭실학교로 다니던 국도를 통해 집으로 오고 있었다.

오후 1시쯤 되었을까. 국도에는 미군의 폭격을 피해 지방으로 피난 가던 소달구지들이 가로수 밑에서 쉬고 있었다. 그 피난민들은 지나가는 사람들에게 전쟁이 끝났다니 평양으로 되돌아가도 되느냐고 조언을 구했다. 나는 여러 사람들에게 돌아가라고 권고해 주었다. 생각이 있는 사람들은 일본이 패했으니까 우리는 독립을 하는 것이 아니냐고 얘기해 왔다. 나도 곧 독립이 될 것이라고 말하면서 기쁨을 나누었다. 그때는 여름이었기 때문에 이른 저녁을 끝낸 마을 사람들이 모였다. 누가 선창했는지도 모르게 "대한 독립 만세"소리가 터져 나왔다. 집집마다 친지들이 모인 곳에서는 모두가 종전과 독립의 얘기로 밤을 지새웠다.

이렇게 해서 해방과 광복의 소식이 전국을 휩쓸었다. 나도 가족들과 더불어 예배를 드리고 찾아온 동네 사람들과 이야기로 밤을 새웠다. 해방은 하나님의 너무나 큰 선물이었다. 그리고 누구도 예측하지 못한 은총의 사건이었다. 모든 것이 새로워지는 시각이었다. 나는 아내와 같이 이제부터는 건강하게, 열심히 조국을 위해 일해야겠다는 다짐을 했다. 주께서 이끌어 주실 것이라고 말이다.

공산사회를
겪으며

그런데 해방을 맞이한 조국은 환희와 더불어 혼란에 빠져들기 시작했다. 38선이 남북을 갈라놓았고, 평양에 주둔한 소련군은 일본인들을 차별 없이 학대하고 부녀자들을 납치해 갔다. 붉은 군대와 더불어 공산당이 38선 이북을 완전히 무력과 이념으로 다스리기 시작했다.

불행하게도 나는 본명이 김성주인 김일성과 고향이 같았다. 그리고 그는 내가 입학하기 얼마 전에 떠나기는 했으나, 같은 초등학교의 선배이기도 했다. 김일성의 조부모와 삼촌 및 사촌들은 서로 알고 지낸 사이이기도 했다. 종전 뒤에 고향에 돌아온 김일성과는 하루 오전을 함께 보내기도 했다. 그때 나는 그가 공산주의자라는 사실을 눈치챌 수 있었고, 김일성이 소련의 사주를 받아 집권하게 되는 과정을 가까이서 볼 수 있었다. 김성주가 김일성이 되는 경로는 물론, 그의 친인척들이 모두 아는 사람들이었기 때문에 역사의 아이러니도 몸소 체험할 수 있었다.

공산주의 세상에서는 나 같은 사람이 할 수 있는 일이 없다고 생각한 나는 고향에서 조용히 교육에 봉사하려는 뜻을 세웠다. 그리하여 나는 내가 처음 다녔던 초등학교를 증축, 확장시키고 농촌 청소년들을 위한 중학교를 재건했다. 주야간을 겸했기 때문에 낮에는 정규 중학과정을 가르치고, 밤에는 인근 농촌에서 모여드는 청년들을 위해 야간학습을 했다. 내 꿈은 우리 고향 주변에서는 중등 교육을 받지 못하는 젊은이들이 없도록 하자는 것이었다. 이 일에 가까운 친구들이 협력해 주었다. 그 학교는 공산사회에 참여할 수 없는 친구들의 피신처가 되기도 했다. 나는 교장의 책임을 맡았다. 설립자였던 김현석 장로는 부친의 친구이기도 했다.

그러나 우리 학교는 오래갈 수가 없었다. 공산정권이 빠르게 정착되면서 우리 학교도 공산화하려는 계획이 진행되기 시작했다. 우선 설립자 겸 이사장이었던 김현석 장로가 조선민주당 간부였다는 이유로 체포되어 종적을 감추게 되었다. 그가 언제 어디서 어떻게 세상을 떠났는지는 누구도 모른다. 김 장로는 나에게 더 이상 학교를 유지할 수 없으니 기회를 보아 38선을 넘어 서울로 가야 할 것 같다는 얘기를 했었다. 집이 평양에 있는 그분은 고향에 머무는 팔순 어머니께 마지막 작별인사를 드리러 본가가 있는 고향까지 왔다. 그 기미를 챈 보안서원들이 모친에게 인사를 드리고 나오는 김 장로를 체포했다.

김 장로를 실은 트럭이 윗마을에서 내가 사는 아랫마을 앞쪽으로 지나고 있었다. 트럭이 길가에 정차한 뒤 몇 무장한 보안서원들이 우리 집이 있는 산 쪽을 바라보면서 얘기를 나누고 있었다. 그때였다. 내 작은 동생이 집으로 뛰어 올라오면서 보안서원들이 김 장로를 잡아가는데, 형님도 잡으러 올 것 같으니 산으로 도망치라는 것이었다. 나는 집 부근 소나무 밑에서 그 광경을 보고 있었다. 체포되기 전에 우선 산으로 도망가야 한다는 심산이었다. 잠시 머뭇거리던 보안서원들은 다시 차를 타고 동네 서쪽으로 빠져나갔다. 나는 일단 안심하고 집으로 들어왔다.

내가 안심하게 된 데는 이유가 있었다. 그보다 한 시간쯤 전이었다. 나는 낮잠 자는 습관이 없었는데, 그날은 잠시 잠이 들었다. 꿈이었다. 김일성인가 그가 보낸 사람인가가 내 앞에 나타났다. 그러면서 권총을 들고 나에게 김일성대학의 교수로 오라고 했는데 지금 가자는 것이었다. 나는 내가 가지 않고 누군가를 추천할까 하는데, 아직 마땅한 사람을 찾지 못했으니 좀 기다려 달라고 말했다. 권총을 든 그 사람은 잠시 망설이더니, 다시 올 테니까 그때까지 준비하라면서 나를 향했던 권총으로 하늘을 향해 쏘았다. 나는 그 소리에 놀라 잠에서 깨어났다.

이상하게 생각한 나는 집 옆 소나무 밑에서 위에서 말한 사실들을 보게 되었던 것이다. 그래서 나는 '다음 차례는 나다. 당분간은 여유가 있을 것 같으니 38선을 넘어 서울로 가야겠다'는 결심을 굳혔다. 그때 김 장로의 말이 떠올랐다. 아무래도 공산 치하에서는 더 머물 수 없으니 학교 일에 너무 미련을 두지 말고 떠나는 편이 좋겠다는 충고였다.

신앙과 자유를 위해
탈북자가 되다

38선을 넘기로 작정한 나는 누구에게도 그 내심을 말할 수 없었다. 나는 학교 일을 한두 가지씩 정리하기 시작했다. 후임자 문제와 민주청년동맹의 움직임을 파악하여 차단하는 일들이었다. 다행스러운 것은 그때는 이미 방학이었다.

누구나 그러하듯이 믿는 사람들은 큰일을 앞두게 되면, 주님께 기도드리는 것이 보통이다. 나도 아내에게만 그 계획을 얘기하고는 여러 날 동안 무사한 탈출과 새 출발이 되도록 기도드렸다. 얼마 후에는 부모님에게도 그 뜻을 전했다. 부모님도 김 장로의 일을 알고 계셨기 때문에 동의해 주셨다. 그러면서 부모님은 누구에게도 그 계획을 말하지 말라고 당부하셨다. 마음의 준비를 갖춘 나는 고향을 등지고 서울로 탈출할 날을 택해야 했다. 1947년 8월 16일로 정했다. 8·15 광복 2주년을 전후해서는 감시와 경계가 좀 느슨할 것 같다는 생각이 들었기 때문이다.

나는 지금도 그날 아침의 광경을 잊을 수가 없다. 아내는 생후 8개월 되는 큰아들 성진을 업고 나섰고, 나는 색다른 모습을 보일 수 없으므로 빈손으로 그 뒤를 따랐다. 세 살짜리 큰딸 성혜는 할머니가 맡아 키우기로 했다. 기회가 닿으면 부모님이 성혜를 서울로 보내 주겠다고 하셨다. 딸애는 아빠, 엄마가 평양에서 선물을 사다 줄 것이라며 밝은 표정을 지었다. 부친은 떠나가는 장손의 얼굴을 한 번 더 보기 위해 아내의 발걸음을 멈추게 했다. 그러나 불행하게도 부친은 그 후 성진의 얼굴을 다시 보지 못하고 세상을 떠났다. 38선이 생기고 부친은 탈출에 실패했기 때문이다.

나는 아내와 함께 평양에서 사리원을 거쳐 해주로 가는 기차를 탔다. 우리는 승강구가 있는 구석 자리를 잡았다. 그런데 사리원을 지나면서 우리는 맞은편 자리에 앉아 있는 두 사람이 보안서원이라는 사실을 눈치챘다. 그들은 열차 안에서 38선을 넘어 남하하는 사람들을 체포하는 임무를 띠고 있었다. 열차가 움직이는 동안에 탈북자를 검색해 낸 뒤, 열차가 멈추면 정차 역에서 그들을 다른 보안서원들에게 인계하곤 했다. 우리는 바로 그들과 무릎을 맞대고 앉아 있었던 것이다.

아내의 조바심은 말이 아니었다. 열차 안에서 바라보는 장수산 일대의 경관은 말할 수 없이 수려했다. 우리는 짐짓 장연에서 친척을 만나 본 후에 장수산 부근의 인척도 방문하자는 말을 꾸며 보곤 했다. 보안서원들을 속이기 위해서였다.

여러 사람이 잡혀 내렸으나 우리는 무사히 해주역에 도착했다. 그날 밤은 여관에서 보내고 다음 날 용당이라는 바닷가에서 배를 타기로 했던 것이다. 그러나 그 계획은 무모했다. 50미터쯤 앞서가던 아내가 파출소 부근에서 심문을 받았다. 아내는 "이분이 무엇인가 조사해야겠답니다" 하면서 내게로 다가왔다. 보안서원들은 우리가 탈북 시도자라는 것을 직감했던 것이다.

우리는 탈북하다가 붙잡힌 사람들이 수용되어 있는 건물로 끌려갔다. 초등학교 교사(校舍)가 수용소로 되어 있었다. 앞채에는 남자들이 갇혀 있었고, 뒤채에는 여자들이 수용되어 있었는데, 그 수가 약간 적었다. 우리를 끌고 간 보안서원은 현관에서 담당자들에게 우리를 인계한 뒤 다시 근무처로 돌아가 버렸다. 인계를 맡은 서원은 어린 것을 업은 아내를 현관에 머물게 한 뒤, 나를 데리고 조사실로 들어갔다. 나와 아내는 틀림없이 나누어져 수용소 신세를 질수밖에 없는 상황이 되었다.

계장급에 해당하는 책임자는 나를 조사하기 위해 책상에 마주앉았다. 그런데 서류를 들고 말문을 열려 할 때, 벽에 걸려 있던 전화의 벨이 따르릉따르릉 울려 대기 시작했다. 계장은 누군가 전화받을 사람이 없느냐고 살피더니 자기가 직접 일어나 수화기를 들었다. 전화소리가 너무 또렷했기 때문에 앉아 있던 나에게까지 들려왔다.

"여기는 경계 ** 지휘소입니다."

"저는 해주 수용소 ** 계장입니다."

"오늘도 붙잡혀 온 사람이 많습니까?"

"예, 아침부터 계속 들어오고 있습니다."

"지금 막 본부에서 전령이 떨어졌습니다. 이제부터 체포되는 사람은 무조건 북으로 돌려보내라는 지령입니다. 너무 수가 많아 처리하기 어려워서입니다."

"네, 알겠습니다."

전화를 끊은 계장은 다시 자리에 앉았다. 잠시 생각에 잠기더니 "어린애까지 데리고 어디로 가는 겁니까?"라고 물었다. 나는 장연으로 가는 길이라고 대답했다. 그러자 노트를 뒤적이던 계장은 부하 한 사람을 불렀다. "이 선생이 밖에 있는 가족과 함께 장연으로 가는 모양인데, 자네가 직접 버스 정거장까지 가서 떠나는 것을 보고 오게"라면서 우리를 인계했다. 우리는 안내를 받으면서 버스 정거장까지 갔다. 그리고 서원에게 "틀림없이 갈 테니까 마음 놓고 돌아가라"고 말했다. 우리는 잠시 버스표를 사는 시늉을 하다가 근처 여관으로 들어가 방을 얻었다. 불과 몇 분을 사이에 두고 풀려난 것을 감사히 생각했다. 저녁 식사 후 나는 송산리 학교에서 같이 가르치던 조 선생의 누님 집으로 가야겠다고 생각했다. 연락이 닿아 가 보았더니 탈북을 시도하는 사람들이 그 집에 여러 명 숨어 대기하고 있었다. 심지어는 지붕 밑의 실궁 같은 곳까지 자리를 잡고 있었다.

다음 날 밤에 집주인이 우리를 찾았다. 안내원이 왔다는 것이다. 30대 중반쯤의 농촌 복장을 한 남자가 우리를 데리고 여러 골목길을 돌아, 바닷가 근처로 보이는 집으로 안내하고는 돌아갔다. 그 집에서 몇 시간을 기다리다가 새벽녘에 우리는 갈대밭으로 안내를 받았다. 우리가 다다른 곳은 바닷가였다. 경비원들이 지나다니는 빈틈을 타서 작은 나룻배가 도착했다. 우리가 타고 떠나기로 한 배였다.

아내와 어린 것을 태우고 막 나도 타려고 하는데 배가 떠나 버렸다. 만원이 된 것이다. 할 수 없이 10여 분 뒤에 다른 배를 타야 했다. 사공을 포함해서 6명쯤 탈 수 있는 작은 어선들이었다. 바닷가에서 50미터쯤 떨어져서 보니 탈북자들을 나르는 쪽배들이 여기저기 보였다. 그런데 그들을 체포하려는 경비정들이 어두운 바다 위를 휘젓고 다니는 것이었다. 죽기 아니면 살기라는 경쟁이 벌어지고 있었다. 사공은 우리에게 경비정에 붙잡히게 되면, 헤엄을 칠 수 있는 사람은 물속으로 뛰어들라고 부탁했다. 사공은 온통 흐르는 땀으로 젖어 있었다. 큰 배 옆을 돌기도 하고, 몸을 숨겨 보이지 않도록 하면서 200미터쯤 저어 왔을까. 사공은 우리에게 이제는 안심해도 된다면서 길게 한숨을 내뿜었다. 그때까지도 같이 타고 있는 사람이 누구인지 서로 모르고 있었기 때문에 우리는 서로 간단한 인사를 나누었다. 모두가 자유를 찾아 공산 치하를 떠나는 탈북자들이었다. 돌아보니 바다 위에는 여기저기 작은 배들이 다니는 불빛이 보였다. 경비정들이 움직이고 있었던 것이다.

다른 배를 타고 있던 사람들이 "대한민국 만세"와 '자유 만세'를 외쳤다. 우리도 그에 호응해서 만세를 불렀다. 눈물이 쏟아졌다.

지금 생각해도 이상한 것은 우리를 탈북시켜 준 모든 사람이 다 같이 애국심에 불타 있었다는 사실이다. 우리를 남쪽 바닷가에 안착시켜 준 사공도 "선생님들께서 하루라도 빨리 우리가 공산주의 치하에서 벗어날 수 있도록 힘써 주십시오. 우리는 한 사람이라도 더 많이 남쪽으로 보내 드리겠습니다"라는 말을 잊지 않았다. 그럼에도 불구하고 보안서원들은 탈북하는 우리를 반역 내지 조국에 대한 배신자로 몰고 있지 않은가. 그만큼 그들은 빠른 시일 내에 공산주의 사상에 젖어 버린 것이다. 불과 2년 동안에 말이다. 공산주의 조직은 공포스러울 정도로 위력을 발휘하고 있었던 것이다.

그날 밤에도 많은 사람이 탈북했다. 바닷가에는 서북 청년들이 여기저기 장작불을 피워 놓고 우리를 맞이해 주었다. 나는 그중 한 사람에게 내 가족을 만나게 해 달라고 부탁했다. 한참 뒤 그들은 아내와 어린 것을 내가 기다리는 곳으로 안내해 주었다. 우리는 별로 큰일이 아니었다는 듯이 함께 불을 쬐며 날이 밝기를 기다렸다. 바다 위에서 우리는 서로의 안전을 위해 많은 기도를 드리면서 보냈다. 철없는 아기의 울음소리가 경비선을 유인하기도 한다는 소식을 듣고 있었던 데다 사공과 장정들이 바다로 뛰어든 뒤에 아내와 어린 것이 어떻게 되었을까 하는 생각도 하고 있었던 것이다.

숭실대학교의 김양선 교수는 본인만 살아남고 온 가족이 희생되었다는 얘기를 들었다. 나는 그때 그것이 족히 있을 수 있는 불행이라고 생각되기도 했다.

나는 지금도 해주 여관에서 잠들었을 때, 지옥 같은 곳에서 들려오는 여인과 아기의 울음소리를 피해서 그 주변을 달려 나오던 꿈을 잊지 못하고 있다. 우리는 정말 지옥의 문을 헤치고 나오는 모험을 감행했던 것이다. 주님의 이끄심과 보호를 믿으면서 말이다. 1947년 8월 18일 새벽이었다.

7

주님의 포도밭,
중앙학교에서

중앙학교로
인도되어

탈북자들을 위한 수용소에서 며칠을 보낸 뒤, 나는 가족을 이끌고 서울로 왔다. 여러 가지 인연이 생겨 신촌 기차역 앞에 작은 방을 하나 얻었다. 그 주인의 부인이 대현교회에 다니고 있었기 때문에 대문간 방을 쓰도록 협조해 주었던 것이다. 가진 것은 아무것도 없었다. 밤에 잠들 때는 옷을 입고 자야 할 정도였다. 가장 문제가 되는 것은 직장을 갖는 일이었다. 아침저녁으로 아내는 기도를 드렸고, 나는 새벽이면 교회에서 새로운 출발을 주님께 의탁할 수밖에 없었다. 나와 같은 처지에 있는 사람이 택할 수 있는 직업은 교육계가 제1순위였다. 그래서 나는 별 소개도 없이 기독교 계통의 중·고등학교를 찾아다녔다. 그러나 마땅한 길이 열리지 않았다.

9월이 다 가는 어느 날, 나는 신문에서 중앙(中央)중학교에 관한 기사를 읽었다. 별로 기대하는 바는 없었으나 계동의 긴 골목을 걸어 학교로 찾아갔다. 심형필 교장을 찾아보고는 "월남해 왔는데 교육계에 몸담고 싶은 뜻이 있다"고 말했다. 심 교장은 몇 가지 얘기를 나누다가 이종우 교감을 찾아 "A선생이 다른 일을 위해 학교를 떠날 것 같다는 얘기를 들었는데, 그 결과가 어떻게 되었는가?" 하고 물었다. 교감은 후임을 소개받는 대로 사임키로 했다고 보고했다. 교장은 교감에게 나를 소개해 주면서, 함께 일할 뜻을 가진 것 같은데 생각해 보자는 얘기를 했다.

그렇게 하여 1947년 10월 2일 조회 시간에 나는 전교생에게 인사말을 하고, 중앙학교 교사가 되었다. 이상할 정도로 기억에 남는 것은 외삼촌뻘 되는 아저씨의 여름옷을 빌려 입고 갔는데도 무척 따가운 볕이어서 땀을 많이 흘렸던 일이다.

내가 중앙학교에서 교편을 잡은 7년 동안 나는 많은 것을 배우고 얻을 수 있었다. 철없이 시골학교를 설립하고 교장직을 맡고 있다가, 큰 조직의 일원이 되니까 편하기도 하고 교장을 보필하는 길도 어떤 것인지 알 수 있게 되었다. 송산리 고향에서 얻은 지혜를 오래 써먹은 셈이라고 할까. 어느 직장이나 비슷할 것이다. 대학에서도 그렇다. 학과장이나 학장이 되기를 바라는 교수들이 있다. 그들은 과장이나 학장의 단점 또는 마땅치 않아 보이는 점들을 지적하거나, 심지어는 학장이나 총장에게 그 단점들을 전달하기도 한다. 그런 교수들에게 기회를 주어 과장이나 학장직을 겪어 보게 하면, 그 일이 쉽지 않음을 깨닫게 되고, 더 좋은 협조를 할 수 있는 길이 열리는 법이다. 사람이란 다른 사람의 체험을 간접적으로 받아들일 수 있는 지혜가 얼마나 귀한지 모르면서 사는 것이 보통이다. 나는 작은 학교였지만 책임자로 일해 보았기 때문에 교감과 교장을 돕는 일에 비교적 객관적일 수 있었다. 경험이 지혜를 더해 준 셈이다.

중앙학교에서 얻은
즐거움

내가 중앙학교에 있는 동안 얻은 가장 큰 혜택은 개인적으로 인촌(仁村) 김성수 선생과 접할 수 있었다는 일이다. 사실 나는 중앙학교의 전통과 인촌에 관한 내용을 모르고 갔었다. 중앙이라는 이름이 흔했기 때문이었는지 모른다. 취직한 뒤에야 그 학교가 인촌이 고려대학교와 더불어 운영하는 명문 사립학교라는 사실을 알았을 정도로 나는 정보에 어두웠다. 나의 약점 중의 하나는 누구나 갖고 있는 정보에 어둡다는 점이다. 심지어는 나 자신에 관한 주변의 이야기들에도 무관심하게 살 만큼 우둔한 면을 지금도 갖고 있다. 타고난 성품이라고 할까. 내 부친이 그런 편이었다.

나는 대인관계가 넓지 못하다. 스승들이 있고 친구들이 있으나, 몇 사람들과만 깊이 사귀는 편이었다. 존경하는 인물로는 중학교 때 고향을 찾아왔던 도산 안창호 선생과 평양의 정신적 지도자였던 고당(古堂) 조만식 선생이었다. 도산은 나와 같은 고향이었고, 고당은 숭실학교의 선배이기도 했다.

그러던 내가 인촌과 학교 일로 친분을 갖게 된 것은 지금도 감사하게 생각한다. 특히 그가 만년에 그리스도인이 된 뒤부터는 침묵 가운데 서로 통하는 점이 있었다. 한 구세주를 같이 믿는다는 사실은 말 없는 정신적 유대감을 주는 것이다.

내가 중앙학교에 부임한 지 2년 반이 지났을 때, 한국 전쟁이 일어났다. 나는 김일성 정권의 계획을 어느 정도 알고 있었기 때문에 교장을 찾아가, 이번 전쟁은 지금까지 있었던 산발적인 전투가 아니라 본격적인 전쟁임에 틀림없으므로 학교 재정의 일부를 교직원들의 후생비로 미리 지급하고, 나머지 재정도 은행에 두면 불안할 것 같다고 제언했다. 교장은 그 뜻을 인촌 선생에게 말하고 양해를 얻어 전체 교직원에게 3개월치 봉급을 선불하기로 했다. 지금 생각해 보면, 나도 예상 못 한 좋은 발상이었다고 여겨진다. 내가 중앙학교를 위해 작은 도움이라도 준 것은 고마운 일이다. 그 덕분에 우리 교직원들은 전쟁 3개월 동안 비교적 편한 생활을 할 수 있었다. 나와 내 가족도 마찬가지였다. 그러나 누구도 그 사유는 알지 못한다. 50년 동안 말한 일이 없었으니까.

내 짐작으로는 이 일을 계기로 하여 우리 교장이 인촌에게 내 얘기를 했던 것 같다. 인촌은 언제나 당신 밑에 있는 사람들을 아끼고 일꾼을 귀하게 챙기는 분이었기 때문에 교장이 비교적 젊은 나를 교감으로 추천했을 때도 동의해 주셨던 것 같다. 전통 있는 교육 기관이었는데, 30대 초반의 교사가 교감이 되었다는 것은 예외의 경우였을 것이다.

지금도 나는 인촌을 존경한다. 그분은 도산, 고당과 더불어 내게 많은 가르침을 준 고마운 분이다. 그는 나에게 두 가지 잊을 수 없는 인상을 심어 주었다. 그것은 바로 애국심과 지혜로움이다. 그는 일제강점기 동안 국내에 있었기 때문에 바람이 불면 큰 나무는 바람을 피할 수 없듯이 시련을 면치 못했다. 그 때문에 일부에서는 친일 인사 중의 하나라는 말도 하고 있으나, 나는 그런 사고와 판단을 옳게 여기지 않는다. 그만큼 민족과 국가를 위해 많은 일을 한 사람은 별로 없을 것이다. 동아일보, 고려대학교, 중앙학교, 최초로 기계천인 태극호를 낸 경성방직 등 그가 남긴 일은 모두가 애국지성에서 우러나온 것이다.

인촌은 그 당시 대표적인 반공 민주주의의 신봉자였다. 물론 그와 뜻을 같이하는 많은 인사가 있었다. 그러나 인촌의 반공 민주는 훨씬 폭넓은 것이었다. 세대 차이는 있어도 그 점에서 나는 그와 공감대를 갖고 있었으며 또 믿고 있었다. 그렇다고 해서 인촌은 정치 이념 때문에 친구나 부하들을 멀리하지는 않았다. 사람들이 춘원 이광수를 비난할 때는 "자신의 잘못을 참회하는 사람에게는 더 이상 침을 뱉거나 돌을 던지지 않아도 되는데…"라고 말했다. 고려대학교의 영문학 교수 이인수가 한국 전쟁 때 강제로 대미군 방송을 한 일이 있었다. 이 교수는 그것을 뉘우치고 민주 진영으로 돌아왔다. 그러나 일시적인 실수 때문에 친공주의자로 몰려 결국 처형되는 비운을 겪었다. 인촌은 그를 구출하기 위해 무척 노력했지만, 결국 이승만에게 아첨하는 사람 때문에 인촌의 노력은 허사가 되었다. 인촌은 크게 상심해서 마치 가족의 한 사람이 비운을 겪는 것같이 괴로워했다. 이 교수는 후에 서울대학교로 갔으나 인촌은 고대를 떠났다고 해서 그것이 자기 밑을 떠난 것이라고는 생각지 않았다. 다만 그를 우리 사회의 좋은 일꾼으로 사랑했던 것이다. 이 교수의 유가족들을 도와 미국으로 이주해 살도록 보살펴 준 것도 인촌이었다. 그는 누군가를 믿고 우리 사회에 필요한 인물이라고 생각하면 끝까지 우정과 협력을 아끼지 않았다.

도산이 병중에 있을 때, 인촌은 일제의 감시 밑에서도 도움을 주곤 했었다. 인촌은 대단히 지혜로운 인물이었다. 그 지혜로움 때문에 많은 사람이 그를 따르며 존경했고, 누구보다도 측근들의 협력을 받으면서 살았다. 나는 대인관계에서 그렇게 지혜로운 사람을 별로 대해 보지 못했다. 그리고 그 지혜로움은 상대방을 진실로 아끼고 위해 주는 데서 비롯되었다고 생각한다.

내가 부산 중앙학교 분교에서 교감 발령을 받고, 얼마 안 지나서였다. 심형필 교장이 병중에 누워 있는 인촌에게 함께 새해 인사를 가자고 청해 왔다. 우리는 사모님이 간병하고 있는 방으로 안내되어 새해 인사를 나누었다. 일어나기 힘들어 누워 있던 인촌이 우리를 보면서 "새해도 되었는데, 우리 함께 기도드리자"고 말했다. 인촌은 눈물을 흘리면서 민족의 장래와 민주주의의 수호를 위해 기도를 드렸다. 또 통일을 위해서는 물론 전쟁이 끝나고 평화가 정착되기를 염원하는 기도도 드렸다. 누구보다도 감명을 받은 것은 나였다. 교장을 통해 내가 신자라는 것을 알고 있었던 것이다. 그는 병을 얻으면서 신앙을 갖게 되었고 그 후부터 어린아이 같은 순수하고 정열에 찬 신앙을 갖게 되었다. 그래서 기도를 청했던 것이다.

그가 세상을 떠날 때까지 많은 친지와 가족들에게 신앙을 권고한 사실은 잘 알려진 일이다. 내가 중앙학교를 위해 도움을 준 것보다는 인촌을 통해 얻은 바가 더 컸기 때문에 지금도 그 시절을 나는 잊지 못한다. 물론 누구에게나 장단점은 있기 마련이다. 그러나 인촌은 여러 면에서 내 생애에 가르침을 준 사람이다.

내가 중앙학교를 통해 얻은 큰 즐거움 중의 하나는 참으로 좋고 우수한 제자들을 많이 갖게 되었다는 점이다. 내가 있을 당시 중앙학교에는 나보다 유능하고 훌륭한 제자들이 많이 있었다. 지금은 그 제자들까지 모두 은퇴한 나이가 되었으니 옛날 얘기 같기는 해도, 나보다 훌륭한 제자들을 키울 수 있었다는 것은 교육자로서 최고의 영예일 수밖에 없다. 계산해 보니 한국과 미국, 캐나다에서 우수한 대학의 교수직으로 있는 제자들만도 20명 가까이 되는 것 같다. 춘원의 아들 영근 박사도 우리 집을 찾아와 놀고 가던 생각이 난다. 그도 우수한 제자 중의 하나였다. 고등학교 때 제자는 대학 시절의 제자보다도 정이 많이 드는 편이다. 한번은 내가 처음 담임했던 제자들의 모임에 간 적이 있었다. 그때 나는 82세였고, 내 제자들은 대부분 70세였다. 그렇게 좋은 제자를 많이 갖게 해 주신 주님께 감사드린다.

새문안교회와의 인연

내가 중앙학교에 갔을 때는 이상할 정도로 그리스도인 교사가 하나도 없었다. 그래서 주님께서 나를 이 학교로 보내 주신 것이 아닌가 하는 생각이 들었다. 나는 자연히 교회에 다니는 제자들에게 어떤 신앙적 도움을 주어야겠다는 책임을 느끼게 되었다. 그러나 학교 안에서 그런 분위기를 만드는 것은 삼가야 한다. 학교는 교육이 우선이고, 교사가 학교 안에서 신앙 지도를 하는 것이 옳다고는 생각되지 않았다. 기독교 학교라면 교목이 맡아 하면 되고, 일반 학교에서는 교육다운 교육이 이루어지면 되는 것이다. 오히려 신앙

운동은 학생들이 자발적으로 하든지 학교 밖에서 하는 것이 좋다는 것이 그 당시의 내 생각이었다. 교장을 중심으로 이끌어 가는 학교 교육 방침에 어려움을 주거나 나를 중심으로 하는 학생 그룹을 만드는 듯한 오해는 피하는 것이 더 지혜로운 선택일 것이다.

기독교 학교에서도 목사님에 대한 존칭은 좋으나 같은 교사들 간에 누구누구 장로라든지 누구누구 집사라는 호칭은 삼가는 편이 좋을 것 같다. 교육의 순수성을 위해서도 그렇다. 그래서 나는 중앙학교의 제자들과 함께 학교 밖에서 다른 학교 학생들과 더불어 모임을 갖는 길을 택했다. 중앙학교와는 상관이 없는 서클을 원했기 때문이다.

그즈음이었다. 한번은 대광 고등학교 학생들이 찾아왔다. 성탄 축하 예배가 있는데 설교를 맡아 달라는 것이었다. 나는 여러 가지 여건이 갖추어지지 않았기 때문에 다른 강사를 모시는 것이 좋겠다고 사양했다. 사실은 겨울에 입을 마땅한 양복도 갖추지 못했을 때였다.

실망한 한 학생이 "새문안교회로 예배 장소까지 얻어 놓았는데 어떻게 하지" 하면서 난처해했다. 나는 그 학생에게 "어떻게 새문안교회를 정하게 되었지?"라고 물었다. 그리고 잠시 생각하다가 도와주겠다고 약속했다.

내가 서울에 온 지 얼마 안 되었을 때였다. 연세대학교 신학과

에 적을 두고 있던 사촌 동생이 시내의 여러 곳을 안내하다가 새문
안교회까지 왔을 때였다. 사촌 동생은 이 교회가 한국 최초의 장로
교회이며 언더우드 선교사가 설립한 교회라고 설명해 주었다. 나는
교회당 앞 길가에 세워져 있는 낮은 돌기둥 위에 앉아서 예배당을
바라다보았다. 그리고 혼자 기도를 드렸다. 시골 작은 교회에서 봉
사해 온 나 같은 사람이 저런 한국의 대표적인 교회에서 말씀을 전
하는 일을 할 수 있다면 얼마나 큰 영광일까라고.

그래서 새문안교회라면 가야겠다는 생각을 했던 것이다. 그것이
처음 인연이 되어 나는 새문안교회 교인이 아니지만, 새문안교회와
깊은 관련을 갖게 되었다. 두세 차례 초청을 받아 신앙부흥회를 인
도하게 되었고, 3일간 키에르케고르에 관한 강좌도 가졌다. 모두가
분에 넘치는 집회였다. 고려대학교 철학과의 표재명 교수도 그때
참석했는데, 그는 후에 키에르케고르 연구에 전념하게 되었다는 얘
기를 해 주었다. 강신명 목사의 도움을 얻어 새문안교회에서 성경
강좌를 개최하기도 했다. 생각하면 한없이 감사한 일이다.

거제도 포로수용소에서
보내온 편지

이런 일들을 겪으면서 나는 중앙학교 제자들과의 말 없는 약속
을 지켜야겠다는 생각을 굳혔다. 그래서 덕수교회에서 몇몇 대학생
을 포함한 고등학교 상급반 학생들이 모여 예배와 성경 공부를 하

게 된 것이다. 일요일 오후 시간을 택했다. 물론 중앙학교의 내 제자들이 주축이 된 모임이었다. 그러나 그 모임은 오래 계속되지 못했다.

1950년 6월 25일은 일요일이었다. 이른 아침부터 공산군의 남침과 전쟁 뉴스가 전해졌다. 서울 거리에는 휴가를 나왔던 군인들이 귀대 방송을 듣고 전선으로 돌아가는 모습들이 눈에 띄기 시작했다.

내가 약속된 시간에 덕수교회에 들어섰을 때는 회원 전체가 모여 있었다. 예배와 강의를 끝낸 뒤, 나는 이번 전투는 전쟁으로 이어질 것 같으니까, 다음 주일부터는 모임이 불가능할 것이라고 말했다. 믿을 곳이 없어 내 말에 귀를 기울이던 학생들은 뿔뿔이 흩어져 집으로 돌아갔다. 나는 불안과 절망스러움을 안고 돌아가는 그들을 보면서 그들이 무사할 것과 더 큰 재난이 없기를 기도드렸다. 학생들의 운명을 하나님 아버지께 맡길 수밖에 없었다. 나와 학생들의 꿈은 사라지고 말았다. 그들과 다시 만나는 일은 예측할 수가 없었기 때문이다.

그 학생들 중에는 내 담임 반 반장이었던 E군도 들어 있었다. E군은 성경 공부나 신앙 문제를 위해 참석했던 것이 아니다. 중앙학교에는 공산당 책임자가 교사 중에 있었는데, 그를 중심으로 삼는 조직에서 E군을 파송했던 것이다. 말하자면 탈북해서 반공 운동에 앞장서 있는 나를 감시하기 위해 E군을 첩자로 이용했던 것이다. 그들은 사랑하는 어린 학생들까지 첩자로 이용하는 것을 당연한 것으로 여기고 있었다. 나는 그것을 북에서 수없이 많이 보아 왔다. 내가 교장으로 있던 송산학교에서 민청 간부는 당 조직의 지령으로 행동하는 학생들이었다. 6·25 전쟁이 벌어지면서 E군은 나를 체포해 오라는 지령을 받았다. 그는 두 차례 우리 집을 찾았다. 마침 도중에 감리교 김종필 감독 사모님을 만나 나는 피난을 갔고, 가족들만이 있다는 소식을 전해 들은 E군은 나를 잡아가는 책임에서 벗어날 수 있었다.

그 당시 학생들에게 잡혀가 희생된 선생 중에는 함경도에서 탈북한 엄진기 선생과 배속 장교로 와 있던 송 중위가 들어 있었다. 다른 두 사람은 남쪽으로 피신했다. 나는 그 대상 중의 하나였다. 후에 밝혀진 일이지만, 당 조직에서는 A급과 B급으로 교사와 동료 학생을 구분해 두고 있었다. A급은 제거 대상이었고, B급은 구속 심사 인물로 구별되어 있었다. 나도 A급에 들어 있었으며 탈북한 반공 학생들도 A급에 포함되어 있었다. 공산주의자들에게는 학교가 교육의 장이기보다는 정치 이념의 기관이기도 했다.

E군은 그 속에서 활동하기보다는 차라리 인민군을 선택했다. 몇 차례의 전투를 겪은 뒤 E군은 포로가 되어 거제도 수용소로 이송되는 신세가 되었다. 수용소에 있는 동안, 그는 여러 가지 생각을 정리하고 있었다. 한번은 E군이 수용소 안을 거닐다가 같은 동창 하나가 국군 경비병이 되어 철조망 밖을 순찰하고 있는 것을 보았다. 둘은 서로 얘기를 나누게 되었고, E군은 내 동정을 알고 싶어 했다. 부

산 광안동에 피난 와 있다는 소식과 몇몇 친구들이 내왕하고 있다는 사실을 알게 된 E군은 남달리 내 생각이 났던 모양이다.

어느 날 E군은 큰 봉투 하나를 친구에게 넘겨주면서 나에게 전해 달라고 부탁했다. 그 봉투 속에는 작은 성경책 한 권과 편지가 들어 있었다. 성경책은 수용소 안에서 받은 것이었다. 편지에는 그동안 있었던 일들이 적혀 있었다. 그리고 선택의 기회가 오면 공산 사회가 아닌 대한민국의 품으로 돌아오겠다는 약속이 들어 있었다. 가능하면 국군으로 입대해서 그동안 공산주의에 협조했던 과오를 용서받고 싶다는 의지도 굳게 담고 있었다. 마지막 부탁은 자기를 위해 기도해 달라는 요청이었다. 자기는 기도를 드릴 자격이 없기 때문에 대신 나에게 부탁한다는 것이었다. 나는 E군을 위해 기도드렸다. 주께서 그의 기도를 들어주시고, 한평생 함께해 주시기를 기원했다.

중앙학교에 있을 때도 여러 교회의 청소년부와 학생들을 위한 집회에 참여할 기회가 생겼다. 기독교 계통의 중·고등학교에서는 설교를 부탁해 오기도 했다. 중앙학교로 가기 이전에 찾아갔던 몇몇 학교에서는 "기독교 학교가 아닌 중앙학교보다는, 우리 학교로 옮기는 것이 어떠냐?"는 청을 하기도 했다. 애교심이 남달리 강했던 이화여중의 신봉조 교장은 강사로라도 출강해 달라고 내게 부탁했다. 나는 얼마 동안 시간 강사를 맡아 주기로 했다.

그러나 생각해 보면 주님께서 뜻하신 바가 있어 나를 중앙학교로 보내셨던 것이다. 성경에는 포도밭의 비유가 많이 있다. 내게 중앙학교는 주께서 보내 주신 포도밭과 같은 일터였다. 그래서 7년 동안 온갖 정열과 정성을 쏟아 일할 수 있었다. 주의 보내심을 받은 일터였기 때문이다. 나는 그 일을 후회하지 않는다. 학교의 일이 곧 주의 일이었기 때문이다.

8

전란 속에서
교회를 섬기다

홀로 부산 피난길에
오르다

한국 전쟁은 우리 민족 사상 최대의 비극이었다. 그 원인과 결과
를 따져 보면, 인간은 참으로 어리석은 동물이다. 김일성이 공산주
의자였음은 용서받을 수 있을지 모른다. 그러나 그는 한국 전쟁의
책임자였다는 점에서는 용서받을 수 없는 죄인일 수밖에 없다.

그해 정월 초하루 새벽의 꿈이었다. 숲인 것 같기도 하고, 거칠지

만 넓은 도로이기도 한 듯한데, 그 길로 무장한 군인들이 열을 맞춰 전투 행진을 계속하고 있었다. 군인들은 한국식이나 동양식이 아닌, 서구식으로 무장하고 있었다. 어느 나라의 군대인가 살피고 싶었는데 멀리 떨어진 배후에 소련 스탈린의 초상화가 실제 인물같이 움직이고 있었다. 스탈린의 군대였던 것이다. 꿈에서 깨어난 나는 전율했다. '전쟁이다. 공산주의자들이 일으키는 전쟁이다'라는 생각이 들었다.

그 후 많은 사람들, 역사가나 철학자들이 한국 전쟁의 책임자는 누구냐는 문제를 제기했다. 자유 진영 사람들은 김일성이 스탈린에게 요청했고, 스탈린이 모택동의 협조를 얻어 일으킨 전쟁으로 보고 있다. 그러나 공산 진영에서는 미군이 일으킨 전쟁이며, 공산주의자들이 북조선 수호와 한반도의 통일을 위해 대응한 전쟁이라고 주장하고 있다. 심지어는 프랑스의 사르트르(Sartre)나 메를로 퐁티(Merleau-Ponty) 같은 철학자들도 좌경 인사들이어서 공산 진영의 주장에 앞장서기도 했다.

그러나 나는 지금도 한국 전쟁의 주동자는 스탈린이라고 믿고 있다. 8·15 해방 때부터 스탈린은 그 야망을 갖고 있었기에 김일성을 시켜 적화 통일 계획을 실천에 옮기고 있었던 것이다.

30대의 김일성이 독자적으로 전쟁을 일으킬 처지는 못 되었다. 물론 지금 전쟁이 공산주의자들의 도발이었음을 의심하는 사람은 없다. 해방 후 북한에서 사태를 겪어 본 사람이라면 누구나 그 진원

지가 모스크바라는 것을 부인하지 않을 것이다.

한국 전쟁은 온 국민을 혼란으로 몰아넣었다. 그 자리에 가만있을 수 없었던 시민들은 서로 옆 마을에라도 다녀와야 마음이 놓일 정도였다. 이승만 대통령과 국방부 및 행정부는 무엇이 어떻게 되고 있는지, 자신들도 모르고 있는 동안에 포성이 서울까지 들려왔고, 내가 사는 신촌 이화여자대학교 뒷산에는 벌써 인공기가 꽂혀 있었다.

나 자신도 방황하는 사람 중의 하나였다. 27일 나는 밤새도록 헤매다가 두 젊은이와 행동을 함께하기로 했다. 한 사람은 같은 교회에서 신학교에 다니고 있던 이북 청년이었고, 또 한 사람은 충남 홍성에 사는 제자였다. 밤중까지 비는 내리고, 한강 다리는 폭파되었다. 시민들은 안심하고 생업에 전념하라는 이승만 대통령의 녹음테이프만 믿고 집을 지켰다. 날씨까지 나빴기 때문에 움직일 수도 없었다. 두 젊은이와 같이 한강 다리 부근까지 나섰던 나는 돌아설 여유가 없었다. 성경에서 지붕에 있는 사람은 방에 들르지 말고 피신할 것이며, 밭에 있던 사람은 그대로 들로 도망치라고 말했던 장면 그대로였다. 나는 두 젊은이와 함께 나룻배의 뒤를 따라 헤엄을 치면서 한강을 건넜다. 머지않아 신촌 노고산에 있는 집으로 돌아가게 될 것이라는 어리석은 생각을 하고 있었다. 피난민의 행렬은 국도를 따라 남쪽으로 이어졌고, 누구나 남으로 가야 한다는 생각에 사로잡혀 있었다.

그날 밤 우리는 수원을 넘어 오산까지 걸었다. 빈민가에 들어가 잠을 청하고 난 다음 날 우리는 온양에 이르렀다. 일찍 떠났기 때문에 온양 이남으로는 피난민이 많지 않았다. 다음 날 우리는 내 제자의 형네가 사는 홍성까지 갔다. 며칠 뒤에는 서울로 돌아갈 수 있을 것이라는 희망을 안고서였다.

그러나 전세는 다급해졌다. 미군을 비롯한 유엔군이 상륙, 북진한다는 소식이 들려왔다. 그래서 우리는 먼 길을 걸어 대전까지 갔다. 대전에는 임시 정부가 와 있었던 까닭이다. 그러나 대전도 위태로워질 것이라는 보도에 접하면서 더 남하해야 하는 신세가 되었다. 우리는 지리적으로 가장 멀어 보이는 광주, 목포 지역을 생각했으나 서울에서 온 아는 이들을 따라 대전역으로 나왔다가 부산으로 가는 화물차를 탔다. 그렇게 해서 3개월 동안의 부산 피난 생활이 이어지게 되었다. 그때 우리 정부가 부산으로 간다는 소식을 듣지 못하고 전남행을 택했다면 또 한 번 생사의 갈림길에 놓일 뻔했다. 같은 교회의 젊은이들이 함께 기도를 드리기 위해 모였을 때 부산행의 정보를 얻게 된 것이었다.

후일에 깨달은 꿈 이야기 하나가 있다. 서울을 떠나 피난길에 올랐을 때, 사흘 밤을 연속해서 크고 밝은 샛별이 떠 있어 우리가 가는 남쪽을 빛내 주었다. 오랫동안 3일간이라는 생각을 잊고 있었다. 그러나 3개월의 피난 생활을 일단 끝내고 서울로 온 데다, 전쟁이 3년간 계속된 사실을 알게 되면서 3이라는 수를 다시 머리에 떠올리게 되었다. 막연히 주의 이끄심이 멀지 않았으리라는 생각을 갖고 있었다.

부산에서 내가 머문 곳은 대연리에 있는 작은 교회였다. 예배가 없는 시간에는 잠자는 곳이 되었고, 그 안의 작은 방은 기도를 드리는 공간이 되었다. 3개월의 피난 생활을 끝내고 국군과 유엔군이 평양을 넘어 북진했다는 뉴스를 들었을 때, 나와 같은 처지에 있는 사람들은 서둘러 서울로 가서 가족들의 생사와 안부를 살피는 것이 급선무였다.

가족을 지켜 주신
하나님

약간 늦은 편이기는 했으나 10월 초에 북상하는 열차를 타고 노량진 한강 가에 이르렀다. 거기서 우리는 나룻배를 얻어 강북으로 들어섰다. 그날 아침은 따뜻했고 심한 안개가 100미터 앞을 볼 수 없을 정도로 깔려 있었다. 나는 지금 서강대학교가 있는 노고산 쪽으로 가슴을 졸이며 걷고 있었다. 바로 산 넘어 노고산 쪽에 세 들어 살던 집이 있었기 때문이다. 그곳은 격전지였고 국군과 유엔군의 사격 대상이 되었던 곳이다. 뉴스에서 들었기 때문에 나는 이미 짐작하고 있었다.

집에는 아내가 다섯 살짜리 큰아들과 세 살이 되는 둘째 딸, 그리고 갓 태어난 셋째 아들을 거느리고 있었다. 차라리 시내에 살았거나 산 밑이라면 피해가 적었겠는데, 산 중턱이었기 때문에 포 사격의 목표가 되었음 직도 했다.

나는 언덕에 올라서면서 집 있는 쪽을 바라다보았다. 우리 앞집, 뒷집, 옆집이 모두 사라져서 보이지 않는데, 우리 집만이 덩그렁 남아 있었다. 아내가 뜰에서 거닐고 있는데, 큰놈이 그 뒤를 따르고 있는 것이 보였다. 둘은 살았구나 하는 안도감을 느꼈다. 나는 거의 뛰다시피 해서 대문을 열고 들어섰다. 이상할 정도로 아내의 표정은 담담했다. 잠시 출장이라도 다녀온 남편을 맞는 것 같았다. 나는 같이 피난을 못 가 미안하다고 말했다. 그러자 아내는 갔더라도 이 셋을 다 데리고 어떻게 살았겠느냐면서, 하나님이 잘 지켜 주셨다며 감사해 했다.

아내는 다행히 학교에서 준 3개월분 월급이 있었기 때문에 생활은 어렵지 않았다고 했다. 전투가 계속되는 동안에는 한 애를 업고 두 어린 것의 손을 잡고 산 밑에 파 놓은 방공호로 대피하곤 했다. 그런데 애들이 철없이 울고 싫어해서 후에는 그냥 집에 머물기도 했다는 것이다. 마루방 밑에 낮은 웅덩이를 파고, 그 속에 들어가곤 했다고 한다. 무슨 영문인지 모르는 큰놈은 "왜 그렇게 팡팡 하는 소리가 나지?" 하면서 아버지를 연상했던 모양이다.

아내는 큰애에게 아버지는 여기 있으면 안 되기 때문에 멀리 갔다가 온다는 설명을 했고, 애들은 안정된 여러 날을 보냈다는 얘기였다. 나무 담장에 포탄 조각이 박혔을 뿐, 가족들은 내가 함께 있는 것보다 더 편히 지낼 수 있었던 것이다. 물론 나도 서울에 있었다면 3개월 동안은 어딘가에 숨어 지냈어야 했을 것이다. 아내는 불편과 어려움은 컸으나 내 신변은 걱정하지 않아도 되었던 것이다.

38선을 넘어
남겨진 가족을 데려오다

그렇게 귀가한 지 얼마 되지 않은 어느 날 밤에 내 제자 둘이 찾아왔다. 서울에서 평양까지 가는 최초의 후생 열차가 있는데, 군복을 입고 동승해 고향까지 가자는 것이었다. 나는 가져온 군복을 입고 고향인 평양을 향해 떠났다. 전투의 흔적이 남아 있는 철로 주변에는 생기를 잃은 북한 주민들이 우리 열차를 지켜보고 있었다. 대동강 동쪽에 도달했을 때도 그렇게 안개가 짙었다. 나룻배로 강을 건너 대동문 가에 내렸다. 걸어서 얼마를 가다가 미군이 탄 군용 지프차에 동승할 수 있어 곧 송산리에 도착했다. 집에는 부모, 두 남동생, 막내 여동생이 있었고, 38선을 넘을 때 데려오지 못했던 큰딸 성혜가 있었다.

꿈같은 며칠을 보내고 있을 때, 제자가 시골까지 찾아와 중공군이 참전했고 아군이 후퇴하고 있다는 소식을 들었다면서, 곧 38선을 넘어 남하하는 것이 좋겠다는 말을 남기고 떠났다. 송산리는 시골이어서 전황이나 뉴스에 접할 수 없었던 상황이었다.

나는 서둘러 떠나기로 했다. 두 남동생과 여동생 하나, 그리고 큰

딸 성혜를 데리고 만경대에서 배를 타고 역포까지 왔다. 그때야 비로소 전세를 알게 되었다. 나는 큰 동생에게 빨리 돌아가 부모님도 모시고 뒤따라 서울로 오라고 부탁하고는, 일행을 이끌고 남하하는 군용 열차의 기관차 뒤에 달린 연료(석탄) 칸 위에 자리를 얻어 떠났다. 석탄 칸이기는 했으나 크게 위험하거나 비위생적이지는 않았다. 밤을 새우고 난 다음 날 오후, 기차는 수색역에 도착했다. 무사히 탈출한 셈이다. 큰 동생과 부모님만 남하하면 모든 일은 끝나는 것이다.

다시
부산으로

그러나 전세는 불리해지기 시작했다. 중공군이 남하하면서 국군과 유엔군은 서울을 포기하고 조치원 부근에 진지를 구축한다는 소식이 들려왔다. 한국 전쟁 때 어려움을 겪었던 서울 시민들은 모두가 남쪽으로 피난길을 재촉했다. 서울은 인적이 끊긴 텅 빈 도시가 되었다. 1·4 후퇴 작전이라고 불리는 전략적 후퇴였다.

나는 늘어난 가족들과 더불어 부산행 열차에 몸을 실어야 했다. 여자들과 애들은 화물 열차 안으로 들어가게 하고, 남자들은 열차 지붕에서 밤낮을 보내야 했다. 그때 화물차 안에서 해산하는 산모도 있었다.

그런 와중에서도 우리는 부산진역에 도착했다. 추운 겨울이었다.

그래도 나는 지난여름에 대연동교회에서 지낸 일이 있었기 때문에 그 교회로 찾아가 머물 수가 있었다. 문제는 송산리로 되돌아간 큰 동생과 부모님을 찾는 일이었다. 나는 동생에게 서울 주소를 알려 주었기 때문에 고생을 무릅쓰고 서울 신촌 집까지 찾아가 보았다. 예상했던 대로 아무 흔적도 없었다. 동네 전체가 비어 있었다. 같은 교회에 다니던 병중의 한글학자 김창제 씨가 남아 있었다. 연로한 사모님이 "우리는 갈 곳이 없고, 선생님은 노환이어서 남기로 했다" 고 했다.

나는 빈집을 지키다가 동생에게 쪽지를 남기고, 다시 부산으로 내려와야 했다. 때를 놓치면 부산까지 가는 길까지 막힐지도 모를 일이다. 쪽지에는 서울에 도착하는 대로 부산의 대연동교회로 찾아 오라는 당부를 적어 놓았다.

11월이 지나고 12월도 끝나갈 즈음이었다. 나는 큰 실수를 한 것이었다. 부모님을 모시지 못하는 한이 있어도 큰 동생은 다시 보내지 말아야 했다. 공산주의자들에게 희생당할 상황에 있었기 때문이다. 양심의 가책을 누를 길 없어 나는 아침저녁을 기도로 보냈다. 어리석은 소원이지만, 이 해가 다 가기 전에 희망의 소식이 있게 해달라는 기도였다.

크리스마스도 지나고 연말이 되었다. 나는 더 큰 죄책감에 빠져 들었다. 12월 마지막 날이 되었다. 어둠이 스며들기 시작하는 저녁,

예배당에서 기도를 끝내고 교회 뜰로 나오는데 대문 밖에서 누군가가 찾는 목소리가 들렸다. 전도사님의 사모님이 "늦은 시각에 누구십니까?"라고 물으며 대문을 열어 주었다. "이 예배당에 김형석 선생 가족이 있습니까?"라고 물으면서 동생이 앞장서 들어서는 것이었다. 모친과 다른 일행도 몇몇 있었다. 나는 가족들에 대한 반가움보다도 방금 전에 드렸던 기도를 생각하면서 눈물을 흘렸다. 이 해가 다 가기 전에 내 기도를 들어주신 주님께 대한 감사와 감격의 눈물이었다. 이렇게 되어서 부친은 모시지 못했으나 사지로 돌아갔던 동생은 모친과 함께 찾아올 수 있었다. 그 해가 다 가기 몇 시간 전에 말이다.

피난 식구는 점점 늘어났다. 좁은 교회당이지만 밤에는 잠자리로 채워지곤 했다. 그러나 우리 피난민들은 희망을 잃지 않았다. 우리 가족들과 고향에서 온 친지들은 모두가 교인이었고, 그 후에 찾아 들어온 사람들도 모두가 그리스도인들이었다. 다행히 가까운 곳에 부산 항만이 있어 미군들의 무기와 군수 물자가 운반되고 있었기 때문에 적당한 일자리도 찾아 가질 수 있었다. 저녁 늦은 시간에는 밤 예배를 드리고 모두가 잠자리에 들었고, 새벽에는 다 같이 기도회를 가진 뒤에 일터로 나가곤 했다. 피난민 수가 늘어났기 때문에 어떤 사람들은 인근 민가로 방을 얻어 이사를 나가기도 했다. 젊은이들은 군대나 군속으로 떠났는가 하면, 부녀자들도 일자리를 찾아다니곤 했다. 미군 부대가 주변에 주둔하면서 다양한 일거리가 주어지곤 했다.

나는 새로 설립된 중앙학교 부산 분교로 출퇴근했다. 분교의 교감직을 맡게 되었던 것이다. 그리고 주말에는 교회 봉사를 겸해야 했다. 아내는 예배의 풍금 반주를 했고, 나는 때때로 설교로 돕기도 했다.

주님의
지게꾼으로

이렇게 자리가 잡혀갈 무렵이었다. 대연동에서 멀지 않은 광안리에는 육군 피복창이 있었다. 피복창 안에는 많은 군속이 일하고 있었다. 육군 전체의 복장을 충당하는 곳이어서 그 규모가 컸다. 피복창에서 일하는 사람들 중에는 교인들이 많았다. 주로 북한에서 남하한 사람들이었다. 그들은 주일이 되어도 예배를 드릴 시간과 장소가 없었다. 전쟁 중이어서 쉬는 날이 일정하지 못했기 때문이다.

그중의 몇 사람이 어떻게 소식을 들었는지 나를 찾아왔다. 부대 안 식당도 있고 강당도 있는데 예배와 설교를 맡아 주면 좋겠다는 청이었다. 나는 흔쾌히 허락했다. 교회 봉사는 주께서 맡기시는 일이기 때문이다. 일주일에 한 차례는 주일 예배를 드리고, 부대 본부에서 요청해 왔을 때는 전도 강연을 겸한 교양 강좌도 개최할 수 있었다. 그러는 동안에 부대 안과 밖에서 큰 호응을 보였다. 군속들의 가족들도 주일 예배는 부대에 와서 드릴 수 있게 되었기 때문이다. 나는 대우는 별로 없었으나 군속의 직책을 갖고 군부대에 출입할 수 있는 신분이 되었다. 전쟁 중에 군대 일을 도울 수 있다는 것은 마음 뿌듯한 일이기도 했다.

이렇게 상당히 긴 기간이 지났다. 그러던 어느 날 김형도 군종감을 만나 지금까지 지내 온 이야기를 했다. 내가 목사가 아니기 때문에 어떻게 처신하는 편이 좋을지 몰랐던 것이다. 실정을 알게 된 김 목사는 당신의 직무이기도 했기 때문에, 나에게는 연락도 없이 군목을 보냈고, 나는 그 책임을 벗어날 수 있었다. 그렇게 되는 게 당연한 처사였다. 군내 교회는 군종이 맡아야 하는 것이다.

언제나 그런 일이 있듯이 일부 교인들은 설교는 내가 하고 목사님이 때에 따라 행정적 뒷받침을 하는 방향으로 이끌어지기를 원했다. 그러나 그렇게 되면 목사님에게도 어려움이 오고, 나도 그 일을 계속하는 것이 순리에 맞지 않는 결과가 되는 것이다. 일부 교인들이 부대 밖에 새로운 교회를 설립하면 좋겠다는 부탁을 해 왔다. 특히 부대 밖에서 부대에 들어가 예배를 드리던 교우들의 처지가 난감해지기도 했다.

여러 가지로 의견을 모아 보다가 부대 밖의 교우들을 위해 예배 처소를 갖기로 했다. 한 집사의 가정을 얻어 10여 명이 주일과 수요일 저녁 예배를 드리기로 했다. 나는 처음부터 예배당을 짓거나 새로운 교회를 설립하는 일은 원하지 않았다. 나는 할 수 없이 내 본 직업은 학교이기 때문에 언제나 여기를 떠나야 하고, 새로운 교회가 세워지면 목사님을 모시기로 하는 조건으로 작은 예배당을 짓고, 비로소 가정예배의 울타리를 벗어나게 되었다.

그렇게 하여 나는 목사가 없는 교회에서 목사를 대신해 교회 봉사를 하게 되었던 것이다. 가족들도 교회 주변으로 이사를 와 약간 큰 가정 교회 비슷한 단란한 교회가 설립되었다. 그 교회는 지금 광안장로교회로 자리 잡았다. 교회를 섬기는 동안 나는 많은 것을 배우고 체험했다. 또 그 당시의 체험을 통해 교회를 이해하고 목회자라는 직책의 중요하면서도 어려운 면을 알게 되었다. 교회다운 교회가 얼마나 힘들다는 사실 또한 깨닫게 되었다.

내가 그 교회를 떠나 서울로 온 지 얼마 후부터 박태선 장로의 신앙촌 운동이 전국을 휩쓸기 시작했다. 당시의 대표적인 교회인 영락교회를 비롯한 많은 교회의 교우들이 교회를 떠나 신앙촌 운동에 참여하는 혼란스러운 사태가 벌어졌던 것이다. 나는 교육계에 있으면서 광안장로교회의 동태가 걱정스러웠다. 내가 보기에는 박태선 장로의 신앙 노선과 신앙촌 운동은 소망스럽지 못하며 박 장로의 뒤를 따르던 교우들이 신앙적 혼란과 위기를 맞게 되리라는 사실을 부정할 수 없었기 때문이다.

그런데 다행스럽게도 그 교회에서는 여 집사 한 사람이 교회를 등지고 따라갔을 뿐 교우들의 이탈은 없었다. 그 부근 교회에서는 이상한 일이라고 생각했을 정도로 조용했다. 내가 교우들을 만나 "다행스러운 일인데, 어떻게 그런 결과가 되었느냐?"고 물었다. 그랬더니 "박태선 장로의 신앙촌 운동은 선생님의 말씀과 다르다는 사실을 알았기 때문에 누구도 관심을 갖지 않았지요. 모 집사는 신앙촌에 취직자리를 얻었기 때문에 혼자 떠나갔습니다"라는 것이었다.

나는 주님께 감사의 기도를 드렸다. 교회는 진리의 수호자가 되어야 하고, 진리는 그리스도께서 지켜 주신다는 엄연한 현실을 체험할 수 있었던 것이다. 이상하게도 일본에서는 사이비 종교와 신앙이 대부분 불교 계통에서 일어난다. 기독교에서 우려할 만한 잘못된 신앙 집단이 생긴 일은 없었다. 그런데 우리나라에서는 많은 사이비 신앙이 기독교에서 발생했고, 또 발생하고 있다. 그것은 교회가 진리의 수호자 자격을 잃었기 때문이다. 천주교보다는 개신교에 그러한 일이 더 많다는 사실은 신학 교육과 목회자의 자질에 책임을 묻지 않을 수 없다. 비이성적이거나 반도덕적인 신앙이 종교라는 이름 아래 수용되어서는 안 된다.

박태선 장로의 신앙촌 운동이 자리를 잡게 되면서 우리나라에서는 문선명의 통일교가 위세를 떨치기 시작했다. 서울 동쪽에서 그 운동이 시작되었을 초창기에는 연세대학교 박 모 교수가 가담했고, 이화여대에서는 김 모 교수가 그 주동 인물이 되어 대학생들과 지성인들을 끌어들이기 시작했다. 박 모 씨는 직접 강의를 하지는 않았으나 대학의 요직을 차지하고 있었고, 또 김 모 씨는 미주에서 신학을 전공한 기독교학과 교수였다. 그 때문에 두 대학은 적지 않은 시련을 겪기도 했다.

그때는 나도 연세대학교에 몸담고 있던 때였다. 나는 통일교에 대한 질문도 많이 받았고, 통일교와 기독교의 관계를 어떻게 보는가 하는 문의도 계속 받았다. 나는 처음부터 통일교는 기독교가 아니라는 입장이었다. 따르거나 따르지 않는 것은 자유일 수 있으나, 통일교는 기독교 교단이 아니다. 통일교가 기독교의 발전적 형태의 종교라고 말하는 것은 교세 확장의 수단과 방편일 뿐, 문제 삼을 필요가 없다는 확신을 나는 처음부터 갖고 있었다.

다행스럽게도 박태선 장로의 시련을 겪었기 때문에 교회 자체는 큰 시련 없이 그 난국을 극복할 수 있었다고 생각한다. 물론, 문제가 쉽게 해결된 것은 아니다. 그러나 기독교로서는 더 흔들리지 않는 주체성을 지키고 확립할 수 있었기에 다행이었다.

그즈음에 있었던 한 가지 사건이 기억에 떠오른다. 연세대학 신학과로 뜻밖의 서한이 당도했다. 영국 교계에서 온 편지였다. 예수님이 한국 서울에 재림하셨다는 보고서가 전달되었는데, 캐나다에서 신학을 전공한 모 신학자의 서한이라는 것이다. 그러니 어떻게 된 일인지 좀 알려 주면 고맙겠다는 내용이었다. 아마 그 연락을 한 사람은 이화여자대학교의 교수였을 것이다. 그 후부터 연세대학교는 통일교에 대한 경계수위를 높여 가기 시작했다.

그러나 이런 문제에 관해서는 더 얘기할 필요가 없을 것 같다. 이미 기독교와 통일교의 경계선은 그어진 셈이기 때문이다. 이런 일들을 보면서 나는 기독교 밖에 있는 사람들이 스스로를 목사라든지 장로라는 호칭으로 부르는 일은 삼가해 주었으면 좋겠다고 생각한다. 또 교회 안에서도 사회가 인정하는 성직자의 호칭을 너무 가벼이 여기지 않았으면 싶다. 자신들과 종교계 및 사회적 관습을 위해서이다. 내가 잘 아는 어떤 목사는 목사라기보다는 정치인이나 사회 운동가로 불렸으면 좋겠다고 나는 생각한다. 또 어떤 신부는 신부라고 부르기보다는 시민 운동가로 자처했으면 한다. 그들 때문에 많은 신도가 신앙적 회의와 충격을 받고 있는 것을 너무 많이 보아 왔기 때문이다. 세상 사람들로부터 "그분이 목사였구나, 고마운 사람이지"라고 말한다면 좋겠으나, "그분도 신부였나? 세상 사람들도 그런 행동은 삼가는 편인데"라는 말은 듣지 않았으면 좋겠다. 자신은 물론 기독교를 위해서 말이다.

먼저 이야기로 돌아가기로 하자. 휴전이 되고 공직을 가진 피난민들은 서울로 환도하기 시작했다. 나도 학교 일을 정리하고 서울로 올라와야 했다. 교회의 책임도 다른 이에게 넘겨야 했다. 아쉽고 서운한 마음을 가눌 길이 없었다. 교우들과 같이 "우리 다시 만날 때까지 하나님이 함께 계셔"라는 찬송을 부를 때는 마음이 아프고 눈물이 흘렀다.

그즈음 나는 자주 광안리 바닷가로 나가 기도를 드리곤 했다. 그 기도들 가운데 하나가 지금까지 내 평생의 인생관이 되었다. "하나님. 제가 서울로 가면 서울역에 많은 지게꾼들이 있어 짐 주인을 기다릴 것입니다. 부탁받은 짐을 지게 되면, 주인이 시키는 대로 복종할 것입니다. 지게꾼은 자유로운 선택이나 제 마음대로의 행동은 허락되지 않습니다. 짐 주인의 뜻에 복종할 뿐입니다. 서울에 돌아간 후부터의 제 생애는 그 지게꾼과 같아질 것입니다. 주님이 부탁하시는 짐을 지고 뜻하시는 곳까지 가겠습니다. 저는 주의 작은 종의 하나일 뿐입니다"라는 기도였다. 그리고 수십 년의 세월이 흘렀다. 그러나 지금도 나는 주님의 지게꾼으로 머물고 있을 뿐이다.

9

연세대학교와
더불어

주님이 주신 새 포도밭,
연세대학교

피난 생활을 끝내고 서울에 올라온 나는 어떤 새로운 변화가 일어날 것 같은 예감에 사로잡혀 있었다. 기도를 드리는 가운데 주님의 뜻을 기다리는 심정이었다.

그 한 가지 변화는 중앙학교에 더 오래 머무는 것에 대한 회의였다. 부산에서는 중·고등학교 분교의 책임을 맡아 왔으나, 서울 본교에서는 중학교의 교감직을 맡게 되었다. 물론 그것은 나에게 분에 넘치는 직책이었다. 그러나 교장의 교육 정책이 서 있고, 고등학교의 교감 또한 나름대로의 교육관을 가지고 있었다. 내가 펴 나가고 싶은 교육 방향과는 거리가 있었다. 또 주변의 일들이 나에게 많은 양보와 시련을 요청해 오는 것으로 판단되기도 했다.

그런 고민을 하고 있을 때, 두 신학교에서 강사 청탁이 왔다. 남산 옛 신궁 자리에 자리 잡고 있던 장로회신학교와 서울역 앞 동자동에 있는 한국신학대학이었다. 장로회신학교는 박형룡 목사가 책임자였고, 한국신학대학에는 김재준 목사가 학장으로 있었다.

나는 한국신학대학을 택하기로 했다. 학문적인 자유로움이나 성격으로 보아 그편이 마음에 들었다. 김재준 목사도 그러했으나 신학다운 신학은 한국신학대학에서 가능하리라는 생각이 들기도 했다. 김재준, 전경연, 서남동, 이우정, 박봉랑 교수 등 모두가 학문에 열중하고 있던 때였다. 한국신학대학 강사를 맡았다는 사실이 알려지면서 연세대학교 신과대학에서도 강의 청탁이 왔다. 기독교 윤리 강좌가 필요했던 것이다. 연세대 신과대학에서 나를 초청한 것은 그 당시 재학생이었던 민경배(교회사 전공) 교수 등이 내 시간을 요청했던 것 같다. 민 교수는 중앙학교 때의 내 제자이기도 했다.

두 신과대학에서 1년쯤 지났을 때였다. 고려대학교에서 시간 강사를 맡아 달라는 교섭이 왔다. 아마 김성식 교수가 교무처장으로 있으면서 나를 앞으로 전임으로 이끌어 갈 계기를 만들어 보았던 것으로 짐작된다. 얼마 뒤, 고려대학교로 갈지도 모르는 직전이었다. 연세대학교 백낙준 총장이 직접 사람을 보내왔다. 속히 만났으면 좋겠다는 것이다. 찾아갔더니 김 선생은 신학 전공이 아니라 철학과 출신이므로, 문과대학 철학과에서 수고해 주었으면 고맙겠다는 뜻을 표명했다. 나는 아무 말도 못 했다. 이것이 내 길이라는 생각이 들었다.

당시 연세대학교 철학과에서는 교수가 필요했었다. 전원배 교수가 대학을 떠났고, 정석해 교수가 1년간 미국으로 시찰을 가게 되어 있었다. 백 총장은 그 공백을 걱정하다가 신과대학에서 강사로 있는 나를 철학과 전임강사로 결정했던 것이다. 그렇게 해서 나는 주님의 뜻을 따라 연세대학교에서 한평생을 바치는 일꾼이 된 셈이다. 연세대학교는 주께서 주인이 되시는 포도밭과 같은 소중한 일터였던 것이다.

이렇게 연세대학교에 부름을 받기는 했으나, 나에게 그것은 감당하기 어려운 짐이기도 했다. 대학을 마치면서부터는 학문에 집중할 환경 및 시간이 용납되지 않았다. 일제강점기의 도피생활, 해방 직후의 혼란, 한국 전쟁 등이 계속되었기 때문이다. 그래서 두 가지 생각을 굳혔다. 연세대학교에 있는 동안은 연구하고 강의하는 교수다운 교수로 머물자는 생각이었다. 학교 안에서의 보직과 행정에는 관여치 않기로 했다. 대외 활동에 있어서도 교육계 영역을 벗어나는 일은 책임 맡지 않기로 결심했다. 내가 연세대학교에 있으면서 항상 다짐한 것은 먼 후일에도 그는 교수다운 교수로 시종일관했다는 평가를 받는 것이었다. 학교 밖 대외적인 일에 있어서도 교수로서의 명분을 지키고 싶었던 것이다.

1954년 연세대학교에 부임할 때 나는 34세의 약관이었다. 1985년 정년퇴직할 때까지 31년간 봉사할 수 있었다. 거듭 주님께 감사와 찬양을 드리고 싶다. 정년퇴직 뒤에도 여러 가지 강의를 계속해 왔다. 특수 대학원 강의는 2003년 봄 학기까지 계속한 셈이다. 계산해 보면, 만 60년 동안 연세대학교 강단에 선 것이다. 그렇게 할 수 있도록 건강을 주시고 일을 맡겨 주신 주님께 감사드린다.

2002년 11월에는 내가 제2회 연문인상 수상자의 한 사람이 되었다. 연세대학교 문과대학 출신의 동문들과 교수들 중에서 뽑아 표창하는 축전이다. 연세 출신이 아닌 사람으로서는 내가 최초의 수상자가 되었다. 영예스럽기보다는 송구스럽고 감사한 일이었다. 그 때 나는 83세였다.

지금도 나는 누구 못지않게 연세를 사랑하고, 연세를 위해 기도하는 노년기를 보내고 있다. 주께서 일하게 해 주신 포도밭이었기 때문이다. 그리스도인에게 있어서는 모든 일터가 주께서 보내 주신 곳이다. 그러므로 그리스도의 뜻을 따라 최선을 다하는 것은 당연한 일이다. 또 연세대학교는 나에게 분에 넘치는 혜택을 베풀어 주고 있다.

그 첫째는 많은 제자를 키울 수 있다는 일이다. 지금은 내 제자 교수들도 정년퇴직을 하고 제자의 제자가 교수직을 맡기도 했다. 사회 어디에 가든지 나는 연세대학교 출신 제자들의 사랑과 도움을 받고 있다. 이는 나에게 있어서 평생의 가장 큰 재산인 셈이다. 내 둘째 아들도 공과대학 교수로 봉직했다. 연세대학교에 다니다가 미국에 가서 학위를 얻은 막내딸은 미국에서 사회학을 가르치고 있다.

우리 가족은 모두가 세브란스 병원의 고객이다. 모친도 세브란스 병원에서 영결식을 치렀고, 아내도 같은 곳에서 장례식을 했다. 아마 나도 그렇게 될 것으로 믿는다. 그렇게 보면 내가 연세대학교를 위해 노력한 것보다는 대학이 나에게 베푼 은혜가 더 큰 셈이다. 이 모두가 주님의 이끄심이다.

대외 강연으로
대중 계몽에 참여하다

연세대학교로 오게 되면서 내 생활과 활동 무대가 넓어지기 시작했다. 나는 대학을 통해 일터를 확대해 나가게 되었고, 대학은 나를 통해 성장의 작은 도움이라도 얻는 상관관계가 시작된 것이다. 크고 작은 차이는 있으나 다른 교수들에게도 마찬가지의 기능과 역할이 주어졌다. 다만 나 같은 사람에게 주어진 색다른 책임이 있다면 같은 일을 하더라도 주님의 뜻 안에서 했다는 차이가 있었을 것이다. 그것은 우리들에게 주어진 은총과 섭리의 짐이기도 했다. 그리고 세월이 지나면서 결과적으로 1인 2역의 책임을 져야 했다. 대학 안에서의 일과 대학 밖에서의 일이 그것이다. 그러나 대학에서의 연구와 강의에 지장이 올 정도의 대외 활동은 삼가는 것이 내 의무였다.

그 활동 중의 하나는 방송에 출연하는 일이었다. 그 당시는 종로에 기독교 방송국이 창설되고 오래지 않은 때였다. 중앙학교에 있을 때부터 자주 출연했기 때문에 인연이 되어 오랫동안 도움을 줄 수 있었다. 그 출연이 계기가 되어 KBS와 MBC에서도 시간을 갖게 되었다. 삼성그룹에서 시작한 동양방송에는 2년 동안 이른 아침마다 10분씩 방송을 계속한 일도 있었다. 주로 인생과 교양에 관한 내용이었다. 국군방송에도 오래 그리고 많은 시간을 할애할 수 있었다.

TV가 개설되면서 나는 가장 많이 출연하는 단골손님이 되었다. 이렇게 방송을 많이 한다는 것은 양적으로 여러 사람에게 알려지기도 하고, 영향력이 있는 것 같아도 실제로는 그렇지 못한 면이 없지 않다. 그것은 방송 내용이 내 생각이나 사상을 그대로 전달하는 것이 아니고, 방송국이 요청하는 프로그램에 맞추어야 하는 경우가 많기 때문이다. 방송을 많이 하는 사람들이 TV보다는 라디오를 선호하는 이유가 거기에 있다. 대개의 경우 TV는 방송국으로부터 가해지는 제약이 많다. 강연을 듣거나 책으로 읽는 내용은 오랫동안 기억에 남는다. 또 사고와 생활에 변화를 줄 수가 있다. 그러나 방송은 단편적인 지식이나 뉴스를 전해 줄 뿐 반성이나 사색의 여유를 주지는 못한다. 본래 신문이나 방송의 뉴스는 정보로 받아들이는 것이므로 새로운 뉴스에 의해서 사라지도록 되어 있다. 뉴스로 사는 사람은 상식으로만 살게 된다. 체계 있는 지식을 갖추지 못하며 지성인의 자질을 얻지 못한다.

적지 않은 사람들이 방송을 통해 이름과 얼굴이 알려지면, 그 지명도가 인기와 영합되고 인기가 내 인품과 인격까지도 높여 준 듯이 착각한다. 그래서 지적이며 정신적인 성장과 창의성을 상실하는 경우가 흔하다. 사람들은 인기와 존경심을 구별하지 못한다. 인기는 연예인들에게 필요하다. 대중 앞에서는 정치인들도 인기의 노예가 되곤 한다. 그러나 지성인들과 정신적 지도자는 다수의 인기보다도 적은 수의 존경을 받을 수 있어야 한다. 교수직을 갖고 살아온 나로서는 그 한계를 지키는 일이 무척 어려웠던 것 같다.

거의 비슷한 시기에 대학 밖에서 강연하는 기회도 늘어나기 시작했다. 그 대표적인 계기는 흥사단과의 관계에서 비롯되었다.

1954년 가을, 흥사단이 주관하는 시민 강연에서 "실존의 역사적 배경"을 발표한 것이 흥사단 기관지 〈새벽〉에 게재되었다. 다음 해 가을에는 명동에 있던 시공관에서 "민족정신의 재긍정"이라는 주제로 강연했다. 흥사단이 개최한 연중행사의 하나였다. 주요한 선생이 경제 분야를 담당했고, 내가 사상 분야를 맡았다. 그 당시로서는 보기 드문 상황이었다. 내가 그 문제를 취급하게 된 것은 당시 문교부 장관이었고 철학계의 대선배인 안호상 박사가 비교적 폐쇄적이며 독선적인 성격을 띤 민족주의를 제창하고 있었기 때문에, 민족 정신의 새로운 지평을 여는 개방적이며 미래 지향적인 의미를 모색, 부여하고 싶어서였다.

이런 일들이 주어지기 시작하면서부터 나는 강연 기회가 늘어나기 시작했다. 국군을 위한 강연, 공무원을 상대로 하는 강연, 때로는 사회단체나 기업체를 위한 강연도 하게 되었다. 처음 시작할 때는 오래지 않아 후배 교수들이 나오고 더 좋은 강사들이 뒤를 이으면 떠날 것으로 생각하고 있었다. 그러나 비교적 긴 세월에 걸쳐 강연을 지속하게 되었다. 또 그 영향과 결과도 좋았던 것으로 스스로 위로하고 있다. 그 시대만 해도 대중을 위한 계몽기였다고 생각하고 있다. 선배 교수였던 김윤경 선생이 "주어지는 일은 필요한 일이니까 피곤하더라도 계속하라"는 충고를 해 주었는데, 그 뜻도 작용했다. 같은 교회에서 함께 집사직을 맡은 믿음의 선배이기도 했던 분이다.

이런 생활이 전개되면서 기독교계의 나에 관한 관심과 기대도 조금씩 움트기 시작했다. 우리가 바라기는 기독교의 성장 수준이 높아 윗물이 낮은 곳으로 흘러들어 가듯이 사회에 도움을 주어야 한다. 그런데 대개의 경우는 지성 사회의 수준이 높아지면서 교회가 그 도움과 혜택을 요청하는 때가 많다. 그러니까 사회적으로 유능한 평신도가 교회에 영향을 미치는 것이다. 천주교에서도 그렇다. 천주교에서는 신부와 신도의 거리는 질적으로 차이가 있다. 그러나 영향력 있는 평신도가 신부보다도 천주교계에 더 도움을 주는 일이 허다하다. 이것이 자연스러운 추세이다. 개신교의 경우는 그 차이가 더 클 것 같아 보인다. 유명한 성악가는 교회의 일원으로서보다는 사회 지도자로 활약하게 된다. 존경받는 학자나 교수들은 그리스도인으로서보다는 사회 지도자로서 더 많은 영향력을 발휘하곤 한다. 또 그렇게 되어서 좋은 것이다. 교회가 그들을 배출해 주었기 때문이다. 그러나 언젠가는 그 위치가 제자리로 돌아가지 않으면 안 된다. 존경받는 정치인도 신부나 목사의 뜻을 따라야 하며, 지성인과 교수들도 겸손히 교회의 가르침을 받아들일 수 있어야 한다. 그리고 그 책임은 목회자들과 교회가 먼저 본연의 자세와 위상을 지키고 높여 가는 데 있다. 적어도 교회와 기독교계의 지도자들은 그리스도의 뜻을 따라 항상 사회에 대한 선도적 역할을 책임져야 한다. 사회의 비판과 비난의 대상이 되어서는 안 된다.

교회의 분열을 보면서
생각에 잠기다

그러나 나는 너무 일찍 기성 교회에 대한 비판 의식이 움트기 시작했다. 아마 그 첫 사건을 찾는다면, 1952년으로 거슬러 올라가야 할 것이다. 한국 전쟁이 벌어지고, 대한민국의 최악의 위기가 찾아왔을 때였다. 공산군을 피해 남하한 그리스도인들은 인민군이 점령

하는 지역에서는 살아남을 수 없겠다며 제주도로 이주해 가는 사태가 되었다. 또한 군경 가족들은 희생을 피해 일본 오키나와로 수송해야 한다는 얘기가 돌고 있었다. 돈이 많은 사람들은 다급해지게 되면, 해상 탈출을 위해 피난선을 준비한다고 설치는 때였다.

나는 그날 국제시장 쪽을 걸어 장로교 중앙교회 앞을 지나고 있었다. 그때 교회 문 앞에 서 있던 구회영 장로가 나에게 "김 선생님, 여기입니다"라고 하면서 나를 불렀다. 무슨 영문인지 몰라 다가갔더니 "총회 방청하러 오지 않으셨어요?" 하면서 교회 안으로 안내해 주었다. 그제야 장로교 두 파가 모이는 총회가 있다는 생각이 났다. 구 장로는 나에게 방청권을 주면서 2층으로 올라가면 된다고 말했다. 그리하여 그 유명한 역사적인 총회를 방청하게 되었던 것이다. 1부 예배는 점잖게 잘 진행되었다. 2부 총회가 시작되면서부터 비교적 소수파인 김재준 목사를 중심으로 하는 지금의 한국신학대학 지지파들과 보수 신학을 옹호하는 측 사이에 언쟁과 싸움이 벌어지기 시작했다. 문제는 이번 기회에 김 목사와 한국신학대학를 이단으로 규정짓고, 신학교를 흡수하거나 폐쇄해 버리자는 전략이었던 것이다.

나는 회의 도중에 예배당에서 빠져나오고 말았다. 그것은 기독교 총회라기보다는 추악한 정치 싸움과 다름이 없었다. 지금이 어떤 시기인가. 대한민국이 존폐의 위기에 직면해 있는데, 그것이 한국 교계를 대표하는 지도자들의 행태일 수 있는가.

내 충격과 실망은 너무 컸다. 우리 기독교가 조국을 위해 무엇을 할 수 있을까 하는 것을 묻지 않을 수 없었다. 나는 허탈감과 절망적인 심정으로 대청동에 있는 미국 문화원 앞을 걸어가고 있었다. 그때 어디선가 한 음성이 들려왔다. "죽은 자들이 그들의 죽은 자들을 장사하게 하고 너는 나를 따르라"(마 8:22)는 말씀이었다. 하나님 나라를 전파하라는 뜻이었다. 나는 그 말씀에 놀라 문화원 지붕 위 하늘을 쳐다보았다. 무척 맑은 날씨였다. 다시 머리를 숙였다. "그렇다. 죽은 사람을 장례 지내는 일은 있어야 한다. 그러나 그보다 더 중요한 일은 얼마든지 있다. 그 책임을 감당하면 되는 것이다." 나는 스스로에게 이렇게 다짐하면서 돌아왔다.

그 일을 계기로 내 신앙관과 교회관에는 큰 변화가 왔다. 교회 역사를 더듬어 보라. 얼마나 많은 시간과 노력을 죽은 자들을 위해 바쳐 왔던가. 그 점에 있어서는 성경주의자들이 교회주의자나 교권주의자들보다는 좋은 점을 안고 있는 것이 사실이다. 그 총회를 계기로 대한예수교장로회와 한국기독교장로회로 나뉘었고, 다시 여러 교파가 파생되는 결과를 가져왔다. 세월이 지나면서 그 여파는 다른 교단 안에서도 나타나기 시작했다. 감리교, 성결교, 침례교 등 모두가 비슷한 성격의 두 흐름을 따라 제각기 신학교들을 설립하는 추세가 되었다. 보수적 장로교는 다시 통합 측과 합동 측으로 나뉘었고, 고려신학은 독립된 장로교 교단으로 남게 되었다.

그런 분규와 대립은 젊은 기독학생들에게도 영향을 주었다.

1954년 여름방학 때였다. 전국기독학생연합회 수양회가 수원 농과대학 캠퍼스에서 개최되었다. 명칭 그대로 전국에서 기독학생 대표가 참석하는데, 1년에 한 번씩 총회에서 회장을 비롯한 임원을 선출하곤 했다. 그때 가슴 아픈 사건이 벌어졌다. 전북대학교 총장의 아들이 그 지역 대표로 참석했다가 서호에서 익사하는 사건이 벌어졌던 것이다. 밤 시간에 K목사가 이끄는 한국신학대학 측 간부들과 H목사가 뒷받침해 주는 총회신학 측의 운동원들이 찾아와 총회장 선거 운동을 하는 것에 대해 역겨움과 실망감을 느낀 학생들이 부근에 있는 서호로 나가 수영을 한 것이다.

내가 강사로 초청을 받아 설교를 맡은 것은 학생회장 선출을 앞둔 마지막 시간의 예배였다. 무슨 일이 일어났는지 모르고 강당에 도착한 나는 이상한 분위기를 느꼈다. 무슨 일이 있었느냐고 물었더니, 죽은 학생의 시신을 강당 밑에 안치해 놓고, 총회 예배를 드리게 되었다는 설명이었다. 모두가 침통한 분위기 속에서 예배를 끝냈다. 나도 어떤 설교를 했는지 기억나지 않는다. 한 가지 확실한 메시지는 "우리 죄를 용서해 주시고, 다시는 이러한 불행이 되풀이되지 않도록 이끌어 달라"는 기도였다.

예배가 끝난 뒤에 총회장 선거가 시작되었다. 젊은 대학생들의 양상이 어쩌면 그렇게 부산 중앙교회에서 벌어졌던 모습과 흡사할까. 바로 강당 지하실에 목숨을 잃은 친구의 시신이 안치되어 있는 곳에서 말이다.

집회를 끝내고 돌아오면서 나는 깊은 상념에 사로잡혀 있었다. 있을 수 없는 일이 예배와 그리스도의 이름으로 벌어지고 있었다. 입으로는 주님의 뜻을 위해서라고 말하지만, 실제로는 나와 우리의 주장과 세력을 위해서였던 것이다. 주님 당시의 바리새파 사람들과 서기관, 제사장들의 각본을 재연하고 있었던 것이 아닐까.

다음 해 8월에는 같은 전국기독학생연합회 총회가 서울 서북쪽 난지도에서 열렸다. 나는 한 번 더 강사로 초청을 받았다. 좋은 목사님 강사들이 많이 있었으나, 나는 양측에 소속되지 않은 평신도 교수였기 때문에 초청을 받았던 것 같았다. 이번에도 같은 싸움이 벌어졌다. 두 파가 예배를 같은 시간에 다른 장소에서 드리고, 목사들, 그리고 배후에 있는 선교사들까지도 양쪽으로 갈라져 있었다. KSCF(한국기독학생회총연맹)라는 조직은 전 세계 국제 조직의 유일한 한국 대표 단체이기도 했다. 그것이 도저히 하나의 단체로 유지될 수는 없겠다는 생각이 들었다.

총회로 모이기 전날 밤이었다. 양측의 회장 후보가 조용히 나를 찾아왔다. 어떻게 했으면 좋겠느냐고 고충을 호소해 왔다. 나는 회장 후보를 사퇴하고, 제3의 학생을 뽑아 자신 때문에 조직이 와해되는 오해와 불행을 남기지 말라고 당부했다. 다음 날 총회에서는 양측 대표 모두가 입후보해 투표를 벌이게 되었다. 결국, 그 조직은 이분되고 국제적인 대표 조직으로서의 인정을 받지 못하게 되었다. 나는 양측 입후보 학생에게 왜 이런 결과를 초래했느냐고 물었다.

두 학생의 대답은 같았다. "너희를 믿고 1년 동안 노력해 왔고, 교회들의 기대가 컸었는데 이제 네가 배신하면 어떻게 되느냐"는 요청을 물리칠 수 없었다는 고백이었다.

이런 일들을 계속 보고 겪으면서 나는 기성 교회에 대한, 특히 연합 운동에 대한 회의와 불신 같은 것을 느끼기 시작했다. 그리스도의 말씀과 진리는 교회 안에서보다 교회 밖에서 전파되어야 할 것이라는 생각이 들기 시작했다. 예수께서도 기성 신앙에 사로잡혀 있던 바리새파 지도자들보다는 소박하고 순수한 서민들을 위해 전도했던 사실을 상기하게 되었다.

그런데 감사한 것은 그런 길이 열리기 시작한 것이다. 서울과 지방에 있는 기독교 중·고등학교 학생들에게 말씀과 신앙을 전파할 기회가 주어지기 시작했다. 지금 생각해 보면, 기독교 학교 중에 내가 집회를 이끌어 주지 않은 학교는 거의 없었던 것 같다. 대구에 있는 계성학교와 신명학교는 여러 차례 다녀왔고, 그 성과도 좋았다. 지금도 계성학교 때 내 설교를 들었다는 인사를 자주 받곤 한다. 두 학교의 학생들뿐만 아니라 선생님들과도 시간을 갖곤 했었다. 때로는 기독교 학교는 아니지만, 교장 선생이 그리스도인이었을 때는 특별히 시간을 만들어 기독교 강좌를 열기도 했다. 중앙여자 중·고등학교의 황신덕 교장은 여러 차례 나에게 설교를 부탁해 왔다. 배화여고에도 몇 차례 초청을 받았다. 1963년 4월 집회에서는 1,030명의 결심 학생을 얻어, 나와 학교 당국이 놀란 일도 있었다.

이런 운동은 중·고등학교에서 기독교 대학으로도 번지게 되었다. 이화여자대학교 기숙사에는 수백 명의 지방 학생들이 생활하고 있었다. 그곳에서는 일주일에 한 번씩 기도회 시간이 있었다. 나는 이 학교 옆에 살고 있었기 때문에 오랫동안 설교로 돕는 일을 계속했다. 감리교 계통 대학이었기 때문에 감리교 신학 대학장이었던 홍현설 목사님도 자주 만나곤 했다. 신학교의 다른 교수들과 감리교 원로 목사들도 초청을 받은 것으로 알고 있다. 그런데 학생들은 교회 안 설교보다는 철학과 사상적 문제를 내포한 내 설교에 더 흥미를 느끼기도 했던 것 같다. 초창기에는 김옥길 총장이 사감 일을 맡고 있었고, 이대를 은퇴한 두 교수가 부사감으로 수고하고 있었다. 그 당시 숙명여자대학교의 임숙재 초대 총장은 주일에 기숙사 학생들을 위한 대학 교회를 이끌어 가고 있었다. 거기서 나도 여러 번 설교로 돕는 동반자 역할을 맡았다. 그러나 대학 신앙 운동에 본격적으로 참여하게 된 계기는 세브란스 의과대학에서였다.

　1961년의 일이다. 세브란스의 김명선 학장이 나에게 1년에 한 번씩 있는 교수와 학생들을 위한 신앙 강좌에 설교를 맡아 달라는 청탁을 해 왔다. 나는 물론 그 청탁을 사양했다. 그러나 김 학장의 설득과 권고를 물리칠 수 없어 일주일 동안 아침 예배의 설교를 계속했다. 교목께서도 좋게 받아들여 흔히 쓰는 말대로 하자면 성황리에 집회를 끝냈다. 그 일은 목사가 아니더라도 대학의 신앙 집회에 초청받을 수 있는 계기가 되었을지도 모른다. 1964년에는 이화여자

대학교와 같은 재단인 국제대학교에서, 1965년과 1967년에는 숭실대학교에서 설교를 맡기도 했다. 1967년은 숭실대학교 창립 70주년 기념집회이기도 했다. 물론 내가 봉직하고 있는 연세대학교에서도 여러 차례 신앙 부흥회를 도울 수 있는 기회가 생겼다. 그것은 아마 봉직하고 있는 대학의 평신도 교수로서는 처음 있는 일이었을 것으로 생각한다.

이런 일들이 가능했던 것은 오로지 주님의 경륜 속에서 일어난 일의 아주 작은 일부였다고 생각한다. 나 자신은 꿈도 꾸지 못했고, 상상도 할 수 없는 일이었기 때문이다. 물론 세월의 흐름에 따라 훌륭한 신학자들이 배출되고 교회마다 존경받는 목회자들이 정착하게 되면서, 나 같은 평신도의 책임이 점차 줄어들게 되었고, 그것은 또 당연한 추세이기도 했다.

2부

선하고 아름다운
삶을 위하여

10

폭풍과 휴식이
교차하다

4·19혁명과
학생 민주화 운동

1960년은 격동의 해였다. 그해 4월 10일, 나는 놀라운 꿈에서 깨어났다. 서울 광화문 네거리 한가운데 지하 깊숙한 곳에 뚜껑이 열린 관이 놓여 있고, 관에는 주님의 시신이 들어 있었다. 흰색 시신 하복부에는 창에 찔린 자국과 더불어 빨간 선혈이 넘칠 듯이 고여 있었다. 한참 동안 나는 전율을 느꼈다. 너무나도 충격적이고 선명한 장면이었다.

다음 날 신문에는 마산에서 자유당의 두 번째 부정 선거를 규탄하는 학생 시민들의 데모가 보도되었다. 18일에는 고려대 학생들이 국회 의사당까지 행진을 끝내고 돌아가다가 자유당이 동원한 깡패들에게 폭행을 당했다. 거리에 쓰러져 있는 학생들의 모습이 신문에 보도되었다.

19일에는 전 서울과 대도시에서 일시에 4·19 의거가 일어났다. 3·1 운동 이후의 가장 큰 규모의 시위였다. 선거를 다시 하라는 구호가 전체적인 호소였다. 그날 낮, 나는 학생들과 더불어 광화문까지 데모대에 합류했다. 광화문 일대는 말 그대로 인산인해(人山人海)였다. 절대다수가 학생들이었다. 데모대의 일부는 효자동을 거쳐 경무대(현 청와대)로 진출했고, 얼마 후에는 총성이 들려왔다. 서울 시청 앞과 서울역까지도 데모대로 가득 찼다. 부상자를 실어 나르는 앰뷸런스 소리가 요란했다. 서울역 앞 세브란스 병원으로 달리는 차량들이었다.

저녁때 보도에 따르면 218명의 학생이 희생되었다. 광화문 일대를 중심으로 벌어진 비극이었다. 4월 25일에는 학생들의 피와 목숨에 보답하려는 교수 데모가 벌어졌다. 비로소 이승만 정권은 물러나라는 플래카드가 나타났다. 그것을 본 학생들보다도 더 많은 시민이 가담했다. 하루건너 27일에 이승만 대통령의 하야 성명과 더불어 4·19가 거의 막을 내렸다.

그것은 민족 전체의 한없는 아픔이었다. 그리고 4·19는 사회 여러 기관의 반민주세력에 대한 비판과 항거로 이어졌다. 반민주란 독재에 대한 항거였다. 불행하게도 몇몇 대학도 그 시련을 겪어야 했다.

그해 가을학기가 시작되고 얼마 안 되었을 때였다. 연세대학교에서는 학원 민주화운동이 벌어졌고 대학 당국은 세 교수를 파면하는 조치를 내렸다. 그러자 그 조치에 항의하는 교수들이 마침내는 수업을 거부하고 농성하는 사태로까지 발전하게 되었다. 세 교수 중두 교수가 문과대학 소속이었던 데다, 문과대학에는 원로 교수가 많았기 때문에 농성 장소는 문과대학 교수 휴게실이 되었다. 이런 일이 벌어지는 며칠 동안 나는 큰애가 입원해 있었기 때문에 그 어느 쪽에도 가담하지 못하고 있었다. 그러나 후에는 나도 농성 교수팀에 합류하게 되었다. 김윤경, 정석해, 심인곤 교수를 비롯한 원로 교수들과 자리를 함께하게 되었다.

연세대학교는 기독교 대학이다. 농성 중인 우리는 하루에 한 차례씩 예배를 드리기로 했다. 교목실의 목사님들은 학교 당국의 의도를 따라야 했기 때문에 예배 인도를 거절해 왔다. 그럴 수 있는 일이었다. 그래서 어쩌다가 할 수 없이 내가 그 일을 맡게 되었다. 우리의 기도는 어느 한 편의 주장보다는 학교를 위해 좋은 결과가 이루어지기를 바라는 것이었다. 그리스도 안에서는 이기적인 사고와 인간의 주장이 앞설 수 없는 것이다. 거기에 많은 교수가 참여해 주어 나는 감사했다.

그러나 대학 당국은 싸우면서 기도하는 자세가 모순 같았는가 보았다. 예배를 마땅치 않게 여기는 사람들도 있었고, 내가 주동자의 한 사람으로 지목받는 오해도 없지 않았다. 한번 두 진영이 갈라지면, 학교를 위해서라기보다는 이기고 살아남아야 한다는 극한 대립으로 가는 것이 상례이다. 문제는 좀처럼 풀리지 않았다. 마침내 동문들과 사회의 많은 사람이 걱정하기에 이르렀다.

11월에 접어들면서는 학생들이 원일한 선생 집으로 진입한 사건 때문에 학생 간부들이 여럿 구속되기도 했다. 내가 그 배후 인물 가운데 한 사람이라고 해서 서대문경찰서에 끌려가 조사를 받기도 했다. 조사가 진행되던 오후였다. 경찰의 한 간부가 "이 사건을 지휘하던 C국장이 바뀌었습니다. 곧 괜찮아질 것입니다"라고 귀띔해 주었다. 나는 이렇게 된 배후가 어떤 과정에서, 누구에 의해 벌어졌는지 짐작이 갔다. 그 책임자는 후에 나에게 미안하다는 뜻을 전해 왔다. 그러나 그런 일들은 아무것도 아니었다. 대학이 상처를 입지 않아야 하고, 구속된 학생들이 무사히 풀려나는 것이 문제였다.

우리의 소원은 버림받지 않았다. 크리스마스이브에 학생들은 모두 석방되었다. 세 교수는 일단 다른 대학으로 갔다가 그중 두 교수는 후에 복직하게 되었다.

그러나 우리 대학은 큰 상처를 입었고, 교수들은 깊은 자기반성의 기회를 갖게 되었다. 돌이켜 보면, 크게 잘한 사람도 없고 잘못한 사람도 없는 분규였다. 다만 이 사건은 연세대학교를 위해서는 가슴 아픈 실책이었을 뿐이다.

나도 농성 교수단에 합류하고 예배를 드리기 시작했을 때였다. 어느 날 밤, 학교를 위해 기도를 드리고 잠들었는데, 꿈에 한 번도 나타난 일이 없는 부친께서 나타나셨다. 그리고 "크게 걱정할 필요가 없을 것이다. 사욕을 버리고 학교를 위하는 정성이 버림이야 받겠느냐?"는 말로 위로와 격려를 해 주셨다. 그러나 이런 과정을 밟는 동안, 나는 많은 것을 깨닫고 배웠다. 또 연세대학교를 위하는 애교심과 봉사심이 더욱 강해지는 것을 느꼈다.

교환교수가 되어
미국으로

같은 해인 1960년 8월 13일이었다. 나는 여름방학 때 청주에 있는 서문교회 부흥 집회를 끝내고 돌아오는 길이었다. 교회 일을 위해 봉사하고 돌아오는 길은 언제나 평화와 감사에 넘치는 기분이된다. 그날도 같은 기분이었다. 그런 느낌 속에서 나는 서울로 오는 버스를 탔다. 새벽에 내린 비 때문이었을까. 무지개가 선명하게 반원을 그리고 있었다. 하늘 중턱까지 뻗어 있었다. 그 무지개를 보면서 나는 뜻밖의 기도를 드렸다. "주님, 저도 한번은 미국이나 서구 사회에 다녀오고 싶습니다. 허락해 주시면 감사하겠습니다"라는 기도였다. 그러나 그것은 욕심스러운 기도였기 때문에 다시 같은 기도를 드리지 못했다. 그러나 그 당시의 나로서는 간절한 기도였다. 그리고 그즈음에는 나 같은 위치의 젊은 교수라면 누구나 갖고 있는 꿈이기도 했다.

그런데 감격스럽게도 그 꿈은 꼭 1년 후에 이루어졌다. 그렇게 되기까지는 조용한 물밑 작업이 이루어지고 있었다. 학교 분규가 끝나려 할 때였다. 교목실장으로 있던 백리언 목사가 연락을 해 왔다. 대학 당국에서는 이번 분규의 주동자를 나로 보고 있으며, 총장 서리인 원일한 선생도 그렇게 믿고 있다는 것이었다. 그뿐 아니라 이사회와 대학 주변에 나를 음해하는 서신이 전달되고 있다며, 백 목사는 학교 당국에 자신에 대한 모략을 해명했으니 나도 늦기 전에 항의하라는 것이었다.

나는 백 목사와 절친한 친구였다. 그래서 백 목사까지도 나 때문에 오해를 받고 있으며 신과대학 교수들의 나에 대한 평도 나쁘다고 걱정해 주었다. 백 목사의 연락을 받은 나는 격분했다. 그 서신 내용을 전해 들었기 때문이다. 그것은 나를 대학에서 제거하려는 조직적인 음모일 수도 있었다. 나는 옷을 갈아입고 우선 총장실로 향했다.

그러나 나는 한참 가다가 생각을 바꾸었다. 집으로 돌아가 기도를 드린 후에 다시 출발하는 것이 옳다고 생각되었다. 나는 집으로 돌아온 후 방에 들어가 마음을 가다듬고 기도를 드렸다. 그런데 나는 뜻밖의 기도를 했다. "주님, 제가 학교를 위해서라면 누구보다도 앞장서야 하겠습니다. 그러나 나를 위한 변명은 하지 않겠습니다. 주님께서 모든 것을 다 알고 계시기 때문입니다"라는 기도였다. 기도를 끝낸 뒤부터 나는 분규에 관한 일체의 상념에서 벗어나기로 했다. 조용히 내가 택할 수 있는 최선의 봉사를 하면, 그것이 주께서 나를 연세대학교에 보내 주신 뜻에 부합하는 것이라고 생각했다.

그 후 나는 여러 경로를 통해 짐작되는 바가 있었다. 총장 서리였던 원일한 선생은 내가 억울한 누명을 벗기 위해 항의해 올 것으로 생각했는데, 내 쪽에서 아무런 반론이나 항의도 없는 것을 뜻밖의 일로 여겼던 것 같다. 또 주모자인 한두 교수를 제외하고는 모두 내가 사심이 있거나 독단적인 판단과 행동을 한 적이 없음을 믿고 있었던 것이다.

분규가 수습된 뒤 학교 당국은 나에게 비중 있는 요직을 맡으면 어떻겠느냐는 제안을 해 왔다. 나는 즉석에서 거절했다. 내가 한 일은 최선의 방법도 아니었으며 대학에 어려움을 안겨 준 책임도 면할 수 없기 때문에 나는 다른 적임자를 추천했다. 그리고 그 교수가 요직을 맡았다. 또 학교 당국에다 나는 어느 편을 지지했든지 간에 그 누구도 학교를 떠나는 일은 없어야 한다는 견해를 말했다. 이런 분규는 긴 안목으로 보면 승자도 패자도 없는, 지혜롭지 못한 싸움이었던 것이다. 대학을 위해 서로 양보할 수 없었던 것이 불행을 더했을 뿐이다.

이런 과정을 밟고 난 뒤, 대학 당국은 나에게 미국을 한번 다녀올 기회를 갖고 싶지 않느냐고 문의해 왔다. 나는 기도드린 바도 있고 분규도 잊고 싶고 해서 그 뜻에 감사히 응하겠다고 대답했다.

처음에는 하버드-옌칭연구소(Harvard-Yenching Institute)에서 1년간 연구하는 프로그램을 시도했으나 뜻대로 되지 않았다. 그러다가 풀브라이트재단(Fulbright Scholarship)의 초청으로 1년 동안 교환 교수로 가는 길이 열렸다. 물론, 모든 절차는 대학에서 밟아 주었다. 나는 아무 노력도 없이 기다리기만 했다. 그 조건은 대단히 좋았다. 보통 교수 두세 사람의 비용에 해당하는 금액으로 대우해 주었다. 또 미국에서의 교통편은 모두 일등석으로 되어 있었다. 게다가 내가 원하는 것이면 모두 수용해 주는 조건이기도 했다. 지금도 김포공항에서 여객기 1등석으로 올라가는 카펫을 걸어가던 장면을 기억한다. 그 당시는 국제선 여객기 일등석 승강구에는 자주색 카펫을 깔아 주곤 했었다. 그해가 바로 내 안식년이었기 때문에 대학에서는 기초 봉급을 지불해 주는 혜택도 받을 수 있었다. 생각해 보면, 옛날 이야기다. 신문들은 저명인사 동정란에 출입국 기사를 실었고, 어떤 이들은 출입국 인사차 신문사를 방문하기도 하는 때였으니까 말이다.

시카고대학과
하버드대학에서

미국에 머무는 1961년 가을 학기는 시카고대학교에서 보냈다.

물론 내 관심은 철학이었다. 그러나 종교철학과 신과대학 강의에도 참여하는 기회를 가질 수 있었다. 네다섯 명의 신과대학 교수는 이전부터 접해 보고 싶었던 교수였다. 칼 바르트의 아들이 신약학을 강의하고 있었고, 세계적으로 알려져 있던 미르체아 엘리아데(Mircea Eliade) 교수도 같은 대학에 있었다. 그 교수의 강의실에 동석할 수 있었던 것은 지금 생각해도 다행스러운 일이었다. 일본에서 대학을 다니고 좁은 한국에서 우물 안 개구리같이 지낸 나로서는 이제 비로소 한 차원 높은 학문과 세계에 눈을 돌리게 되었다.

1962년 봄 학기는 하버드대학교에서 머물렀다. 하버드에서는 철학 분야 못지않게 신학 분야에도 관심을 쏟을 수 있었다. 오래전부터 기억하고 있던 P. 틸리히(Paul Tillich) 교수가 두 강좌를 맡아 강의했는가 하면, 미국인에게는 예언자 같은 대우를 받고 있던 R. 니버(Reinhold Niebuhr) 교수도 특강을 하고 있었다. 세계적인 신학자 두 사람의 강의에 접할 수 있었다는 것은 한없이 고마운 일이었다. 신학을 전공하는 사람들도 갖기 어려운 기회를 얻게 되었던 것이다. 특히 신학을 공부할 기회가 없었던 나로서는 감격스러울 정도로 감사한 경험이었다. 한 가지 더 고마운 것은 이들을 이해하기 위해서는 신학보다 철학을 전공한 것이 큰 도움이 되었던 일이다. 틸리히 교수는 신학자라기보다는 철학자에 더 가까운 편이기도 했다.

내가 하버드에 머물 때, 독일의 신학자 칼 바르트(Karl Barth)가 미국을 방문했다. 그 방문 사건은 미국 신학계에 큰 센세이션을 일으켰다. 타임지는 로마 교황이 미국을 방문했다고 해도 그렇게 큰 자극은 줄 수 없었을 것이라고 보도할 정도였다. 처음에는 시카고대학교에서 몇 차례 강연회가 있었고, 두 번째는 프린스턴신학교에서 집회가 있었다. 미국 전역의 신학자들이 그의 강연을 듣기 위해 모여들었다. 하버드대학교에서 프린스턴은 먼 거리가 아니었기 때문에 나도 강연회에 참석했다. 그것은 세계를 대표하는 세 명의 신학자가 모두 미국 동북부에 모이는 기회였던 것이다. 그리고 나는 한 학기 동안에 세 신학자를 다 대할 수 있는 특권을 누린 셈이다. 어떤 면에서 본다면, 그 당시에는 이런 신학자들의 영향력이 철학자들의 영향력을 능가하기도 했다.

그러나 칼 바르트에 대한 견해는 서로 달랐다. 니버는 "바르트의 교의학을 다 읽으려면 성경 읽을 시간이 있겠는가?"라고 비꼴 정도였고, 틸리히는 학생들이 바르트를 어떻게 생각하느냐고 물었을 때, 많은 업적은 남겼으나 너무 편협한 학문이 아닌지 모르겠다고 대답했다.

나는 그런 세계적인 신학자들에게서 많은 것을 배워야 할 처지에 있다. 그러나 나는 틸리히 쪽에 훨씬 가까운 편이다. 그를 철학적 신학자로 부르는 것은 다른 두 신학자와 구별하는 표현일지 모른다. 그에 비하면, 바르트는 교의학적 신학자로 보아 좋을 것이며, 니버는 사회 사상적 신학자로 볼 수 있을 것 같다. 컬럼비아대학교의 철학과 교수 에른스트 네이글(Ernest Nagel)은 틸리히를 20세기의 아우구스티누스로 평하고 있었다. 지금 생각하면, 하버드에서 틸리히와 니버의 강의실에 자리를 얻을 수 있었던 것은 큰 축복이었다.

한국에서는 최근까지도 칼 바르트가 이단이냐 아니냐 하는 논쟁이 벌어졌다. 내 친구 신학자는 칼 바르트를 받아들일 수 없는 이단적인 신학자라고 못 박았다. 그러나 내 부족한 생각으로는 그런 논란을 벌이는 것 자체가 시대와 사회적 조류에 뒤떨어진 것이라고 본다. 옛날 칼빈(Calvin)을 지지하고 반대하는 분쟁이 현명하지 못했던 것과 비슷할지 모른다.

기독교는 이 세 신학자를 함께 지니고 있으면서 그리스도인들로 하여금 선택하게 하며 그들을 통해 그리스도에게 안내받으면 되는 것이라고 생각한다. 그러나 나는 시간 여유가 있다면, 먼저 틸리히와 니버를 읽고, 그다음에 바르트를 읽을 것이다. 우리나라의 많은 신학자는 그 순서가 다를지 모르지만….

시카고에 머무는 동안, 나는 여러 미국 교회에 참석해 보았다. 그리고 신학을 전공하는 홍동근 목사를 따라 흑인 교회에도 찾아가 보았다. 그것은 좋은 경험이었다. 하버드에 있을 때는 대학 예배에 출석하는 것 외에는 민간 교회에 참석한 일이 별로 없었다. 오히려 몇 달 동안 체류한 뉴욕에서는 리버사이드 교회를 비롯한 몇몇 교회를 찾아 예배를 드리곤 했다.

이렇게 해서 1년 동안에 나는 미국을 통해 철학의 세계적인 조류와 신학의 정상급 학자들의 면모를 친히 볼 수 있었다. 그리고 그것은 내 학문과 사상적 지평을 한 차원 높여 주는 계기가 되었다. 그리고 4·19, 5·16 쿠데타, 대학 분규에서 받은 충격과 상처를 씻는 기회가 되기도 했다.

나는 두 가지 면에서 내 사고와 사상 그리고 신앙의 차원을 높일 수 있었다. 그 하나는 철학과 신학의 관계였다. 철학에 과학적 방법이 도입되기 이전까지는 서구에서는 철학과 신학이 분리된 별개의 학문이 아니었다. 그것들은 공존하는 두 생명체와 같았을지 모른다. 나는 미국의 두 대학에 머물면서 인간의 본질과 장래를 위한 과제로서의 철학과 신학을 더불어 생각하는 방향을 어렴풋이나마 느끼기 시작했다. 인간의 학(學)으로서의 철학과 신학 비슷한 길을 모색해 보고 싶었다. 미국에서 계획을 세우고 다음 해 서울에서 출간한 《오늘의 고전》을 편집한 것도 그런 뜻에서였다.

또 하나의 생각은, 지금까지는 모든 사고가 나와 한국에 국한되어 있었다. 그러나 미국에 머물면서부터는 동양과 서양을 대비해 보는 습관이 생겼다. 하버드에서 하버드-옌칭연구소에 드나들면서는 더욱 그러했다. 한두 학자가 문제 삼고 포섭하기에는 두 세계가 너무 다른 전통과 광범위한 문제들을 포함하고 있었기 때문이다. 그런데 나는 한국과 동양에 머물면서 주제넘게도 서양 학문을 취급한다는 것이 쪽박으로 강물을 떠 올리는 것 같은 노력임을 느끼지 않을 수 없었다. 불가능을 가능의 울타리 안에 집어넣으려는 분에 넘치는 수고일 수도 있었다.

그러나 학문이나 철학보다도 종교 특히 기독교의 정신은 동서양을 구별하지 않는 과제와 영역을 개척해 줄 것이라는 희망적인 길을 열어 준 것 같았다. 종교 특히 기독교는 서양이나 동양의 종교가 아니다. 인간의 신앙이며 인류의 종교가 될 수 있고, 되어야 한다는 막연한 생각을 하게 되었다. 그래서 "학문은 좁은 영역에서, 그러나 신앙은 넓은 세계에서"라는 사고에 나도 모르게 근접했던 것 같다. 논리적인 사고와 관념적인 호흡이 공존할 수 있을 것 같았다. 어쩌면 그것은 P. 틸리히의 영향이었을지도 모른다.

11

두 차례의
세계 여행

성지 순례길에서
성지의 개념이 바뀌다

1962년 6월이 되었다. 나는 같은 비행기로 도미했던 안병욱 교수, 하버드-옌칭연구소에 연구원으로 와 있던 한우근(국사 전공) 교수와 함께 유럽을 거쳐 세계 일주 여행을 하기로 뜻을 모았다. 귀국 비행기 표를 일등석에서 일반석으로 바꾸면, 항공료를 충분히 보충할 수 있었다.

세 사람이 다 뜻하는 여행 목적은 달랐다. 나는 종교적 관심을 남달리 갖고 있었던 것이 사실이다. 그중의 하나는 흔히 말하는 성지 순례의 희망이었다. 이집트 카이로에 갔을 때였다. 두 친구는 먼저 여정을 단축해 귀국하고, 나는 홀로 성지로 방향을 바꾸었다. 그 당시의 중동 사정은 이스라엘과 아랍 국가들 간의 긴장으로 좋지 못했다. 뉴욕 여행사에서도 그 점을 강조해 주며 이스라엘 비자는 여권이 아닌 별도의 서류로 장만해 주기도 했다.

다행히 카이로에서 요르단 왕국의 명문가의 딸인 여대생을 만났다. 그 학생의 도움이 없었더라면 성지 방문은 불가능했을지도 모른다. 항공기와 출입국 절차 모두가 생소하고 잘 풀리지 않고 있을 때였다. 우리나라 영사관도 없었을 정도였다.

카이로에서 요르단 왕국의 수도 암만에 도착했다. 우리가 흔히 말하는 성지의 많은 부분은 요르단에 있다. 남쪽에서는 헤브론과 사해를 둘러볼 수 있었다. 그곳은 아브라함의 이야기가 실감 나게 보이는 곳들이다. 예수의 탄생지인 베들레헴, 예루살렘 성전 자리와 시내 여러 곳들, 빌라도의 법정과 골고다 언덕으로 추정되는 곳들, 베다니 마을, 요단강 주변과 여리고에서 예루살렘으로 가는 사막 길, 베다니에서 예루살렘 성까지 가는 언덕길과 올리브(감람) 산, 겟세마네 동산이 거의 그대로였다. 성전은 헐리고 이슬람 사원이 그 자리를 차지하고 있으나 기초를 이루고 있는 돌담은 옛날 그대로였다. 다윗의 무덤과 마가의 다락방 위치도 짐작할 수 있었다.

그러나 가슴 아픈 일은 어디에나 있었다. 성지가 되어야 할 이 일대는 온통 미신적인 유물과 돈벌이꾼들의 이용물이 되어 있었다. 그리스도의 고향을 장사꾼들의 소굴로 만들어 버린 것이다. 이 지역은 희랍 정교회가 관할하고 있었다. 그 신부들은 교회를 운영하는 능력도 교인도 없으므로 관광 수입으로 생계를 유지하고 있었다. 모두가 앞을 다투어 돈벌이가 되는 건물과 물상(物像)으로 변질시키고 말았다. 심지어는 예수가 승천할 때 마지막으로 밟았던 발자국 자리까지 지정해 놓고 돈을 받고 있었다. 나만이 아니다. 이 일대를 가 본 사람은 예수를 믿고 싶은 생각이 없어질 정도로 돈벌이와 우상 숭배의 고장으로 변모되어 있었다.

그러나 이스라엘 지역의 성지는 달랐다. 역시 거기에는 수준 높은 주민들이 살고 있어서, 경주를 여행하는 관광객들에게 불교 유적을 보여 주는 것과 비슷한 수준의 것이었다. 예루살렘 서쪽 지역은 이스라엘에 속해 있었고, 지중해를 바라보며 북으로 올라가면 옛 사마리아 지역이 된다. 예수의 고향인 나사렛 마을에는 부친 요셉과 젊은 예수가 목수 일을 했을 것으로 짐작되는 곳도 있고, 바위 언덕을 반쯤 파고 만든 옛 회당 자리도 있다. 그곳을 떠나 산상 교훈을 주셨던 곳으로 추정되는 다볼산을 지나면 갈릴리 호수가 된다. 작지 않은 이 호수는 옛날 사람들이 바다로 불렀음 직하리만큼 넓었다. 바로 거기가 예수의 생활 무대였던 곳이다.

나는 갈릴리 해변가 한 호텔에 머물렀다. 나는 저녁을 먹고 조용한 시간에 바닷가 잔디밭에서 기도를 드렸다.

"주님, 어렸을 때부터 여기 주님의 삶의 흔적이 남아 있는 성지를 방문하고 싶은 간절한 마음을 갖고, 30년 가까운 세월을 보냈습니다. 이제 그 뜻이 허락되어 성경이 전해 주는 여러 곳을 찾아보았습니다. 그러나 주님의 뜻은 남은 바 없고, 모든 곳이 우상화되고, 성직자로 자처하는 사람들은 돈벌이에 급급하고 있습니다. 누가 이 지역을 주님의 뜻을 기리는 거룩한 곳으로 믿겠습니까. 아픈 마음을 달랠 길이 없습니다"라는 기도였다.

그때 나는 조용한 깨달음을 얻을 수 있었다.

'너는 왜 여기서 나를 찾고 있느냐. 나는 지금 여기에 있지 않고, 한국의 가난한 형제와 더불어 머물고 있으며, 삶의 길을 찾지 못하고 있는 젊은이들, 병원에서 치료받지 못하고 있는 병든 사람들, 가난과 굶주림에 허덕이고 있는 버림받은 사람들, 너희들의 사랑과 봉사를 애타게 기다리는 사람들과 더불어 머물고 있다. 더 많은 시간을 지체하지 말고, 나와 더불어 일할 수 있는 곳으로 돌아오라.'

기도를 끝낸 나는 여러 곳을 더 방문하고 싶은 욕망을 억제하고 귀로에 오르기로 했다.

소위 성지라고 생각했던 지역을 떠나면서, 나는 '성지'라든가 '성지 순례'라는 생각과 개념을 버리기로 했다. 그리고 다시 이 지역을 찾고 싶은 생각을 갖지 못했다. 그 대신 내가 찾아다닌 곳들은 '예수님의 고향'으로 바뀌게 되었다. 지금도 나는 우리 모두에게 육신의 고향이 있듯이 성경의 지역들을 예수의 고향으로 생각하고 있다. 그렇게 생각을 바꾸고 난 뒤부터는 오히려 다정하고 편한 마음으로 그 지역들을 회상할 수 있게 되었다

요한복음 4장에 따르면, 수가성의 여인이 "우리가 예배할 곳이 예루살렘입니까? 그곳에 갈 수 없는 사마리아 사람들은 이곳 산(그리심 산)에서 예배를 드리는데 어디에서 예배드리는 것이 옳습니까?"라고 물었다. 그에 대해 예수님은 어느 곳도 아닌 "하나님은 영이시니 예배하는 자가 영과 진리로 예배할지니라"(요 4:24)라고 대답하셨다. 기독교는 공간적 신앙이 아닌 시간, 즉 마음의 종교임을 가르치셨던 것이다.

그다음에 나는 다시 예수의 고향과 그 일대, 초대교회의 유적지들은 찾지 않기로 했다. 성지라든가 성물(聖物)에 관한 사고와 신앙은 다른 종교와는 관계가 있을지 모르나, 기독교에서는 2차, 3차적인 개념에 지나지 못한다. 어린애들이 예수의 초상화 앞에서 기도를 드리며, 천주교 성당이 있는 곳에서 미사를 드리는 일은 있을 수 있다. 그러나 그것들이 1차적인 신앙의 과제는 아니다.

종교의 반문명 비판과
신앙의 고민

여행하면서 나는 여러 가지를 깨닫게 되었다. 인도와 중동 지역

어디에서나 발견되는 일이지만, 힌두교도들과 이슬람교도들 간의 종교 분쟁 사실을 알게 되면서 나는 종교적 신앙의 미신성과 반인도적 사태들을 어디서나 볼 수 있었다. 내가 귀국하고 얼마 안 되었을 때였다. 인도 북부 지역에서 600명 정도의 양측 신도들이 목숨을 잃었다. 이슬람교 사원에 안치되어 있던 무함마드(Muhammad)의 머리카락이 없어졌는데, 힌두교도들의 소행일 것이라는 풍문 때문에 싸움이 벌어진 것이다. 그때 경찰의 강력한 제지가 없었더라면, 더 많은 희생자가 생겼을 것이다.

무함마드의 두발이 진품으로 보존되어 있었을 리도 없거니와 그 물건 때문에 600명이 죽었다면 그것은 어떤 종교의 이름으로도 용서받을 수 없는 범죄 행위인 것이다. 지금도 우리는 이스라엘인들과 아랍인들 사이의 불행한 살생 행위 보도를 접하고 있다. 그런데 그 배후를 만드는 것은 그들의 종교이다. "눈은 눈으로, 이는 이로"(출 21:24) 갚으라는 가르침은 구약에도 있고 코란에도 있다. 그 뜻을 교리적으로 받아들인다면, 역사의 비극은 그칠 날이 없을 것이다. 인도는 힌두교 이외에도 많은 종교가 있다. 그중 뭄바이에 가면 배화교도들이 많이 살고 있다. 그들은 땅, 물, 불이 모두 거룩하다고 믿기 때문에, 사람이 죽으면 시신을 뭄바이 한가운데 있는 행잉가든(Hanging Garden)의 침묵의 탑(Tower of Silence)에 안치한다. 그러면 그 시신은 독수리와 솔개들의 밥이 된다. 그리고 남은 뼈는 탑 밑으로 떨어져 버린다. 그래서 영혼이 구원을 받는 것으로 믿는다.

그리고 그 종교의 거의 전부가 반문명, 비과학성을 띠고 있다. 나도 두 차례 이 지역을 여행하면서 잘못된 종교를 갖는 것보다는 과학과 도덕을 찾아 지키는 것이 더 소망스럽다고 굳게 믿게 되었다. 우리도 그렇다. 종교에 바치는 시간과 재정을 과학과 도덕을 위해 쓰는 것이 더 도움이 된다면, 우리는 그 종교를 자랑할 필요가 없을 것이다.

사회학자들은 인도가 미국만큼 잘살기 위해서는 180년이 걸릴지 모른다고 말한다. 그러나 그들의 종교적 인생관과 가치관이 변화되지 못한다면, 문명적 성장과 혜택은 어려울 것이다. 물론 그들이 자랑스럽게 여기는 정신문화와 심정적 안정을 부인하는 것은 아니다. 그러나 가난 때문에 오는 인간 수준 이하의 생활과 질병에서 오는 불행과 고통, 교육 수준의 저하와 인간의 기본적 생활의 빈약함은 인정치 않을 수 없지 않은가.

인도 사람들의 말이 있다. 첫 번째 목표는 파키스탄보다 잘사는 것이며, 두 번째 목표는 중국보다 앞서는 것이라는 말이다. 그러나 중국은 4대 종교만 허용하고 있어 종교에서 파생되는 미신이 적고, 잘못된 종교에서 오는 정신적, 물질적 낭비가 적기 때문에 인도보다는 빠르게 사회적으로 성장할 수 있을 것 같다. 우리도 자타가 인정하는 종교 국가이기 때문에 여러 가지를 자성해 볼 필요가 있다고 생각한다. 아무리 좋은 종교라고 해도, 미신적 요소가 따르게 마련이며 이성과 도덕성 이하의 종교는 인간적인 삶에 폐해를 주게 되어 있기 때문이다.

교리 중심에서
생명의 진리로

1972년 6월이었다. 나는 두 번째 세계 일주 여행을 시도했다. 미국, 캐나다를 거쳐 유럽, 인도, 중동 등지를 돌았다. 세계에서 가장 살기 좋다는 나라, 덴마크의 수도 코펜하겐에 갔을 때였다. 그곳은 키에르케고르의 인상과 유적이 남아 있는 곳이기도 했다.

주일이 되었다. 나는 도심지에 있는 한 교회를 찾았다. 예배를 드리기 위해서였다. 600명 이상이 모일 수 있는 큰 교회였다. 예배를 집전하는 목사 네다섯 명이 예배를 이끌어 가는데, 예배에 참석하는 교인은 20명이 못 되었다. 교인은 모두 노인들이었다. 그날 함께 예배드리는 사람들 가운데서 50대의 나와 내 아내가 가장 젊은 편이었다. 목사들은 예배당 정문에 신경을 쓰고 있었다. 한두 교인이라도 더 오지 않을까 싶었던 것이다. 옛날에는 신도들이 이 교회당에 차고 넘쳤을 것이다. 그러나 앞으로는 오늘의 상황을 넘어서지 못할 것이다. 물론, 크리스마스나 부활절 예배가 되면, 달라질지 모르나 교회는 이미 교회 구실을 다하지 못하고 있었다.

다음 주일은 런던에서 맞게 되었다. 우리는 도심지를 벗어난 주택 지역의 호텔에서 묵었다. 주일예배를 드리기 위해 토요일에 미리 멀지 않은 곳에 있는 예배당을 찾아 두기로 했다. 그런데 그 교회에서는 오전 예배가 중심이 되지 않고, 저녁 예배가 본 예배로 되어 있었다. 주일 저녁때, 우리는 예배를 드리기 위해 교회당을 찾았다. 목사와 찬양대의 숫자만큼 교인들이 모였다. 그러니까 모두 합해서 40명 미만이 모인 셈이다.

그런데 목사가 "우리 예배당은 오늘을 마지막으로 문을 닫고, 다음 주일부터는 다른 교회와 합해서 그 교회에서 예배를 드리겠다"고 광고했다. 예배를 끝내고 부목사에게 이 교회는 어떻게 되느냐고 물었더니, 교인이 줄어들기 때문에 저쪽 교회와 합해도 그쪽 예배당이 다 차지 못한다고 설명했다. 그리고 우리가 미국을 거쳐 왔다는 얘기를 들은 그 목사는 미국 교회들도 마찬가지 현상이 아니었느냐고 반문했다.

미국도 도심지의 큰 교회들은 그런 현상이 뚜렷했다. 워싱턴 D.C.의 가장 오래된 한인 교회는 처음에 미국 교회를 얻어 예배를 드렸다. 오전에는 미국인들이 예배를 드리고, 오후에는 우리 교포들이 예배를 드리곤 했던 것이다. 우리가 예배당에 들어가 앉으면, 먼저 예배를 드리고 간 사람들이 남긴 흔적, 인쇄물들이 남아 있다. 그 속에는 장례 회사에서 자기네 회사를 선전하는 전단들이 많이 보인다. 비용이 덜 들고 친절하게 모신다는 내용들이다. 그것은 모이는 수도 적었지만 주로 모인 사람들이 노인들이라는 증거이기도 하다. 모든 교회가 다 그런 것은 아니지만, 그런 현상은 도심지 교회일수록 더욱 뚜렷하다. 캐나다에서는 교회도 학교처럼 여름에 3개월 동안 방학한다. 많은 가족이 여행을 떠나거나 휴가를 즐기기 위해 모이는 사람이 극소수이기 때문이다. 오랫동안 그런 관례가 계속되어 왔으므로 그들은 그것이 조금도 이상하다는 느낌을 갖지 않는다.

물론, 많은 수가 모이는 교회도 있다. 주로 보수적이거나 오순절 교회와 같이 집회와 행사를 중요시하는 교회들이다. 그러나 우리처럼 열심히 모이는 교회는 별로 없다. 최근 들어 미국 목회자들이 한국의 대형 교회에 관해 연구하는 것도 이해할 만한 일이다.

먼저 얘기로 돌아가자. 우리는 여행 스케줄을 짤 때, 한 주일은 로마에서 보내기로 했다. 세계 천주교의 본산인 성베드로 대성당(San Pietro Basilica)의 미사에 참여해 보고 싶어서였다. 우리는 주일날 11시 미사에 참석했다. 워낙 크고 넓은 성당이기 때문에 십자가형의 머리 부분에 해당하는 곳이 미사 장소였다. 양쪽 계단에 신도들이 자리 잡고, 추기경들이 미사를 집전했다. 참여한 사람의 대부분은 세계 각국에서 찾아온 신부와 수녀들이었다. 성베드로 대성당에서 미사를 드리는 영광과 기념의 뜻을 기리기 위해서였을 것이다. 모인 사람들의 전체 수는 500명 내외였을 것 같다.

그러나 아침부터 저녁까지 대성당을 다녀가는 관람객들은 몇 만명이 될 것이다. 그것은 미사를 드리는 신도의 수와는 비교할 바가 못 된다. 프랑스도 가톨릭 국가다. 파리에 있는 노트르담 대성당(Cathédrale Notre-Dame de Paris) 미사에 참석했을 때도 예배드리러 온 신도는 200명 정도였다. 그러나 관광객은 수천 명이었다.

물론 중동 지역이나 인도에서는 기독교회를 찾아보기 어렵다. 동남아 국가들의 경우도 마찬가지다. 우리는 돌아오는 길에 일본 동경에서 주일을 보냈다. 내가 학생 때는 큰 예배당이 가득 차곤 했던 긴자(銀座) 교회에도 3분의 1 정도밖에는 모이지 않고 있었다. 일본 교회는 이전부터 질적으로는 수준이 높으나 신도들의 수는 적은 편이었다. 그런데 그 수가 더 줄어든 것이다.

이러한 세계적인 추세는 교육 수준이 높아지고, 지성인의 수가 많아질수록 뚜렷이 나타난다. 한국도 마찬가지가 될 것이다. 이전에는 예배드리는 횟수도 많았고, 교인들도 열성적으로 모였다. 그러나 최근에는 수요일 저녁 예배나 새벽 기도회에 모이는 수가 줄어들고 있다. 한때는 부흥회와 사경회가 번성했으나, 그런 때는 이미 지나간 셈이다. 대학 출신 젊은이들이 많아지고 과학과 지성적 비판력이 높아지면, 교회 성도의 수가 적어질 가능성은 배제할 수가 없는 것 같다. 또 많이 모인다고 해서 그 수나 행사만큼 기독교와 그리스도의 정신이 열매를 맺는 것도 아니다. 대개 초대교회(지역에 따라서는 지금도 기독교를 뒤늦게 받아들이는 초창기 교회가 있다)와 지적 수준이 낮은 사회에서는 기독교가 양적으로 팽창하나, 교회가 지성인들의 필요와 사회적 요청을 채워 줄 수 없게 되면, 교회의 양적 확장은 어려워지는 것이 보통이다. 교회의 양적 성장은 교육과 지적 성장에 반비례

한다고 볼 수 있다. 로마 교황이 필리핀에서는 대환영을 받으나 일본 같은 나라에서는 크게 관심 대상이 되지 못한다.

그렇다면 이런 문제들을 어떻게 보아야 할 것인가. 사람들의 생활이 다양하고 서로 다른 문화가 공존하듯이, 기독교라고 해서 다른 종교를 반대하거나 배척할 권리는 없다. 그것은 그들의 정신적 재산과 문화적 가치를 거부하는 것과 같이 잘못된 일이다. 우리는 종교 간의 독선적 판단과 배타적 행위를 서로 삼가야 한다. 종교는 선택이지 강요할 권리도 없으며 배척할 자격도 주어지지 않았다. 문제는 반(反) 또는 비(非)이성적인 신앙과 반 또는 비도덕적인 종교를 시정해 나가야 한다는 것이다. 그러한 요소가 많은 종교들은 서서히 자취를 감추고, 초(超) 이성적이며 휴머니즘과 부합될 수 있는 종교와 신앙이 그 자리를 채워 나가야 한다.

그러기 위해서는 모든 종교에 주어진 책임이 있다. 기독교도 마찬가지다. 교단이나 교파의 교리를 진리로 바꾸어 가는 탈바꿈이 필요하다. 예수는 구약의 계명과 율법을 인간적 생명의 진리로 승화시켰다. 그래서 기독교가 탄생된 것이다. 이제 기독교를 포함한 모든 종교가 인간성과 삶의 진리를 구속하는 교리와 교리주의를 탈피하지 못한다면, 종교는 점차 설 자리를 잃게 될 것이다. 기독교도 교리 중심의 교회주의를 극복하고, 생명의 진리를 제공해 주는 교회로 되돌아가야 한다. 교리의 계란을 깨뜨리고, 진리의 병아리가 태어나야 한다.

또 하나의 과제는, 기독교는 곧 교회이며 마치 기독교의 목표가 교회의 성장과 완성에 있는 것 같은 교회지상주의를 극복해야 한다. 예수께서 처음부터 끝까지 교회가 아닌(혹은 교회를 통한) 하나님의 나라를 가르치고 소원했다는 뜻을 받아들일 수 있어야 한다. 기독교 공동체는 가정, 직장을 비롯해 사회 모든 영역에서 그 책임을 다해야 한다. 하나님의 나라가 교회를 통해 성취되어야 한다. 목표는 교회 자체가 아니라 하나님의 나라인 것이다. 만일 기독교가 그 뜻을 성취시킬 수 있다면, 교리와 교권의 울타리를 벗어나지 못하는 다른 종교가 기독교를 받아들이게 될 것이다. 문제는 교리와 교권과 같은 좁은 의미의 전통주의가 아니라 진리와 인격의 왕국을 건설하려는 생명력 있는 종교로 발전하는 데 있다.

종교 간의 갈등과 공존의 문제도 그렇다. 모든 종교는 휴머니즘의 울타리 안에서 공존할 수 있고 공생(共生)의 길을 넓혀야 한다. 그러면서도 무엇이 인간 완성의 진리이며 역사적 희망을 약속해 주는가에 따라 신앙적 선택이 이루어져야 한다. 기독교와 교회도 그렇다. 다른 종교에 대한 부정적 비판이나 배타적 교리를 앞세우는 일은 옳지 못하다. 어떻게 기독교가 더 많은 사람들의 인간다운 삶을 약속해 주며, 자유와 평화를 증대시켜 줄 수 있는가 하는 것을 추구하며 제시해 줄 수 있어야 한다.

교회주의와 교권 운동은 자칫하면 수량적 과시욕과 행사에 치우칠 우려가 없지 않다. 물론 시대와 사회적 여건에 따라 그 운동과 행사도 필요할 수는 있다. 그러나 인위적 행사나 계획적인 수량적 전시성은 질적인 빈곤과 행사 위주의 종교 운동에 빠질 가능성이 있는 것이다. 예수께서는 4천 명 또는 5천 명이 운집했을 때 말씀만 전하셨을 뿐, 곧 그 청중들을 돌려보내곤 하셨다. 말씀을 들었기 때문에 다시 돌아가 생업에 열중하고 가정을 돌보며 주어진 일상의 책임을 다하도록 권고한 것이다.

나는 1973년, 74년에 있었던 큰 집회에 참석한 일이 있었다. 빌리 그레이엄(Billy Graham) 목사의 대집회가 서울에서 있었다. 그리고 스위스 로잔에서는 그레이엄 목사의 세계적인 집회가 열렸다. 나도 한국의 몇몇 대표들과 함께 참석했었다. 그러나 나와 함께 갔던 동료들은 신앙적인 변화나 새로운 깨달음에 관해서는 별로 얘기하지 않았다. 그 대신 행사가 얼마나 성대했고 진행이 얼마나 놀라울 정도로 훌륭했는가 하는, 행사를 위한 행사라는 느낌이 더 컸다. 1974년 8월에 여의도에서 있었던 엑스플로 74에서도 그 모인 사람의 수와 거대한 행사에 비해 주어진 신앙적 결실이 어떠했는가를 의심케 하는 바가 더 컸던 것 같다.

물론, 기독교의 본질성과 상황성이 언제나 일치되는 것은 아니다. 모임이나 행사의 큰 규모에 비해 진리에 관한 자각이 빈곤할 수도 있고, 비록 수가 적게 모이고 이벤트의 성격은 없어도 그 신앙적 의의는 생명력을 더할 수도 있다. 문제는 지나치게 인위적인 행사나 또는 우리이기에 이런 일을 할 수 있다고 하는 전시성을 띤 행사는 삼가야 한다. 우리 교회이기에 할 수 있는 것이 아니다. 주님의 뜻이 머무시기에 할 수 있는 것이고, 그것이 귀중한 것이다. 신앙생활에 오래 머물게 되면, 나는 숨은 봉사를 할 뿐이고 영광과 찬양은 주님께 돌려지기를 바라는 자세가 된다. 나는 설교나 부흥 집회를 끝내고 돌아올 때면, 그들이 나는 잊고 주님만을 기억하게 해 달라는 기도를 드리는 것이 보통이다. 그래서 세상일과는 구별되는 것이다.

12

성경 공부
60년

오병이어의
기적

여기서 작게 시작해서 오래 계속된 한 가지 신앙적 사건을 말해 두기로 하자. 1956년 12월의 일이다. 남대문 장로교회에서 나에게 대학생들을 위한 성경 공부를 의뢰해 온 일이 있었다. 나는 한국 전쟁 전에 성경 공부반을 시작했다가 중단했고, 부산에서 다시 계획했다가 환도(還都)와 더불어 계속할 수 없었다. 그래서 그 제안을 주님의 뜻으로 믿고 수락하기로 했다. 그러나 약속된 1년이 지난 후에 나는 마침내 그 책임을 벗기로 했다. 주관하는 남대문교회 간부 학생들은 행사를 주관할 뿐이고, 성경 공부를 포기하고 있었던 데다, 모이는 학생들의 3분의 2쯤이 교회 밖의 학생들이었기 때문이다. 그래서 더 이상 교회가 원하는 바를 채워 줄 수가 없었다. 교회도 내게 성경 공부를 계속해 주기를 원하지 않았다.

계속하던 성경 공부가 없어지자 교회에 다니던 학생들은 문제가 없는데 처음 교회에 나온 학생들은 갈 곳을 잃고 말았다. 나는 그들 중 몇 사람을 위해 덕수교회의 찬양대 연습실을 얻어 다시 성경 공부를 시작했다. 수는 적었으나 이제 막 믿기 시작한 학생들이었기 때문에 순수한 신앙을 주고받을 수 있었다.

그때 하나의 기적 같은 일이 일어났다. 1958년 11월 초순, 4일간의 일이었다. 학생들이 이렇게 좋은 성경 말씀을 우리만 듣지 말고, 한번 공개 집회를 개최하자는 의견을 제시했다. 나는 그들이 원하면 기도하면서 계획해 보라고 그들에게 맡겼다. 그러자 학생들은 바쁜 시간을 쪼개 가면서 4일 간의 집회를 계획했다.

자기네들이 다니는 학교와 덕수교회 부근에 안내 벽보를 붙이고, 며칠 동안 모여서 기도도 한 모양이다. 그들은 약 5, 60명쯤은 모일 것으로 생각했던 모양이다. 첫날 저녁, 시간이 되어 교회 안으로 들어섰더니 모두가 당황한 표정이었다. 순서지는 떨어지고 예배당이 벌써 가득 차 있었다. 순서지 곁에는 떡 다섯 덩이와 물고기 두 마리가 그려져 있었다. 다음 날은 더 많은 수가 모였다. 모두가 젊은 대학생들이었다. 2층까지 빈자리가 없어졌다. 나흘 동안 집회는 질과 양에서 상상을 초월했다. 한 학생은 예수님이 5천 명에게 떡과 물고기를 나누어 주었다는 비과학적인 사건이 지금 여기에서 벌어졌다면서 놀라움을 금치 못했다.

나도 그것을 평생 동안 잊을 수 없는 은총의 사실로 받아들이고 있다. 덕수교회가 설립된 이래 그렇게 많이 모인 일도 없었거니와, 그것도 완전히 대학생 중심의 집회였던 것이다. 집회가 끝난 뒤에는 성경 공부 모임을 찾아오는 학생들의 수도 늘어났다. 우리는 교회에 폐를 끼치는 부작용이 생길까 싶어 집회 장소를 가까운 곳에 있는 피어선 성경학교로 옮기기로 했다. 그리고 2년 뒤였다. 새문안교회의 강신명 목사가 우리 집회를 새문안교회 전도관으로 옮기고, 예배가 끝난 오후 시간으로 시간을 바꾸어 교인들도 참석했으면 좋겠다는 요청을 해 왔다. 나는 목사님의 뜻을 받아들여 새문안교회에서 성경 공부를 계속하기로 했다.

그것은 성경 공부라기보다는 또 하나의 예배와 같은 성격을 띠게 되었다. 학생들의 수와 장년 교우들의 수가 비슷해졌다. 다른 교회 신도들은 물론 교파가 다른 천주교 수녀들, 구세군 장교들도 참여해 주었다. 그 결과, 성경 공부를 하기에는 지나치게 수가 많아졌다. 그렇게 되면 새문안교회에 부담을 주게 된다. 본래 교회는 말이 많은 법이다. 선의로 초청해 주었던 강 목사님도 뒷수습에 어려움을 느끼는 것 같았다. 더 무거운 짐을 진 사람은 나였다. 그래서 새문안교회에서의 성경 집회는 끝내기로 했다. 내가 그 교회의 한 사람으로 주일학교 교사의 책임을 맡는 것은 좋으나, 교회 밖의 사람이 그 교회의 일을 맡는 것은 아무래도 부작용이 많다는 사실을 깨닫게 되었다. 새문안교회 성경 공부를 일단 끝내고, 다시 몇 사람들끼리 조용히 모여서 공부하는 것이 좋겠다고 생각한 나는 다른 사람들에게 알리지 않고, 종로 YMCA의 친교실을 얻어 새로이 시작하고 싶었다. 많은 수를 감당하기에는 나 자신이 부족함을 잘 알았기 때문이다. 노평구 선생도 무교회주의자로 알려진 10명 정도의 회원으로 YMCA에서 성경 연구를 진행하고 있었다.

그런데 세월이 지나는 동안에 또다시 문제가 생기기 시작했다. YMCA는 무슨 행사가 있으면 우리 모임과 함께하자는 청을 해 왔고, 어떤 때는 자기네 행사 때문에 장소를 비워 달라는 요청도 서슴지 않았다. YMCA로 보아서는 성경 연구나 예배보다는 자신들이 계획하고 진행하는 사업이 더 중요했던 것이다.

오래전부터 관심을 갖고 우리 모임에 동참해 왔던 정순갑 장로를 중심으로 하여 몇 사람이 이번 기회에 완전히 교회와 기독교 기관을 떠나자는 요청을 해 왔다. 사실 지금까지의 집회는 내가 중심이 되어 운영해 온 것은 아니었다. 나는 강사로 부탁을 받아 성경 공부만 담당하고 있었기 때문에 교회의 고마운 초청도 받았고 어려움도 느꼈던 것이다. 몇 분들이 종로에 있는 시사영어학원 강의실을 얻어 성경 공부를 계속하기로 결정하고, 나에게 동의를 구해 왔다. 나도 그편이 자유롭겠다는 생각에서 그러기로 했다. 그렇게 시작한 것이 20여 년에 걸친 성경 공부 기간이 되고 말았다.

말씀이
담장을 넘어

이상한 것은, 나는 교회에서 자랐기 때문에 교회 밖에서 성경 집회를 갖는다는 것이 바람직하지 않게 느껴졌다. 그러나 몇 차례 장소를 옮기는 동안에 교회는 교회대로 남고, 내가 하는 것과 같은 일은 교회 밖에서 필요할 것이라는 생각이 굳어지기 시작했다. 그 때문에 나는 무교회주의자라는 오해도 받았고, 보수적인 목회자로부터는 경원시 당하기도 했다. 그러나 모두가 합해져서 하나님의 뜻과 나라가 이루어지는 것이 바람직스럽다는 생각이 자리 잡게 되었다.

그와 비슷한 일을 하는 이들이 여러 사람 있었다. 함석헌 선생을 제외하고는 목사님들이 다방교회도 시작했고, 교회 밖의 집회도 계획하곤 했다. 그러나 오래 계속되지는 못했다. 어려운 시도였던 것 같다. 교회 밖에서는 자유로웠기 때문에 마음 쓰는 일이 없었다. 학원장인 문 선생은 말없이 도움을 주었다. 그는 후에 기독교로 돌아와 좋은 신앙생활을 하기에 이르렀다. 모이는 사람들의 순수하고 착한 표정들이 좋아 기독교 신앙을 택하게 되었다고 그는 말하곤 했다.

20여 년을 계속하여 성경 공부를 하는 동안 여러 가지 사회적 변화가 있었다. 신군부가 등장하고 전두환이 제2의 쿠데타를 일으키면서, 모든 집회를 금지하는 포고령을 내리기도 했다. 그러나 우리는 집회를 쉬지 않았다. 그 당시에 참석했던 이들은 조마조마한 마음으로 나오곤 했다. 내가 신군부를 비난할 때는 걱정되기도 했다고 그들은 말했다.

우리는 조용히 말씀과 기도 시간을 가졌기 때문에 사회적 여론에는 관심을 두지 않았다. 또 교회에 다니지 않는 이들은 사회와 우리 모임을 비교해 보았을 뿐, 우리 모임의 성격이나 방향에 대해서는 특별한 관심을 가지려고 하지 않았다. 교회에 열심히 봉사하는 신도들은 교회에서 부족했던 부분을 성경 공부에서 충당할 뿐이었다. 그들은 교회를 비판하거나 부정적인 입장에서 보지는 않았다. 오히려 기성 교회의 단점과 부정적인 면을 얘기해 오던 사람들도 성경 공부를 하는 동안에 긍정적이며 건설적인 방향으로 교회를 섬기는 노력으로 이어져 갔다.

그러나 모두 합하면 30년이 되는 세월이 짧은 기간은 아니었다. 나 자신도 더 이상 이끌어 갈 자신이 없었고, 이런 일은 개인이 진행하는 것이 바람직하지 못하다는 사실도 발견하게 되었다. 그래서 나는 나 혼자 이 일을 감당하는 것은 한계가 있고 소망스러운 일이 아니므로 다른 강사들을 모시고 나도 그중의 한 사람으로 참여하겠다는 안을 제시했다. 그러나 뜻대로 되지 못했다. 그리고 내가 강사로서의 책임을 떠나고 다른 강사에게 위임해 보자는 계획을 세웠으나 성사되지 못했다.

그러나 마침내 30여 년 동안 이어 오던 집회의 종지부를 찍게 되었다. 내 아내가 중병을 앓았기 때문에 나는 휠체어를 타야 하는 아내와 함께 연세대학교회에서 예배를 드리기 시작했다. 오랜 세월에 걸친 성경 공부는 자연히 해체되었다. 그 대신, 나는 주일이 되면 자유로이 여러 교회의 설교와 강의를 맡아 줄 수가 있어 부담 없는 평신도의 신앙생활을 하게 되었다. 오직 원하는 것은, 내가 못다 한 일을 누군가가 계속해 준다면, 나도 그 회원의 한 사람으로 참석할 수 있겠는데 하는 것이었다. 나는 그렇게 기도를 드리고 있었다.

여러 해가 지났다. 5, 6년이 지났을 때였다. 나는 새로 발족하는 한우리독서문화운동본부를 맡아 수고하는 박철원 목사의 요청으로 초대 회장을 맡게 되었다. 박 목사는 담임하고 있는 교회가 없었고, 나는 쉬고 있던 성경 공부 모임을 다른 방향으로 재출발해서, 박 목사나 다른 이에게 계승할 수 있지 않을까 하는 생각을 하게 되었다. 그 후 얼마 동안 기다리다가 1994년 6월 12일 주일에 몇 사람이 모여 기도와 성경 공부를 다시 시작하게 되었다. 그러나 이전과 같은 모임이나 성격은 지속될 수 없다는 사실을 깨닫게 되었다. 그래서 나는 모임은 가정과 같은 성격으로 계속하고, 성경 공부의 강좌 내용은 녹음해서 원하는 이들에게 우송해 주자는 계획을 세웠다.

교회는 신도들이 많이 모이기를 바란다. 우리 사회에서는 대교회가 성공한 교회라는 평을 받기도 한다. 그러나 사회는 변하고 기독교회에 대한 사회인의 사고에도 적지 않은 변화가 왔다. 나는 사람들이 모이는 수고는 덜어 주고, 말씀과 신앙에 관심 있는 이들에게 말씀을 들을 수 있는 기회를 준다는 것, 그것은 또 하나의 봉사일 것이라는 생각이 들었다. 그래서 성경 공부 녹음테이프를 보내 주기 시작한 것이 100명 가까이에 이르렀다. 어떤 이들은 그것을 다시 복사해서 친구들에게 나누어 주기도 하였고, 받아 보는 회원도 다양했다. 미국, 캐나다, 중국 지역으로 가기도 하고 목사, 교수, 실업인, 생각 있는 주부들에게도 전달되었다.

그 일을 시작한 지도 벌써 24년이 되었다. 나 혼자 기도하는 것은, 내 나이 만 100세가 되는 2020년 봄까지는 같은 봉사를 계속하려는 소원이다. 그 후에는 또 다른 주님의 뜻이 계실 것이다. 또 그렇게 되기를 여러 사람이 기도해 주고 있다. 모두 합해서 60년이 넘는 세월이면, 내 일생의 3분의 2는 바치는 셈이 된다.

신앙 운동의
열매들

지금 돌이켜보면, 이 일은 다른 사람을 그리스도께로 안내하려는 의도에서 출발한 것이었다. 그러나 감사한 것은 오히려 그것이 나 자신의 신앙과 성경 연구에 큰 도움이 되었고, 신학자도 목회자도 아닌 내가 나름대로 신앙과 성경적인 신학을 터득하게 되는 데 큰 도움을 주었다. 이 글을 쓰고 있는 지금도 매주 금요일이 되면 성경 공부 준비를 마무리하는 작업을 해야 한다. 그 일을 60여 년간 계속할 수 있었다는 것은 여러 사람의 기도 덕분이며, 이는 내 신앙생활에 큰 활력소가 되었다. 생각해 보면, 지금 내가 강의하고 있는 내용이 10년 전보다는 더 새로워진 것 같고, 20년 전에 비하면 큰 질적 차이가 있음을 발견하곤 한다. 또 대학을 떠난 후에는 성경 공부에 더 큰 비중을 두게 됨으로써 내가 할 수 있는 정신적 과업의 많은 부분을 차지하게 되었다.

그리고 60여 년 동안에 나는 많은 것을 배우고 깨닫게 되었는데, 특히 신앙 운동은 양적인 것이 아니라 질적인 것이라는 사실을 거듭 느꼈다. 많은 수가 모이고 큰 행사를 치르는 것도 중요할지 모르나 진리의 탐구와 전달이 더 중요하며 말씀의 열매를 위해서는 행사와 조직을 줄이는 것이 좋다는 뜻이다. 성경 공부에 나오는 이들이 헌금을 하고 회관 비슷한 장소를 갖자는 요청을 했다. 그러나 일주일에 한 번씩 모이는 장소는 얼마든지 구할 수 있으며, 헌금은 그리스도의 이름으로 하기로 했다. 나 자신도 헌금을 바치는 일에 감사함을 느끼는 편이다.

또 말씀 공동체는 조직을 꼭 필요로 하는 것도 아니었다. 60여 년이 지났으나 나는 한 번도 조직을 만든 일은 없었다. 필요한 것은 사회자와 내가 말씀을 전하는 일이면 된다. 사람들은 소속감을 갖기 원한다. 조직을 잘 운영해 가면, 많은 수가 모일 수도 있고, 그 수를 조직화하면 발언권도 가질 수 있다. 그러나 60여 년 동안 그런 일은 한 번도 없었다. 말씀을 나누고 깨닫고 각자가 실천하면 되는 것이다. 그것은 회원들에게 무책임한 것이 아니며, 모이는 분들과 말씀을 나누는 이들에게 더 많은 자유와 선택과 교회 봉사의 길을 돕자는 뜻에서 그런 것이었다.

그런 노력이 헛되지 않았다는 것은 우리 모임을 다녀간 이들이 모두 진실한 그리스도인이 되어 있다는 사실로 입증되곤 한다. 이 모임에 나왔기 때문에 신앙을 갖고 목회자, 신학자가 된 수많은 사람들이 있다. 게다가 겸손히 교회를 섬기는 평신도의 수는 더 많은 것이 사실이다. 오히려 교회 생활을 하다가 교회를 떠나거나 신앙을 멀리한 사람들은 간혹 있어도 우리 모임에 참여했던 이들은 교회와는 가깝지 않아도 그리스도를 떠난 사람은 거의 없다고 생각한다. 성경 공부 모임에는 그리스도 외에 주인이 없기 때문이다. 한 번도 명칭을 가진 일도 없었고, 또 가져 보려는 회원도 없었다. 지금도 그렇다. 수가 적으면 부담스럽지 않고, 수가 늘어나면 감사한 마음이 앞설 뿐이다. 나 자신도 성경 공부에 오는 사람들이 나를 기억하지 말고, 주님만을 따르게 해 달라고 기도하고 있다. 영원한 것은 말씀과 하나님의 나라다. 그 밖의 것들은 그때, 그 장소에서 끝나면 된다.

이 성경 공부 모임을 이끌어 오는 동안 나와 우리 자신의 잘못도 있었겠으나, 적지 않은 오해와 비판을 받기도 했다. 가장 큰 오해는 무교회주의라는 비판이었다. 그러나 나와 우리 모임을 다녀간 사람 중에는 한 사람도 그렇게 생각하는 이가 없다. 오고 싶으면 오고, 떠나고 싶으면 언제나 발길을 돌리면 되기 때문에, 요청을 받거나 의무감 같은 것이 전혀 없었다. 그리고 교회에 불만을 품고 왔다가 다시 새로운 각오로 교회를 섬기는 사람이 대부분이다. 나 자신이 교회에 소속되어 있으며 누구에게나 교회에 나가라고 권면하지만, 우리 모임에 오라고는 말하지 않는다. 도움이 된다면 같이 성경 공부를 하자는 것이 우리의 뜻이다. 오래 계속한 사람은 10여 년 이상을 참석한 이도 있고, 한두 번 구경하고 가는 이도 있다. 대개의 경우 성경을 공부하고 배우려고 노력하는 사람은 오래 참석하나 교회에서 행사와 일을 더 많이 하는 신도들은 성경 공부가 부담스럽게 느껴지기도 했을 것이다.

나는 내가 중심이 되어 시작한 일이기는 하나, 이런 모임이 나와는 상관없이 계속되기를 원했다. 그래서 그 뜻을 위해 중단해 보기도 했다. 그러나 지금은 생각이 다르다. 이 일은 나와 더불어 시작해서 나와 더불어 끝나는 게 좋다고 믿는다. 마치 짐을 지는 지게꾼은 주인이 필요해서 맡겨 주는 짐을 져 나르면 되는 것이다. 일의 경륜과 계획은 주님께 있는 것이다. 나에게 있는 것이 아니다. 나는 나에게 맡겨 주신 일을 하면 된다. 또 다른 일은 다른 사람에게 맡기는 것이 주인 되시는 주님께서 하실 일이다. 그것은 무성의한 태도 같아 보이기도 하나 목회자가 아닌 나는 그것이 주님의 뜻이라고 믿고 있다. 99세인 지금도 성경 공부를 계속하고 있다. 감사한 마음으로 기도드린다. 씨를 뿌리는 사람과 곡식을 거두는 사람은 따로 있어도 좋다. 나는 말씀의 씨를 뿌리는 책임을 평생 계속하면 되는 것이다. 생각해 보면, 60여 년 동안 씨를 뿌려 왔다. 거두는 이들은 목사님들과 신앙의 공동체를 이끌어 가는 사람들이고, 마지막으로 거두어들이는 분은 주님이신 것이다.

오직 한 가지 감사히 여기는 것은 성경을 공부하는 모든 이가 앞으로의 기독교와 교회는 이런 방향으로 가야 하며, 그것이 주님의 뜻이리라는 신념을 다짐해 갖는 일이다. 기독교와 교회는 많은 문제를 안고 있다. 그러나 20년이 지나고 반세기가 경과되면 교회를 포함한 기독교는 이런 책임을 감당하며 이런 모습을 갖게 될 것이라는 공감대가 있기 때문에 우리 모임은 계속된다고 믿고 싶다. 이것이 우리의 소망이다.

오랫동안 성경 공부를 계속해 오는 동안에 나도 모르게 몇 가지 내용적 변화가 생겼다. 처음에는 나와 함께 성경 공부를 하는 사람들이 거기서 목사님들의 사경회나 설교와 큰 차이를 발견하지 못했을 것이다. 다른 점이 있다면, 주님의 가르치심을 조금 더 철학적이며 이론적으로 해석해 주었을 것이며, 그 말씀이 어떻게 우리 심령을 새로이 변화시킬 수 있는가를 느끼곤 했을 것이다. 그러는 동안에 기성 교회의 편견이나 교단 및 신학자들의 교리 중심적 가르침을 폭넓게 개방하고, 교회적 교리가 인간 및 사회적 진리로 승화될 수 있는가 하는 것을 모색하는 변화를 가져왔을 것 같다. 예수님의 가르침이 교회 중심의 교리나 교단 중심의 해석보다는 모든 인간의 진리로 받아들여질 수 있는가 하는 것을 모색하게 되었다.

그리고 긴 세월이 지나는 동안에 우리 사회는 정치적으로 자유 민주주의로 가는 진통을 겪어야 했고, 경제적 부조리가 증폭되는 불행을 체험하지 않을 수 없었다. 한때는 기독교의 사회 참여와 더불어 민중 신학이 기세를 떨치기도 했다. 그런 와중에서 자연히 나도 그리스도의 말씀이 어떤 사회적 의미와 이념을 제시해 주고 있는가를 묻지 않을 수 없었다. 그래서 신앙의 개인적 구원과 더불어 사회 및 역사적 구원이 어떤 것인가를 찾아야 했다. 신앙인으로서의 나, 국민으로서의 나, 하나님 나라를 위한 내가 다른 위치에 머물 수는 없었던 것이다. 그래서 정치에 대한 비판도 필요했고, 그리스도인다운 기업인의 가치관도 묻지 않을 수 없었다. 개인으로서의 나를 위해서는 실존적 탐구와 그 해결이 요청되었으나, 사회인으로서의 신앙에는 하나님 나라에 적합한 인생관과 가치관이 절실했던 것이다. 일부 교회는 그 사실을 외면하는가 하면, 어떤 목회자들은 정치 및 사회 참여에 깊숙이 빠져드는 경향도 있던 시기였다. 그런 가운데서 신앙적 사고는 어떤 것이며 그리스도인다운 가치관은 어떠해야 하는가를 묻고 대답하는 일은 중요한 과제라고 생각되었다. 개인적인 신앙에서 신앙의 사회, 역사적인 과제를 감당치 않을 수 없었던 것이다.

그렇게 긴 세월을 보낸 지금에 와서는 우리 민족과 국가의 장래를 위해서 어떤 사고방식과 가치관이 필요한가를 반성해 보는 데 비중을 더하고 있다. 신앙인들의 궁극적인 목표는 하나님 나라를 건설하는 데 있으며, 그 의무를 감당하기 위해서는 누가 우리 민족과 사회를 변화시킬 수 있으며 그런 인물이 되기 위해서는 어떤 인생관과 가치관을 가져야 하는가를 묻고, 그 해답을 그리스도의 교훈에서 깨달아 전달하는 책임이 무엇보다도 중요하다고 생각했다. 지난 여러해 동안 교리보다는 진리를, 교회보다는 하나님의 나라를 호소하는 시간이 많았다. 그것은 긴 세월에 걸친 나 자신의 변화에서 온 것으로 생각한다. 그리고 진리와 하늘나라는 모든 그리스도인의 영원한 과제이면서 기독교의 핵심임을 재발견하게 된 것이다.

지금도 나는 두 가지 사실을 스스로 인정한다. 그것은 나는 목회자도 아니며 신학자도 아니라는 점이다. 예수님의 말씀을 믿고 따르려는 한 평신도 신앙인일 뿐이다. 목회자는 주님의 말씀과 같이 양들을 보호하고 키우는 책임을 맡는다. 그러나 나는 그 일을 하지는 못한다. 오직 내가 할 수 있는 일은 우리 모임에 나오는 분들을 위해 기도를 드리는 일이다. 때로는 건강을 위해서, 또 그들이 하는 일과 사업을 위해서 그리고 때로는 문제가 있는 가정을 위해서 기도를 드린다. 또한 특별히 기도를 부탁해 오는 이들을 위해서는 함께 기도를 드린다. 그 밖의 일들은 나도 감당하기 어렵고, 또 부탁을 해 오는 일도 별로 없이 지내 왔다. 물론 특별한 경우가 없는 것은 아니지만.

그리고 나 자신은 교리나 신학에 대한 관심을 갖고 있으나, 같이 성경 공부를 하는 분들에게는 별로 관심 있는 설명이나 요청을 하지 않는다. 언제나 '교리를 넘어서 진리에로'라는 길을 택하고 있으며, 신학자들의 견해를 소개하긴 해도 권면하지는 않는다. 신학(神學)은 신학(信學)이 되어도 좋다는 생각을 갖고 있다. 그렇기 때문에 믿음의 학문으로서 필요한 학자나 저작을 소개하는 것으로 그친다. 그러나 나 자신은 존경하는 목회자 밑에서 자라고 있으며 신학자들로부터 많이 배우고 있기 때문에 그 뜻은 숨기지 않는다. 오히려 기독교 사상가를 더 많이 소개하고 추천하는 경향을 나 자신도 인정하고 있다.

나는 지금도 이 작은 모임이 주님의 아낌을 받는 말씀의 공동체가 되기를 바라며, 내가 하는 일보다 주께서 더 기뻐하시는 말씀의 운동이 많아지기를 위해 기도드리고 있다.

13

우리의 삶과 공존하는
기독교

새 천 년을
맞이하면서

서력기원 2000년은 내가 만 80세를 맞는 해였다. 병약하게 자랐
고 수많은 시련과 역경을 겪으면서 긴 세월 동안 주님과 함께 보낸
것은 상상할 수도 없는 일이었다. 아직도 주님이 맡겨 주시는 일들
이 남아 있는 한 주께서 함께해 주실 것을 믿는다. 감사할 뿐이다.

사람은 얼마나 오래 사는 것이 바람직스러울까. 일할 수 있고 다

른 사람들에게 작은 도움이라도 줄 수 있을 때까지는 사는 게 좋겠다는 생각을 가져왔다. 아내가 오랜 병중에 있을 때도 아내를 통해 많은 사람이 위로와 감사의 뜻을 나눌 수 있다면, 병상의 생활도 값질 것이라고 믿어 왔다. 아내가 남기고 싶었고, 이루고 싶었던 뜻과 일들을 나와 가족들이 대신해 주면 되는 것으로 믿었고 또 그렇게 살았다. 만일 주님이 나에게 앞으로도 일을 맡기시고, 이웃들에게 도움을 줄 수 있기를 원하신다면, 내 삶도 그때까지는 연장될 것이라고 믿는다. 더 오래 살고 싶다는 욕망보다는 더 값있는 삶을 지키고 싶은 마음이다. 그 뜻이 내 기도와 노력으로 채워진다면, 나는 감사와 찬양의 길을 더 가야 할 것이라고 다짐해 본다. 나 홀로 숨겨진 기도는 갖고 있었다. 만 85세 때까지는 지금과 같이 일하고 싶다는 욕망이었다. 그 이상의 뜻은 주님만 아시고 계획하실 것이었다.

80세를 넘기면서 주님이 몇 가지 감사와 위로의 뜻을 베풀어 주셨다. 본래부터 상을 받을 만한 일도 하지 못했고 원하지도 않으면서 살아왔다. 때때로 수고의 대가로 공로패를 받기도 하고 감사의 뜻을 전달받기는 했으나 상에 해당하는 데까지는 미치지 못했다. 그러던 중 우리 나이로 80이 되는 해 겨울에, 인제대학교에서 제정한 인제인성대상(仁濟人性大賞)을 받게 되었다. 내가 제1회 수상자가 된 것을 감사드린다.

다음 해 12월에는 〈팔순 기념 논문집〉을 증정받았다. 박순영 교수를 비롯한 후배 교수들의 수고와 옛 제자였던 단재완 해성산업

회장의 수고가 나도 모르게 진행되어 온 것이어서 거절할 수가 없었다. 대학에서 평생을 보낸 데 대한 위로의 뜻이 되었다.

다음 해인 2001년 늦가을에는 뜻깊은 일들이 주어졌다. 고당 조만식 선생 기념 강연을 맡았고, 장공 김재준 목사의 탄신 100주년 기념 강연을 하게 되었다. 참석했던 사람들이 근래에 드문 내용의 강연이었다고 평해 주어 감사했다(다음 해에는 한경직 목사 탄신 100주년 기념 원고도 보낼 수 있어 감사했다). 같은 해에 서산 정석해 교수 기념문을 〈진리와 자유〉에 기고할 수 있었다. 짧지 않은 글이었다. 이 세 가지 일 모두가 세 분의 기독교 정신으로 부각되었기 때문에 감회가 깊었다. 간접적이지만 그리스도의 정신을 드높일 수 있었음을 기쁘게 생각한다.

다음 해 연말에는 연세대학교 문과대학과 동문회가 주관하는 연문인상(延文人賞) 제2회 수상자가 되었다. 연세대 졸업생이 아닌 사람으로서는 이 상을 처음 수상하게 된 영광을 감사드린다. 주께서 이 상을 주신 것으로 믿기 때문에 더욱 감사하고 있다.

2003년 11월에는 숭실대학교에서 제정한 숭실인상을 받았다. 전 이사장 김형남 장로를 기념하는 형남학술대상이었다. 나는 숭실학교에서 자라 연세대학교에서 봉사했다. 기독교 학교에서 성장해 기독교 대학에서 봉사했기 때문에 주께서 주신 위로의 뜻으로 받아들이지 않을 수가 없다. 큰일들은 아니지만 노년에 주님이 베풀어 주신 위로의 뜻을 어떻게 잊을 수 있겠는가. 응당해야 할 일을 했을 뿐인데.

80을 넘기면서는 흔히 말하는 새 천 년과 새로운 세기(21세기)를 맞기 때문에 무엇인가 새로운 변화와 각오가 필요할 것 같았다. 그러나 나는 이미 늙은 셈이고 후배들의 업적이 더 중요하기 때문에 괄목할 만한 새로운 변화는 기대하기가 어려웠다. 늙었다는 것은 새로워지지 못하고 과거를 연장하는 일에 안주하려는 정신 상태일지 모른다. 그러나 나도 모르게 한 가지 변화가 생겼다면, 국가의 현실과 민족의 장래를 걱정하는 심려 상태일지 모르겠다. 지난 어느 때 못지않게 사회적 관심과 역사적 진로에 대한 열정과 신념이 사라지지 않고 있음을 숨길 바가 없다. 또 그런 뜻들을 글과 강연을 통해 전달하는 책임이 계속되고 있음을 고맙게 여기고 있다.

하늘나라의 건설은
민족과 더불어

때로 친구들과 나누는 얘기가 있다. 우리가 쓰는 글이나 강연은 오래전부터 계속되어 온 음료수와 같은 것이었다. 그러나 최근의 젊은이들은 물을 좋아하지는 않는다. 사이다나 콜라를 마시기 원한다. 그래서 우리 세대의 늙은이들은 소외당하는 운명을 면키 어렵다. 그래도 사이다나 콜라도 물로 이루어진다는 사실을 부정할 수가 없다. 그래서 요청을 받는 대로 글도 쓰고 강연에도 응하게 된다. 더욱이, 나는 교회의 목적이 하늘나라 건설에 있다고 믿기 때문에 우리 민족과 국가의 장래가 어떻게 그리스도의 하늘나라에 접근할 것인가 하는 것이 더 큰 문제로 떠오르지 않을 수 없다. 일본의 성경주의자 우치무라 간조의 묘비에는 "나는 일본을 위해서, 일본은 세계를 위해서, 세계는 그리스도를 위해서"라는 글이 새겨져 있다고 한다. 모든 그리스도인이 그 엄연한 역사의 진로를 부정할 수가 없다.

그런 관심과 책임을 깨닫게 되면, 지금 우리 민족과 국민에게 가장 중요한 것은 새롭고도 영구한 가치관의 설정이다. 사회적 삶에 있어서는 진리가 가치관으로 나타나 열매를 거두어야 한다. 기독교가 사회에 줄 수 있는 가장 큰 사명은 그리스도의 말씀이 우리들의 인생관과 가치관이 되도록 이끌어 주는 데 있다. 그리스도인이 된다는 것은 그리스도의 교훈이 우리의 인생관과 가치관이 되고, 그 뜻대로 사는 데 있다. 교회는 많이 생기고 신부와 목사의 수는 헤아릴 수 없이 늘어나고 있으나 그리스도의 말씀이 민족과 국가를 위한 진리, 즉 가치관이 되지 못한다면, 그것은 구원의 메시지가 될 수도 없고 복음이 되지도 못한다. 그런 뜻에서 지금은 우리 사회와 민족을 위해 무슨 가치관과 어떤 삶의 방향과 방법을 제시해 주는가 하는 것이 필수적이면서도 시급한 과제가 되지 않을 수 없다. 그리고 그런 문제의 해결은 사회적 사고 및 가치관과 동떨어진 것일 수도 없고, 율법이나 교리가 그대로 전달되는 것도 아니다. 오히려 국민들과 사회가 안고 살아가는 사고방식, 의식 구조를 그리스도의 것으로 안내하며 바꾸어 가는 노력과 책임이 중요한 것이다.

　나는 지금도 신약을 배제한 구약의 인생관과 가치관을 믿고 따르라면 그대로 받아들일 수 없다. 그것은 유대교인이 될 수 없다는 뜻이 아니다. 그것은 그 길이 인류와 하늘나라 건설을 위해 큰 도움이 못 되기 때문이다. 코란을 읽을 때도 비슷한 생각을 하게 된다. 지금 이슬람 세계에서 벌어지는 사태를 보면 짐작할 수 있는 일이다.

　만일 기독교도 그것들과 같은 수준의 인생관과 가치관을 가르치고 요청한다면, 세계와 인류의 장래를 걱정하는 인도주의자들이 수용할 수 있겠는가. 기독교가 과거에 저질러 온 수많은 역사적 과오를 아는 이들은 그것들이 그리스도의 뜻도 못 되며 복음이 되지도 못한다는 사실을 잘 알고 있다. 그런 뜻에서 우리는 주님의 가르침이 언제 어디서나 소망스러운 진리가 되며 삶의 가치가 됨을 살펴보고 싶은 것이다.

인간의 존엄성이
지켜져야

　그 가장 중요한 것의 하나는 인간 목적관을 찾아 지키는 일이다. 세계의 많은 종교가 저지른 과오는 잘못된 신앙 때문에 인간이 버림받고 인간의 자유와 행복이 희생되었다는 데 있었다. 그것을 바로잡아 주고 인간으로 하여금 인간답게 살 수 있도록 가르쳐 준 이가 예수 그리스도셨다. 주께서 주신 새 계명은 "내가 너희를 사랑한 것 같이 너희도 서로 사랑하라"(요13:34)는 것이었다. 하나님을 위해서 인간이 제물이 될 수도 없으며, 하나님의 뜻이라고 해서 인간의 가치와 존엄성이 병들어서도 안 된다. 구약에서는 하나님의 완전을 위해서 인간이 그 수단과 방편이 되어도 좋은 듯이 가르친 면들이 있다. 그러나 신약에 와서는 하나님이 완전하신 것같이 너희(인간)도 완전해지라고 한다. 그것이 신약의 신앙인 것이다.

인간은 돈과 경제, 권력과 정치, 기계와 기술을 통해 도움을 받는 것이지, 결코 그것들이 인간적 삶의 목적이 될 수는 없다. 또 학자에게는 진리가 목표이며 예술가에게는 아름다움이라는 가치가 중요할 수 있다. 그러나 모든 인간이 학자가 되는 것도 아니며 누구나 예술을 위해 살라는 법도 없다. 도덕과 윤리는 인간다운 삶의 필수적인 과제일 수 있다. 그러나 도덕과 윤리가 목적이어서 우리가 사는 것은 아니다. 이 모든 것들은 인격과 인간을 위한 것이다. 인격과 인간 자체가 그런 것들을 위해 존재하는 것이 아니다. 인간이 하나님의 형상을 닮아 지음을 받았다는 것은, 인간은 하나님과 같이 소중히 여김을 받아야 하며 인간다운 인간이 하나님의 자녀로 탈바꿈할 수 있음을 뜻하는 것이다. 우리가 인간의 생명을 무엇보다도 소중히 여기며 한 사람, 한 사람의 인격과 개성 및 인간성을 목적시하는 이유가 여기에 있다.

만일 그리스도인들이 인간의 존엄성과 인권의 가치를 위해 고뇌하며 노력하는 일에서 휴머니스트들보다도 뒤진다면, 그것은 신앙인들의 정도(正道)가 되지 못한다. 세상 사람들도 인격과 인간이 모든 삶과 노력의 목적은 될 수 있어도 수단이 되어서는 안 된다는 신념을 갖고 있다. 그리스도인들은 그러한 하늘나라 건설의 목표와 이상을 소홀히 해서는 안 될 것이다.

만일 그에 뒤따르는 사고가 있다면, 다수를 위해 소수가 양보하는 경우가 있으며, 버림받고 있는 약자가 다른 사람들보다 먼저 인간다운 삶으로 이끌어져야 하는 것이다. 그리고 과거의 일부 지나친 교회 중심적인 지도자들이나 교리주의자들이 교회를 위해 인간적 희생을 강요하거나 개인들의 자유와 양심을 교리에 복종하도록 유도한 것은 옳지 못했다는 것을 인정해야 한다.

죄악이란 무엇인가. 어떤 교리나 율법보다도 다른 사람에게 피해와 고통을 주는 것이 죄악이다. 만일 많은 종교인과 그리스도인들이 이웃과 다른 사람에게 피해와 고통을 주는 것이 죄악이라는 뜻을 가르쳤다면, 지금 우리 사회는 훨씬 좋은 삶을 영위할 수 있으며 하늘나라의 희망이 밝아졌을 것이다. 우리는 때때로 사회적으로 악을 행한 인물이 널리 알려진 그리스도인이라고 해서 법과 사회적 용서를 호소하는 경우를 본다. 그러나 오히려 그리스도인이기 때문에 사회악을 멀리하며 배제할 수 있어야 한다. 타인에게 고통과 피해를 입힌다는 것은 인간 목적에 크게 위배되는 일이기 때문이다.

기독교 가치관으로서의
자유, 사랑, 평등

이에 못지않게 중요한 가치관의 하나는 자유와 평등에 관한 문제이다. 인류의 오랜 역사와 더불어 이 둘의 상관관계는 언제나 어려운 과제로 제기되어 왔다. 자유에 비중을 크게 두면 평등이 약화되고, 평등을 강조하다 보면 자유로운 발전이 저해되는 것이 어느 사회에서나 중요한 과제로 주어졌기 때문이다. 특히 20세기의 냉전 시대에는 소련을 중심으로 한 공산주의와 미국을 앞세운 민주주의 사회 간의 갈등이 바로 이런 상황의 대표적인 문제가 되어 왔다. 평등을 앞세우는 사람들은 사회 정의를 강조하며, 자유를 강조하는 사회에서는 개인의 선한 능력을 소중히 여겨 왔던 것이다. 그러나 평등과 자유 중 어느 하나에만 비중을 두어서는 안 된다. 자유가 지나치게 되면 평등을 요청하게 되며 평등을 강요하는 사회에서는 자유가 분출되는 것이 역사의 길이다. 공산주의 사회는 평등에 치우쳤기 때문에 불행을 초래했다. 오히려 자유민주주의 사회에서는 자유 속에서 평등을 법적으로 유지해 왔기 때문에 공산주의 사회보다 앞서는 발전과 번영을 누릴 수 있었던 것이다.

그렇다면 기독교는 어떤 사회 이념을 택해 왔는가. 평등보다는 자유를 소중히 여겨 온 것이 사실이다. 그러나 기독교는 그 자유의 근거와 목표 속에 사랑을 전제로 삼고 있다. 사랑이 자유와 평등을 공유하는 것으로 믿어 왔던 것이다. 핵심적인 표현을 한다면, 기독교는 사랑의 나무에 자유와 평등의 열매가 함께 맺힐 수 있다는 길을 택하고 있다. 프랑스 혁명 당시에는 자유, 평등, 박애를 호소했다. 기독교는 사랑 속에 자유와 평등을 유지하는 가치관을 갖고 있다.

민주주의는 피를 제물로 삼아 성장했다는 표현이 있다. 정의의 길을 통해 평등을 쟁취하는 역사였기 때문이다. 그러나 기독교는 사랑을 주고받으며 서로가 서로를 위해 주는 과정에서 더 많은 자유와 남을 해치지 않는 평등의 길이 보장된다고 가르친다. 그것은 이상주의자의 넋두리가 아니다. 마침내는 그 길이 참다운 자유와 진정한 평등으로 가는 길인 것이다. 우리가 인도주의 정신을 강조하며 휴머니즘의 승리를 믿는 것은 기독교의 사랑의 정신을 신봉하고 있기 때문이다. 그리고 이러한 문제는 지금 우리가 당면하고 있는 사회 모든 영역에서 그 열매를 거두어야 한다. 공산주의자들은 정의를 위해 사랑을 배제했다. 민주주의는 자유를 통해 평등을 지향하며 인간적 박애 정신을 배제하지 않은 데 그 장점이 있었다.

지금 우리가 겪고 있는 교육 정책도 그렇다. 평준화보다 선의의 경쟁을 중요시하는 것은 사회주의적 평준화는 개인의 능력과 가능성마저 하향식 평준으로 이끌어 갈 수 있으나 민주주의의 평준화는 뒤처진 학생과 학교의 성장과 발전을 도와 선택의 폭을 넓히는 평준화를 유도하고 있기 때문이다. 개인의 자유와 사회적 갈등이 적은 평등을 유지하기 위해서는 자유와 사랑이 공존해야 한다. 부모는 자녀들의 하향식 평등을 원하지 않는다. 사랑이 있기 때문이다.

참다운 교육은 모든 제자들의 발전과 성장을 돕는 일이다. 행복과 성공은 모두의 권리이기 때문이다. 그러나 다른 사람의 행복과 성장을 위해 주는 길이 나의 행복과 성장을 돕는 길이 되는 것이다.

이렇게 본다면 기독교의 가치관은 자유, 사랑, 평등의 순서라고 보아도 잘못이 없을 것이다. 세상 사람들이 이기적인 삶을 악으로 보며, 공존의 질서를 선으로 인정하면서, 위해 주는 봉사의 삶을 건설적인 길로 보는 것과도 통하는 인생관이 되는 것이다.

이러한 문제는 또 다른 과제들을 이끌어 들인다. 평등을 앞세웠던 좌익 세력과 자유를 신봉하는 우익 세력의 탄생에서 오는 정치·경제적 갈등이다.

본래 좌익과 우익의 구분은 독일 의회에서 발단된 것이다. 독일 사상계를 지배하고 있던 헤겔의 철학적 후계자들은 당시 독일의 국교였던 기독교의 정신을 배경으로 헤겔 우파와 좌파로 나뉜다. 우파는 독일 정부와 기독교의 전통적인 정신을 이어받는 정치적 여당의 철학을 대표하는 반면, 헤겔 좌파는 반정부적인 성향과 보수적인 기독교의 신앙에 이성적 비판을 가하는 야당의 철학을 창출해 낸다. 헤겔 우파는 새로운 변화와 발전을 보류하고 보수적인 위상을 지키고 있었다. 그러나 좌파는 그 정신을 발전시켜 반종교, 즉 기독교 신앙보다는 인도주의적 사회이론으로 바꾸어 놓는다. 그 대표적인 역할을 담당한 철학자가 포이에르바하(Ludwig Feuerbach)이다.

다시 시대가 바뀌면서 포이에르바하의 철학은 종교 및 기독교를 거부하는 유물론에 흡수된다. 그런 유물론적 철학을 바탕으로 새로운 세계관을 창출해 낸 것이 마르크스의 유물사관 공산주의 이론이다. 결국, 좌파 철학이 유물사관으로 결론을 얻어 정착되면서 탄생된 것이 공산주의 철학이다. 독일 의회에서는 우파에 해당하는 여당이 의사당 오른쪽을, 반대되는 야당이 왼쪽을 차지하고 있었기 때문에 좌, 우의 명칭을 만들어 냈던 것이다.

기독교가 일찍부터 공산주의를 반대한 것은 유물사관이 반기독교를 전제로 하고 있기 때문이며 공산주의가 종교를 거부하게 된 데도 이런 역사적 배경이 있었기 때문이다. 그러나 시대가 바뀌면서부터 좌파와 우파는 정치적 이념과 사회적 진로에 대한 구분으로 통칭되어 왔다. 이제 냉전이 끝난 오늘에 이르러서는 좌익 또는 우익이라는 개념이 큰 영향을 미치지 않는다. 오히려 탈이념 시대가 되었고, 제3의 이념을 모두가 모색하는 단계가 되었기 때문이다.

그러나 그 정신적 흐름은 사라지지 않았기 때문에 지금은 좌익을 진보주의, 우익을 보수주의라는 개념으로 대신하고 있는 경향이다. 그러나 미국과 같은 자유민주주의 사회의 진보 세력과 우리와 같은 사회, 즉 북한이 공산화되어 있고 공산주의 침략으로 전쟁을 겪은 사회의 진보 세력 간에는 큰 차이가 있다. 우리의 진보는 그 뿌리를 마르크스주의에 두고 있으나 미국이나 영국의 진보 세력은 자유주의를 근거로 삼고 있기 때문에, 그 성격과 방향에는 차이가 크다. 미국의 민주당과 영국의 노동당과도 거리가 있으나, 우리의 진보 세력은 북유럽의 사회주의 국가들보다도 공산주의적 진보 사상이 그 과거를 이끌어 왔다.

그러나 어떤 과거를 거쳐 왔든지 간에, 우리도 지금은 진보와 보수의 대립 혹은 갈등 구조 속에서 고민하고 있는 것이 사실이다. 그리스도인 정치인들도 그 두 진영에 자리 잡고 있다. 진보 세력이 반종교나 비기독교를 요청하는 단계는 이미 지났기 때문이다.

그렇다면 이런 문제의 해결을 찾는 길은 무엇인가. 기독교적 가치관은 어떤 제안을 할 수 있는가.

우리에게 중요한 것은 과거가 아닌 미래다. 우리 국민과 인류는 어떤 미래를 지향하고 있으며 우리는 어떤 길을 택해야 하는가. 세계는 지금 두 가지 선택을 요청받고 있다. '개방 사회로 향할 것인가, 아니면 폐쇄 사회로 향할 것인가' 하는 것이다. 유엔이 탄생되었다는 것은 세계화의 길을 뜻하는 상징이다. 인류가 결국은 세계화 정책을 택할 것이라는 기대와 희망은 자연스러운 역사의 흐름이다. 오래전에는 민족 국가의 역사를 연구했으나, 지금은 세계사의 무대가 더 큰 비중을 차지하고 있다. 민족주의나 국가 지상주의는 점점 배척을 받고 있으며 다원화된 문화 사회가 세계의 모범과 중심을 차지하고 있다. 유럽연합체(EU)가 신속히 이루어지고 있는 것도 그 실상을 말해 주고 있으며, 문화의 다원화를 성공시킨 미국이 세계적 비중을 차지하게 된 것도 우연이 아니다. 이런 위치에서 본다면,

우리가 문제 삼고 있는 진보와 보수의 문제는 과거에 매달리기보다는 어느 쪽이 폐쇄 사회가 아닌 개방 사회를 지향하고 있는가를 물어야 할 것이다. 일본은 우리보다 1세기 앞서 개방했기 때문에 오늘의 일본을 만들 수 있었다. 공산주의 국가들이 스스로의 해체를 면치 못한 것도 폐쇄 사회를 지키려 했기 때문이다. 지금은 세계에서 가장 폐쇄된 나라가 북한이다. 그 모순과 비극적 결과를 우리 모두가 잘 보고 있다.

따라서 기독교적 가치관을 위해서는 지금 진보 진영에 있다든가 보수 진영에 속해 있다는 사실보다도 어떻게 열린사회, 즉 개방 사회를 이끌어 내는가 하는 것이다. 아무리 진보 세력을 앞세워도 폐쇄 사회로 향하는 길을 택해서는 안 된다. 오히려 개방 사회를 원하는 건전한 보수 세력이 소망스러울 것이다. 개방 사회는 두 가지 지향점이 있기 때문이다. 그 하나는 열린 공존 체제이며, 다른 하나는 휴머니즘, 즉 인도주의의 구현을 위해서이다. 미래 세계는 그 방향을 택할 수밖에 없고 세계 역사는 국가의 역사를 심판하며, 민족의 역사는 인류의 역사 속에 흡수될 수밖에 길이 없기 때문이다. 그것이 기독교의 가치관과 역사관이라면 누구도 그 길을 막아서는 안 될 것이다.

지금 우리가 우려하고 있는 것은 국제적인 경험과 세계 시민적 교육을 받은 기성세대는 오히려 개방 사회를 지향하고 있는데, 젊었을 때 좌경 사상의 영향을 받았던 청장년 세대들이 오래전의 소련이나 북한식의 닫힌 사회를 꿈꾸고 있다는 사실이다. 60년대 초기에 일본은 대학생들과 젊은이들을 대거 세계 여행으로 내몰았다. 정책적으로 말이다. 그런데 그들이 세계를 두루 돌아다니면서 발견한 것은 폐쇄 사회인 어떤 공산주의 국가들도 일본만큼 잘사는 나라가 없다는 사실이었다. 그 결과, 일본에서는 10여 년 동안 극심했던 좌경 사상이 자취를 감추고 말았다. 자유를 제약받고 못살기 위해서 좌경 운동을 일으킬 필요는 없었던 것이다. 중국의 젊은 세대도 같은 길을 걷고 있다. 우리가 바라는 것은 보수와 진보의 갈등이 개방 사회와 폐쇄 사회 중 어느 편을 택하는가에서 해결된다고 생각한다. 그것이 바로 기독교적 선택인 것이다. 인류가 공존할 수 있는 세계는 하늘나라로 향하는 길인 것이다.

극과 극의 대립에서
소망스러운 길은 없는가

이렇게 되면 자연히 여기서 또 하나의 문제가 제기된다. 모든 사회에서 야기되는 크고 작은 갈등의 문제를 해결하는 소망스러운 방법은 무엇인가 하는 것이다.

우선, 우리는 지금 우리가 선택할 수 있는 사회 및 사회과학적 이론에는 어떤 것들이 있으며 그중 우리는 어느 길을 택할 수 있을까 하는 것을 물어도 좋을 것 같다.

근대사회로 접어들면서 우리가 가려볼 수 있는 몇 가지 방법 중의 하나는 앵글로색슨 사회가 걸어온 경험주의적 사고방식이다. 영국을 중심으로 개발된 경험주의 정신은 심리학에 바탕을 둔 귀납적 사고방식이다. 현실 속에서 어떤 소망스러운 원칙이나 원리가 발견되면, 그 방향으로 현실을 개선해 가는 방법이다. 이런 경험주의가 공리주의 정신으로 발전하면서 최대 다수의 최대 행복을 추구하는 사회 공익성 정신이 탄생된다. 그 결과로 나타난 것이 정치에 있어서는 의회 민주주의, 경제에 있어서는 복지 정책이 되었다. 둘 다 역사에 오래 남을 공적이었다고 보아도 좋겠다. 그런 전통이 미국으로 옮겨지면서 실용주의적 방법론을 개발하게 되었다. 그 결과로 나타난 것이 대화 교육의 기틀이다. 그것은 대화를 통해 객관적 가치를 창출하고 나와 너, 우리와 그들이 서로 이해하고 협력하는 방도이다. 이런 방법을 큰 틀에서 요약한다면, 대화와 개선의 길이다.

지금 세계에 가장 큰 영향력을 행사하고 있는 영어 문화권, 앵글로색슨이 주도하는 사회가 바로 그 길을 개척, 발전시켜 왔다. 이에 비하면, 영국과 대조적인 성격을 띤 대륙 국가들은 합리주의, 이성적 합리성을 추구하는 전통을 수립했다. 학문의 기초가 되는 것을 수학, 기하학, 논리학으로 보았다. 따라서 귀납적 사고와 대비되는 연역적 사고를 전개했다.

프랑스는 후에 그 정신을 실증주의 사상으로 발전시켜 실증 과학의 기틀을 만들었다. 독일은 그 전통을 현실과 유리되었다고 보고 싶을 정도의 관념 철학으로 체계화시켰다. 실증주의가 사실에 입각한 실증성을 강조했다면, 독일의 관념 철학은 현실을 이상화시킨 현실과의 관련을 멀리한 사상 체계이다.

근대 초기의 합리주의 전통의 사고방식과 문제 해결의 열쇠는 토론과 개혁의 길이라고 보아 좋을 것이다. 합리적 원칙을 찾아 현실을 그에 맞추어 가는 길이다. 경험주의가 '현실-원리-현실'의 길이었다면, 합리주의는 '원리-현실-원리'의 방법이다. 새로운 원칙과 원리가 발견되면 현실을 원리에 맞추어야 하기 때문에 개선의 현실주의보다는 개혁의 원리주의가 더 큰 비중을 차지하게 된다.

그러던 중 19세기 중엽에 관념적 절대주의를 선호하는 독일에서 색다른 사회 이론이 제창되었다. 마르크스의 사상을 현실화하려는 공산주의 사상이 창출되어 소련과 공산주의 국가들의 가치관을 형성하기에 이른 것이다. 우리는 지금 그들이 주장하는 유물 사관을 설명할 여유는 없다. 그들은 사회의 모순을 해결하는 유일한 방법은 투쟁과 혁명의 길이라고 확신하고 있다. 계급 간의 투쟁은 불가피하며, 모순은 자연히 혁명으로 이어진다고 믿고 있다. 개선이 환자에 대한 투약에 해당한다면, 개혁은 주사를 놓는 수준의 강한 처방이다. 이에 비하면 투쟁과 혁명은 수술에 비할 수 있는 강력한 방법이다.

그렇다면 같은 시대에 우리는 어떤 사고와 가치관을 갖고 왔는가. 조선 왕조 초기에 우리는 주자학을 신봉해 왔다. 그것은 독일의 관념 철학과 성격이 비슷한 논리의 관념성, 즉 형식논리에 속하는 편이다. 그리고 불교를 멀리하고 유교를 받아들이면서, 유교의 윤리성이나 도의적 가치보다는 교조주의로 수용하면서 형식적으로 교리화했던 것이다.

이 둘, 즉 형식 논리와 교조주의가 합쳐지면서 불행하게도 흑백 논리를 탄생시키는 계기가 되었다. 흑과 백은 이론상으로는 추정할 수 있으나 현실로는 존재하지 않는다. 실제로는 흑과 백의 중간인 회색이 있을 뿐이다. 백에 가까운 밝은 회색과 흑에 가까운 짙은 회색이 있을 뿐이다. 경험주의자들은 짙은 회색에서 밝은 회색을 찾아가고, 합리주의자들은 흑백을 구별하며 백색을 택하는 방법을 따랐다. 그런데 우리는 나와 우리 것은 백이고 너와 너희들 것은 흑이라는, 중간을 배제한 이론을 전개시켰다. 유림과 학문을 논하는 사대부들의 사고방식이 그러하였다. 설상가상으로 흑백 논리 위에 권력을 독점하려는 집단 이기주의까지 가세하면서 파벌 위주의 대결과 싸움이 해소되지 못했다.

그런 점에서 본다면, 우리는 세 가지 방법 중 투쟁과 혁명을 의도하는 마르크스적 절대 가치를 인정, 독점하려는 성격에 가깝다. 북한은 공산주의 사고방식으로 무장되었으니 그 성격과 투쟁 정도를 짐작하고도 남는다. 우리에게 있어서도 여야의 대결이 그러하며, 노사가 협력보다는 투쟁을 일삼는 이유도 짐작할 수 있다. 지극히 작은 대립에서도 결사반대나 결사 투쟁을 예사로이 내세우는 풍토도 그러하다.

사랑의 길은
언제나 열려 있다

그렇다면 우리가 소중히 여길 만한 문제 해결 방법은 무엇인가. 어떤 사고와 자세가 기독교의 정신과 가깝다고 볼 수 있을까.

우리는 투쟁에서 혁명으로 가는 대결과 싸움의 길을 바라지 않는다. 그것은 기독교의 사랑이나 불교에서 말하는 자비의 길이 못된다. 때로는 신부나 목사들 중에도 대화나 토론보다는 투쟁을 앞세우며, 투쟁을 유일 절대의 방법으로 택하는 이들이 있다. 그런 이들을 보면 회의를 느낀다. 세상 사람들보다도 더 투쟁적이기 때문이다.

사랑이란 이론이나 설교로 이루어지는 것이 아니다. 사랑은 지혜를 필요로 한다. 지혜로운 선택과 슬기로운 방법을 필요로 한다. 그렇다면 사랑이 구현될 수 있는 방법은 무엇인가. 투쟁을 대화로 바꾸는 일이다. 투쟁에는 사랑이 머물 곳이 없다. 그러나 대화에는 사랑으로 가는 길이 열릴 뿐 아니라 서로의 자유와 평등을 모색할 수 있으며 공동선을 창출할 수 있다. 그리고 투쟁과 혁명의 반복은 수술을 반복하는 것과 같아서, 사회라는 환자를 더 큰 위험과 파국으로 몰아갈 수도 있다. 기독교의 사랑의 뜻은 우리의 지혜로운 선택과 정의로운 실천에서 이루어지는 것이다.

만일, 교리적 전통을 고수하려는 일부 그리스도인들이 열린사회의 길을 택하지 않고, 독선적 사고, 배타적 감정, 이웃과의 선의의 대화를 배척하는 자세를 취한다면, 그것은 인격적 사랑의 길을 거부하는 과오가 될 것이다. 그것은 일부의 정치적 이념을 고수하려는 폐쇄적 사고방식과 다를 바가 없기 때문이다. 사랑의 길은 언제나 열려 있는 것이다.

이런 문제들을 취급하다 보면 우리는 또 하나의 현실적 과제에 접하게 된다. 그것은 우리 전체가 문제 삼고 있는 개혁의 문제이다. 어느 사회에 있어서나 여당과 정부는 개선을 책임져야 한다.

그 개선을 거부할 때는 야당이 개혁을 요구하는 법이다. 그 둘 다 받아들여지지 않고 사회 모순이 극한 상황에 이르면 혁명적 투쟁이 벌어질 수도 있다. 그것은 역사가 보여 주는 현상이다. 우리는 오래전부터 교육 개혁이라는 개념을 허용하고 있다. 교육은 이미 개선으로는 해결될 수 없을 정도로 잘못되어 있기 때문이다. 목적과 방향을 바꾸어야 하며 새로운 사고를 갖춘 정책과 변화가 필요해진 것이다.

그런데 지금은 정치, 경제, 교육을 포함한 모든 분야의 개혁이 요청되고 있다. 개혁은 진보 진영의 목소리만이 아니다. 전 국민의 염원이 되어 버렸다. 따라서 사회 모든 분야의 지도자들이 개혁의 선도자로 나서고 있다. 개혁을 서두르지 못하면 미래에 대한 희망과 가능성마저 사라질 정도라고 보고 있다. 그러나 50년 동안 개혁을 요청해 왔음에도 불구하고 그 뜻은 이루어지지 않고 있다. 그 해결책은 없는 것일까. 기독교 정신은 어떤 방향과 방법을 제시해 주고 있는가.

지금 우리가 말하는 개혁 속에는 크게 두 가지 내용이 포함되어 있다. 그 하나는 개혁의 도덕성이며 다른 하나는 개혁의 이념성이다. 많은 국민들은 개혁의 도덕성을 원하고 있다. 지도자들에게 바라고 있는 것도 그렇고 무엇보다도 사회 전반에 걸친 도덕성 회복이 시급하다는 생각이다. 많은 사람이 성실하고 믿을 수 있는 일꾼, 유능하고 문제를 해결 지을 수 있는 인재를 기대하고 있다. 그러나 정치적 이념에 치우치면 이념을 같이하는 이들이 개혁의 주체가 되어야 한다고 생각한다.

그런 문제가 또 하나의 갈등을 만들어 주고 있는 것이 우리의 현실이다. 물론, 극히 소수의 사람들은 정권을 목적으로 한 개혁을 꿈꾸는 이들도 있다. 나도 권력에 참여하기 위해서는 우리가 원하는 방향으로 사회가 바뀌어야 한다는 것이다. 그러나 그런 사고는 개혁의 이념성과 통할 수는 있어도 사회는 소망스럽게 여기지 않는다. 대개의 경우 그것은 극우와 극좌에 속하는 이들의 선택이기 때문에 또 하나의 배타적인 이기 집단으로 보아 좋을 것이다. 그리고 북한과의 관계가 해결되지 못한다면, 이런 문제는 오랫동안 우리의 현안으로 남겨질 것이기도 하다.

그렇다면 기독교는 이런 문제에 대하여 어떤 견해를 갖고 왔는가. 기독교는 정당한 개혁을 거부하거나 반대하지 않는다. 예수님 당시의 그리스도의 정신은 힘과 수단을 동반하지 않는 혁명이었을 정도로 강렬한 변화를 일으켰다. 오직 기독교는 개혁 때문에 누구도 불행해지거나 희생될 수 없다는 정신을 지녀 왔다. 모든 개혁은 더 많은 사람들의 인간다운 삶을 보장하며 증진시키기 위해 필요하다고 생각한다.

사실, 주님은 역사상 유례가 없는 정신적 혁명을 일으킨 분이다. 그러나 그 개혁은 두 가지 전제 조건이 있었다.

첫째는 인간 및 인간의 가치관 변화로부터 출발했다는 점이다.

둘째는 그 방법이 사랑이었다는 사실이다. 인간의 영구한 목표를 제시해 줌으로써 역사와 사회의 방향을 이끌어 주었다. 그리고 친히 십자가를 지심으로써 사랑의 길과 승리를 입증해 주셨다. 우리가 개혁의 이념성보다 도덕성을 강조하는 것은 그것이 인간 목적관과 일치하는 까닭이며, 투쟁이 아닌 대화의 방법을 앞세우는 것은 그 길이 사랑으로 가는 정도(正道)이기 때문이다.

물론, 문제는 이것으로 다 되는 것은 아니다. 그러나 이런 근원적이면서도 현실적인 과제를 기독교의 정신으로 해결할 수 있다면, 그것이 곧 주님이 원하셨던 하늘나라 건설의 길이라는 것을 확신하고 있기 때문이다. 이는 새 천 년과 새 세기를 맞이하는 인류의 문제인 동시에 기독교가 해결할 수 있는 희망의 메시지인 것이다.

14

80여 년 동안에
기독교는

독립운동의 주역,
그리스도인

　내가 주님을 깨닫고, 그 뜻을 받아들인 지 어언 80여 년이 흘렀다. 그동안 나 자신의 신앙과 삶에도 적지 않은 변화가 있었지만, 우리 민족과 사회에도 커다란 변화가 계속되어 왔다. 역사가들이 연구하고 알려 주는 바도 있으나 나 자신이 그 변화 속에서 발견하는 것들도 한두 가지가 아니다. 신앙에도 주체적이며 본질적인 불변의 요소들이 있으나 또 환경과 상황에 따라 달라져야 하는 점들도 적지 않다. 마치 의사는 환자의 상황에 따라 치료 방법이 달라질 수 있다는 것과 비슷할지 모른다.

일제강점기의 그리스도인들은 항일과 민족의 주권을 회복하려는 의지와 노력을 포기할 수가 없었다. 하나님이 우리에게 맡겨 주신 민족 및 국가적인 주권을 되찾는 일은 신앙인들의 지상명령이 될 수밖에 없었고, 구약을 읽거나 연구하는 사람들은 민족과 국가를 떠난 신앙은 상상할 수가 없었다. 만일 일제강점기에 기독교와 그리스도인들의 독립운동이 없었다면, 과연 광복과 독립을 맞이할 수 있었을까를 의심할 정도로 기독교의 항일 투쟁과 독립운동은 줄기찬 것이었다. 교회 자체가 그 운동에 앞장섰던 것도 사실이나 대부분의 그리스도인들의 생각은 신앙운동은 민족운동이며 그 핵심은 항일 독립운동이라고 믿고 있었다.

일제 말기에 오면서 일본의 탄압과 회유에 쏠려 친일적인 경향을 취한 사람들, 특히 목사나 지도자들이 없지는 않았다. 그러나 그 수는 지극히 적었으며 개인적인 과오였을 뿐이다. 오히려 기독교와 신도들은 꾸준히 독립을 위한 투쟁을 멈추지 않았다. 그 두드러진 실례 가운데 하나는 교육의 보급이었다. 교회 자체가 설교와 주일학교를 통해 민족의식을 일깨워 주었음은 물론 YMCA 운동이나 YWCA 운동 등이 시민교육과 계몽에 앞장서 왔다. 또 교회 안에서 조직된 청년 단체들의 활동도 대단했다. 장로교의 청년면려회 조직은 그 규모와 활동 범위가 전국적이었다. 다른 교파의 개신교도 그러했고, 천주교를 비롯한 모든 교회가 그 사명에 동참했다.

그러나 무엇보다도 주목해야 할 사실은 기독교 사립학교의 설립이었다. 3·1 운동을 계기로 일어난 항일 독립운동은 민족교육의 향상이라는 무언의 약속이라도 한 듯이 요원의 불길같이 퍼져 나갔다. 내가 자란 40호 미만의 시골에도 기독교 학교가 세워졌다. 초등학교 4년 과정을 끝내고, 5, 6학년을 채우기 위해 선택할 수 있었던 두 학교도 모두 기독교 학교였다. 전국적으로 그 수를 헤아린다면 상상을 초월할 것이다. 중·고등학교도 그렇다. 전국의 대도시마다 기독교 계통의 남녀 사립 중·고등학교가 세워졌다. 내가 자란 평양에서만도 그렇다. 숭실중학교, 숭의여자중학교, 광성중학교, 정의여자중학교, 숭인상업학교 등이 그 대표적인 학교들이다. 서울은 물론 큰 도시와 선교사들이 있는 곳에는 중등 교육기관이 우후죽순격으로 설립되었다.

전문 교육도 마찬가지다. 일제강점기에는 경성제국대학교가 유일한 국립대학교였다. 민간 설립 전문학교로는 보성전문학교(고려대학교)가 있었으나 연희전문, 세브란스 의학전문, 이화여자전문, 숭실전문학교 등이 교회 기관으로 자리 잡았고, 평양신학, 감리교 신학 등도 전문 교육 기관으로 발족했다. 물론, 이 여러 교육 기관은 민족교육의 온상으로서 기독교 정신을 바탕으로 한 민족의 자주독립을 꿈꾸는 기관들이었다. 이런 학교들을 통해 전개된 전도 활동도 신앙운동이면서 항일정신과 광복의 의지를 굳건히 한 기독교의 업적이었다고 보아도 좋을 것이다.

일제 후반기에 접어들면서 벌어진 신사참배 문제는 형식적인 결과는 어떻든 간에 정신적인 항일운동의 하나였음은 더 말할 필요가 없을 것이다. 기독교회가 있는 곳마다 항일과 주권 회복의 정신이 꽃피고 자랐다면, 그 열매는 당연히 맺어졌음에 틀림이 없다.

실향민은 반공정신을 버릴 수가 없다

광복 이후에 기독교와 정면 대결을 했던 정신운동은 공산주의의 등장이었다. 38선 이남은 미 군정으로 출발했으나 북에서는 일본에 항거했던 기독교가 공산주의와 투쟁해야 하는 운명에 처하지 않을 수 없었다. 공산주의자들이 북한을 장악한 처음 얼마 동안은 내놓고 기독교를 탄압하지는 않았다. 물론 국내와 국외에 있던 공산주의자들이 공산당 정권을 수립하는 데는 같은 의지와 목적을 갖고 있었다. 반종교 및 반기독교는 그들의 궁극적인 목표 가운데 하나였다. 그러나 정권의 핵심을 차지한 김일성파에서는 당분간 기독교 세력을 이용하려는 정책을 택했다. 평양을 중심으로 한 서북 지방은 완전히 기독교 정신으로 무장되어 있었기 때문에 정면 공격보다는 우회적으로 기독교를 약화, 소멸시키려는 방법을 택했던 것이다. 조만식을 비롯한 조선민주당의 핵심 인사들이 기독교도들이었고, 절대 다수의 그리스도인들이 그 뒤를 따르고 있었기 때문이다. 또 김일성의 부친 김형직과 김일성은 유년기를 기독교회 분위기에서 보내기도 했다. 김일성도 창덕소학교 6년 동안 기독교 교육을 받았고, 그의 외가 쪽은 여러 명의 목사를 배출했을 정도였다. 강량욱 목사는 그 대표적인 인물이다. 그는 김일성과 손잡기 직전 내가 자란 송산리교회에서 부흥회를 인도하기도 했다.

김일성 정권에 의해 포섭된 몇몇 목사들이 있었으나 절대다수의 그리스도인들은 반공주의자들이었다. 공산주의자들도, 민족주의자나 자유주의자는 공산주의로 돌아올 수 있으나, 그리스도인은 공산주의자가 될 수 없다고 공언하고 있었다. 우리 교회의 담임 목사였고, 숭실학교의 교목이기도 했던 김철훈 목사는 후에 주기철 목사가 일제 때 신사참배 문제로 순교 당한 산정현교회로 부임했다가 공산주의자들에 의해 순교를 당하기도 했다. 그리스도인의 대부분은 북에서 반공 활동을 하다가 38선을 넘어 탈북하는 길을 택했다. 소위 북쪽에서 지적하는 성분이 나빠 받아들일 수 없는 사람은 친일 분자, 재산을 가진 사람들, 그리고 그리스도인들이었다. 가난한 그리스도인들도 자유를 찾아 탈북할 수밖에 없었다. 가족 가운데 알려진 신자가 있거나 신앙생활을 견지하는 사람들은 설 자리도 없고, 살아갈 방도를 찾을 수 없었던 것이다.

공산주의자들은 반종교 반기독교 운동을 노련한 방법으로 구사하곤 했다. 내 고향 교회의 경우도 그렇다. 공산당원들은 저 교회에서 누구를 제거하면, 교회가 약화되며 무너질 수 있을까 하는 것을 찾아냈다. 그러고는 기독교와 상관없는 이유를 내세워 다른 지역으로 거주를 옮겨 버리거나 노역 활동을 통해 교회에 나갈 수 없게 만들었다. 그래서 일반 교인들은 불이익을 당하지 않기 위해 교회에 참석하지 못했다. 그래도 항거하는 신도들은 정치적 불순분자로 몰아 생업의 피해를 입도록 하며, 심한 경우에는 투옥당하기도 했다.

그렇다고 신앙적 자각을 가졌던 사람들까지 친공산, 반기독교로 돌아서지는 않았다. 많은 탈북 그리스도인들이 대한민국으로 이주해 왔고, 그 기독교 세력은 대한민국에 큰 영향을 주면서 반공의식과 반공 전선에 앞장설 수밖에 없었다. 내 친구들은 물론 같은 고향에서 온 사람들은 모두가 반공 그리스도인의 길을 걷게 되었다. 그것이 자연스러운 추세였다.

이 기간, 즉 해방부터 한국 전쟁 사이에 탈북한 사람들은 죽을 때까지 반공정신을 버릴 수 없는 운명을 타고났다고 보아도 잘못이 아닐 정도로 철저한 자유주의자가 되고 있다. 그들은 북한에서 경험한 바가 있기 때문에 대한민국 안에 어떤 사회단체나 조직이 탄생하면, 그 성격을 누구보다도 빨리 규명하곤 한다. 북에서 벌어진 사태들을 직접 보고 체험했기 때문이다. 또 공산주의자들의 공작 활동에는 공식이 있고, 그 공식을 예견하는 사태를 북한에서 많이 경험했기 때문이다.

이제는 긴 세월이 지났고, 국제 정세가 많이 바뀌었다. 똑같은 사고를 그대로 갖고 있는 것이 옳다고는 생각하지 않는다. 그러나 언제 어디서나 버림받아야 할 공산주의적 가치관과 사고방식은 민주주의 사회에서는 용납될 수 없다는 주장과 신념에는 변화가 없을 것이다. 공산주의 정치 세력도 세계적으로 약화되었고, 마르크스주의 신봉자들도 그 수가 줄어들고 있다. 그러나 아직도 공산주의자들과 더불어 용납될 수 없는 가치관과 사고방식은 배척을 받아야 한다는 것이 대부분의 그리스도인들의 신념이다. 예를 들면, 유물론적 가치관과 역사관이다. 이러한 사상들은 이미 버림받고 있으며 더 존속되어서는 안 된다. 그것은 인간을 정치 및 경제적 이데올로기의 수단으로 인정하는 사상이다. 인간의 자유와 인격은 목적이 될 수는 있어도 결코 수단으로 전락해서는 안 된다. 그것은 목적을 위해서는 어떤 수단과 방법을 써도 좋다는 독선적이며 배타적인 사고방식이다. 대화와 협력을 거부하고 투쟁과 혁명을 정당화하는 철학은 용납될 수가 없다. 요사이 중국을 가 본 사람들과 중국에서 온 지성인들은 중국에는 공산당은 있으나 공산주의자는 없다고 말한다. 모택동의 문화혁명을 겪었기 때문에 역사는 과거로 돌아갈 수 없다고 믿고 있다.

그런데 불행하게도 한국에는 공산당은 없어도 공산주의자들은 남아 있다고 말한다. 그 집단이 하는 행동과 그들이 갖고 있는 사고방식이 공산주의자들과 다를 바 없어 보인다는 것이다. 독선적 사고, 배타적인 행동, 뒤에 숨어서 음모와 계략을 꾸미는 일이 그것이다. 오늘의 현실에서 본다면, 건전한 그리스도인들은 개방된 보수 진영에 속하는 편이고, 폐쇄적인 진보 세력과는 거리감을 느끼고 있는 실정이다.

역사와 함께 가는
기독교

그러나 역사는 전체적으로 볼 때, 발전적 변화를 거듭한다고 보아도 좋을 것 같다. 지금의 기독교는 행동적인 반공 운동은 하지 않는다. 오히려 자유와 인권 운동에 참여하는 편이며, 자유민주주의를 육성해 가는 것이 초반공적인 사회적 책임이라고 보는 편이다. 북한에 대해서도, 잘못된 정권은 배척하면서도 북한 동포들을 위한 인도주의적 협력에는 앞장서고 있다. 그런 점에서는 미국을 비롯한 자유민주주의 세계와 가장 가까운 방향을 택하고 있는 것이 기독교의 큰 흐름일 수 있겠다. 정치적으로 본다면, 침묵을 지키고 있는 자유민주주의의 신봉자로 자처하는 것이 다수 그리스도인의 위치라고 보인다. 정치계에도 많은 그리스도인이 참여하고 있다. 그러나 해방 직후와 같이 교회 자체나 기독교 공동체가 직접 정치에 참여하는 일은 삼가고 있다. 그것은 바람직스러운 선택이라고 생각된다. 여러 가지 점으로 미루어 보아 소수의 정치인들이 기독교 민주당 같은 정당을 의도해 보기도 했다. 그러나 다수의 그리스도인들은 가이사의 것과 하나님의 것을 구별하는 것이 타당하다고 보는 변화를 만들어 왔다. 다행스러운 일이다. 기독교의 사회 참여, 역사 참여는 인정하고 있으나, 직접적인 정치 참여는 삼가는 것이 보통이다. 당분간은 선진 기독교 국가들의 종교와 정치 분리 원칙을 따를 것 같다.

지난 80여 년간에 변한 또 하나의 사건을 지적한다면, 기독교와 신학 사상의 관계이다. 80년 전의 한국 기독교는 신앙은 있으나 신학은 없었다. 선교사들이 전해 주는 복음을 비판 없이 받아들였으며, 초창기 목사님들의 설교가 신도들의 신앙을 대신해 주었다. 그러나 그 밑에는 성경 말씀이 있었다. 그리고 교단에 따라 교리는 있었으나, 신학적 비판이나 이해는 별로 없었다.

1960년대 중반까지 우리나라에서 가장 많이 팔린 기독교 서적은 김정현 목사의 《설교 예화집》이었다. 그즈음에 나는 기독교 중·고등학교의 성경 교재를 만드는 일에 참여한 일이 있었다. 지금도 이상하게 생각하는 것은 비교적 교리주의에서 자유로운 감리교 계통에서는 창세기의 창조 설화에서 아브라함까지의 기록을 성경 교재에 넣어야 한다고 주장하는데, 좀 더 교리적이라고 볼 수 있는 장로교 계통 목사님들은 그 부분을 신화로 보아 삭제하는 것이 좋겠다고 주장하는 것을 보고 이상하게 여겼던 기억이 떠오른다.

그러는 동안 평양신학교에서 발행하는 〈신학지남〉이라는 월간지가 나오기 시작하면서 서서히 한국 기독교에도 신학의 위상이 자리 잡기 시작했다. 그러나 일반 교인들이나 많은 목회자가 탈신학적인 신앙으로 교회를 운영해 왔다. 교리는 있어도 신학이 없는 상태였는지 모른다. 그런 상황에서 우리 교계에 신학적 영향과 사상을 처음으로 일깨워 준 사람이 김재준 목사였던 것 같다. 물론 배후에 깔려 있는 신학교의 주도권과 교권 대립, 쟁취 운동은 있었다. 그러나 김 목사가 최초로 신신학의 주동자로 몰려 대한예수교장로회와 한국기독교장로회로 분열된 것은 신학 운동의 최초의 발로였다고 볼 수 있을 것이다. 기독교의 보수 세력이 진보 세력을 배척했다는 것은 교리 신앙에서 자유로운 신학의 영역을 만들어 주었다는 역사적 사건일 것이다.

그 뒤부터는 많은 목사, 신학자들이 미국과 유럽에서 신학을 배우고 연구하는 기회가 생겼다. 그들의 대부분은 한국의 여러 신학교의 교수가 되고, 목회자들은 신학교에서 그들로부터 신학적 지도를 받게 되었다. 흔히 말하는 서구의 신학을 받아들여 소개하는 짧지 않은 세월이 지났다. 그 내용은 나 같은 문외한이 취급할 과제가 아니기 때문에 언급할 수 없으나 칼 바르트 같은 신학자의 영향에 대해 찬반 양측으로 심각하게 벌어진 것을 보면, 철학적 깊이가 있는 신학보다는 성경적인 신학 교리와 연결되는 신학이 무게를 차지했던 것 같다. P. 틸리히나 R. 니버 같은 신학자의 저서가 보여 주는 사상은 교회 신학보다는 기독교 사상계의 지성인들이 더 비중 있게 수용했던 것 같다.

기독교의 토착화와
민중 신학

그러나 신학 그 자체보다는 기독교 정신과 사상의 문제가 계속 제기되어 왔다. 그 대표적인 것의 하나가 기독교의 토착화 문제였다. 기독교 신앙과 신학이 서구사회, 그것도 개신교의 경우에는 미국적인 것이 그대로 우리의 신앙과 신학으로 받아들여진 경우가 일반적이었다. 미국 신학계에서 일어나는 문제는 곧 우리의 과제가 되었고, 또 세월이 지나면 다른 신학이 서구와 미국을 통해 수입되곤 했다.

그러는 동안에 미국 신학자들은 기독교 사회인 서구에서는 모르지만, 여러 종교가 공존하는 비서구 사회에서는 기독교의 위상이 달라져야 할 것이라는 논의를 제기했다. 한국에서도 한국적인 기독교의 문제가 논의의 대상이 되었다. 본래 기독교는 로마를 통해 서구 사회의 종교로 토착화하기 이전에는 셈족의 전통을 이어받는 중동 지역의 종교로 탄생, 발전한 것이었다. 이러한 종교와 신앙의 토착화 운동은 자연히 한국적 기독교의 가능성 여하의 문제로 등장하게 되었다.

교회사를 연구하는 사람들은 이용도 목사의 신비주의적 신앙 운동을 순수한 한국적 신앙 운동이었다고 본다. 어떤 면에서는 인도의 선다 싱(Sundar Singh)과 유사한 점이 있었을지도 모른다. 선다 싱의 경우는 특수한 체험을 통한 신앙 운동이 서구 기독교로 역수출된 경우일 것이다. 물론, 이용도 목사의 부흥 운동은 탈신학적이며 기성 교회와는 거리가 먼, 정서성이 강한 신앙생활을 강조하는 것이었다. 사랑의 초계층적인 실천 운동이었다. 그리고 신학이나 교회 전통을 떠난 개인의 신앙 체험이었기 때문에 좁은 의미에서는 한국적이었다고 볼 수 있겠다. 그러나 그 운동은 오래 전승되지도 못했고, 많은 사람에게 파급되지도 못했다.

그보다는 이호빈 목사와 중앙신학교 운동은 다분히 한국적 신앙 및 신학운동이었다고 보아도 좋을 것 같다. 그러나 그것은 곧 기성 교회의 큰 흐름 속으로 흡수되었고 신학의 전통을 이어갈 수가 없었다.

일본에서 큰 영향을 발휘했던 무교회주의자들의 성경주의 운동은 누가 보든지 일본의 토착화된 기독교 운동으로 볼 수 있을 것이다. 그 무교회주의를 한국에서 받아들인 김교신 및 노평구의 성경주의 신앙도, 방법은 일본에서 받아들인 것이지만 한국적인 신앙 운동으로 인정해도 좋을 것이다.

연세대학교 신학과 주임 겸 교수로 봉직했던 지동식 목사가 중심이 되어 이끌어 온 복음교회는 다분히 한국적 신학을 바탕으로 한 교회였다. 물론, 지동식 목사는 서구 신학을 강의했다. 그러나 복음교회는 서구적 신학의 영향 아래 있기보다는 한국적 교회가 되기를 노력했다. 교회 조직은 장로교회와 차이가 없었으나, 신학과 신앙은 우리 것이 되기를 모색하고 있었다.

이렇게 본다면, 교회와 신학의 길을 택한 교회보다는 성경과 신앙의 길을 지켜 온 사람들이 한국 기독교 토착화 운동의 선구자가 되지 않았는가 싶다. 그 세력은 기성 교단에 밀려 확장되지는 못했어도 거기에는 이유가 있었다. 기독교 신학은 서구의 문화 및 철학과 연결되어 있지만, 기독교 신앙은 성경과 생활에 관한 것이며, 인간적 삶의 공통성과 생활적 가치관으로서의 그리스도의 교훈은 모든 인간과 인류에게 통하는 보편성을 띠고 있기 때문이다. 인간적인 것은 언제나 세계적인 것이며 기독교 신앙은 신학의 특수성을 넘어 인간적인 보편성을 간직하고 있는 까닭이다.

그러나 좀 더 세월이 지나면, 기독교의 한국적 토착화가 이루어질 것이라고 예상된다. 한국인의 신학이 자주성을 찾게 되며 한국적 문화와 삶을 체험하는 신도들이 그 신앙적 결실을 맺게 되면, 그것들이 모여 마침내 한국적 기독교의 특수성이 수립될 수 있을 것이다. 세계의 여러 민족과 사회가 제각기의 문화적 특수성을 갖고 있듯이, 기독교의 본질과 보편성에는 변화가 없다 하더라도, 토착화된 한국적 신앙과 그 학문적 연구는 있어야 한다. 또 그것이 기독교의 정신인 것이다. 다른 문화를 가진 인간들이 생존하는 곳에는 그들이 그리스도를 통해 하나님과 삶을 함께하는 신앙적 열매가 있게 마련이다. 반드시 토착화라는 개념을 강조할 필요는 없다. 그러나 기독교라는 큰 나무에는 여러 문화권의 줄기와 가지들이 있어 같은 성질의 열매이면서 맛이 다른 과실들이 달릴 수 있다. 바로 그것과 비유될 수 있을 것 같다.

그리고 서구 신학에 빠져 있는 신학자들보다는 한국의 전통과 문화를 이해하는 지성인들이 스스로의 신앙을 통해 한국적 기독교의 길을 열어 갈 수 있을 것으로 생각한다. 그렇다고 해서 토착화된 한국적 신학이 가장 소망스러운 것은 아니다. 먼저 그리스도의 정신이 있고, 인간적 과제의 공통성이 인정된 뒤에 한국적 문화의 특수성이 접목되었을 때, 한국적 기독교 정신과 문화가 탄생될 수 있을 것이다. 흔히 가장 한국적인 것이 가장 세계적인 것이라는 말을 하는데, 그처럼 가장 인간적인 것이 가장 인류적인 것이라는 사고가 옳은 것이다. 인간적이라는 보편성 위에 한국적이라는 특수성이 자리 잡게 되는 것이다. 그 인간적인 보편성을 새롭게 하며 구원하는 것이 기독교인 것이다.

이러한 기독교의 토착화 문제에 이어 우리 기독교계에 전해진 또 하나의 문제는 기독교의 사회 및 역사 참여의 과제였다. 한때는 기독교의 세속화라는 말이 많이 등장했다. 그 문제를 가지고 신학자들이 온양에서 대대적인 세미나를 연 일도 있었다. 나는 거기에 직접 참석하지는 않았으나 참석했던 친구로부터 그 내용을 전해 들은 적이 있다. 그때 우리가 취급한 주제는 "어떻게 기독교의 세속화가 이루어질 수 있는가?"라는 것이었다. 그런데 바로 그즈음에 나는 우연히 일본 기독교 신문을 본 일이 있었다. 그 신문에서는 어떻게 기독교의 세속화를 막을 수 있는가 하는 기사가 실려 있었다. 그 대담에 참여한 사람들은 일본의 대표적인 기독교대학의 총장들이었다. 그중에는 신과대학의 총장도 있었던 것으로 기억한다. 그 기사는 신문 3면을 다 차지하고 있었다.

여기에 문제가 있다. 우리는 세속화를 찬성, 지지한 셈이고, 일본 기독교 지도자들은 세속화를 반대한 것이다. 완전히 상반되는 입장을 취한 것이었다. 왜 그렇게 되었는가? 우리 신학자들은 영어의 secularization을 문자 그대로 '세속화'로 받아들였던 것이다. 그 번역이 적절하다고 본 것이다. 그러나 일본의 지도자들은 동양의 전통적인 거룩한 것과 세속적인 것의 차이를 두었던 것이다. 기독교 신앙과 정신의 속화(俗化)를 경계했던 것이다.

어느 편이 옳고 그르다는 것을 가리자는 것은 아니다. 우리는 서구적인 것을 개념 그대로 받아들이는 데 비해, 일본인들은 자신들의 전통적 개념을 살려갔다는 차이점을 보여 주고 있다. 기독교를 세속화시켜 그 본질을 상실해서는 안 되며, 오히려 기독교가 세상 문화에 들어가 속된 가치를 거룩한 가치로 승화시켜야 한다는 뜻이 바른 견해이다. 그러나 이런 개념의 문제보다도 중요한 것은 기독교의 사회 및 역사 참여의 과제이다. 빛, 소금, 누룩의 비유가 그 정신을 잘 보여 준다. 어둠을 밝힐 수 있는 빛, 음식을 썩지 않고 맛있게 하는 소금, 밀가루를 빵으로 부풀게 하는 누룩과 같은 말씀과 삶이 기독교의 본질인 것이다. 어둠이 없는 빛, 음식물과 무관한 소금, 밀가루를 변화시키지 못하는 누룩은 필요가 없으며 또 존재할 의미도 없어진다. 그렇게 본다면 기독교의 세속화보다는 기독교의 사회 참여나 역사적 사명으로 보아야 한다.

우리 교회가 잎사귀만 무성하고 열매 없는 무화과나무 같아서 사회로부터 버림을 받지 않기 위해서는 기독교의 사회 참여는 필수적인 조건이다. 교회는 하늘나라를 위해 존재한다. 하늘나라가 교회를 위해 존재하는 것은 아니다. 하늘나라가 목적이 되고, 교회는 그 목적을 위해 사회참여를 해야 하는 것이다. 기독교가 열매를 맺는다는 것은 사회에 줄 열매를 뜻하는 것이다. 교회는 많은 열매를 맺어 그것을 사회에 제공하는 책임을 감당해야 한다. 그런 뜻에서 기독교의 사회 참여가 요청되는 것이다. 그런 사회 참여의 대표적인 예의 하나가 한때 세계적으로 관심을 끌었던 민중 신학이다. 남미는 천주교 사회이다. 그 지역의 일부 신부들이 정치적으로 정의로운 사회를 위해 잘못된 정권과 대립, 투쟁한 일이 있었다. 그 영향력은 집권층이 아닌 민중과 더불어 벌어졌다. 그 정신적 투쟁은 정치적 투쟁으로 번졌고, 정치적 발전과 개혁에 큰 변화를 일으켰다.

같은 운동은 필리핀에서도 일어났다. 정권 속에 누적되어 온 부정부패와 독재 세력을 바로잡는 데, 추기경을 중심으로 한 천주교

지도자들이 앞장선 것이다. 필리핀은 천주교 사회였기 때문에 그 영향력이 적지 않았다. 그리고 남미에서와 마찬가지로 이러한 반불의, 반독재의 운동을 일으킨 일부 사회주의자들도 맥을 함께하는 결과가 되었다. 그뿐만 아니라 그즈음 세계적으로 일어난 신좌익운동이 새로운 이데올로기로 떠오르면서 일부 기독교의 민중 신학이 기독교적 사회주의 이념과 통하는 상황을 만들게 되었다. 그래서 일부 보수적인 정치 지도자들과 그리스도인들은 민중 신학을 사회주의 운동과 혼동하는 경향을 만들기도 했다.

우리나라에서는 한국기독교장로회의 한국신학대학 출신 신학자들이 먼저 민중 신학에 참여하게 되었다. 문익환, 문동환, 서남동, 안병무, 이우정 등이 그 선구자가 되었고, 그 뒤를 따르는 신학자들이 그 세력을 넓혀 가고 있다. 그들은 자연히 정치적 진보 세력과 손잡게 되었다. 그들은 김대중 대통령의 측근 참모들의 정신적 방향 제시에 참여하기도 했다. 물론 그 첫길을 열어 준 사람은 김재준 목사였다. 그러나 김 목사는 교회보다는 민족과 국가를 하늘나라로 바꾸는 일에 선구적 신학자가 되었으나, 우리나라에서는 그 영향이 정치적 이념과 무관할 수가 없는 정황에 있었던 것이다. 그렇다고 한국기독교장로회 교회들이 모두 합세한 것은 아니다. 교회는 교회대로의 신앙적 정통성을 견지해 왔고, 일부 신학자들은 민중 신학의 길을 확대시켜 나가고 있다. 그 점에서는 천주교의 일부 신부들도 마찬가지였고, 최근에는 성공회 신학자들도 한국신학대학의 후

신인 한신대 출신과 뜻을 같이하고 있다.

널리 알려져 있는지는 모르나 서울 도심지에 있는 향린교회가 유일하게 이러한 신학 경향을 따르는 교회로 활동해 왔다. 교파가 없는 서울대학교 출신 평신도 지도자들에 의해 설립되었으나, 후에 한국기독교장로회 교회로 편입했다. 그러나 이 교회는 양적으로 성공하는 교회가 되기 힘들었다. 반 이상의 신도들이 빠져나가 새로운 교회를 설립했고, 그 교회는 큰 교세를 이루고 있다. 그렇다고 향린교회를 부정적으로 평가하는 것은 아니다. 민중 신학 운동과 그 결과가 교회적으로는 양적 성과를 얻지 못했어도, 그런 신학적 흐름을 계승한 사람들이 김대중 정부 이후 정치 참여에 적지 않은 영향을 준 것은 사실이다. 또 우리나라의 인권 운동에 기여한 면도 가벼이 보아서는 안 된다.

만일 나 같은 평신도에게 견해를 묻는다면, 기성교회와 신학들이 그리스도의 뜻을 따르는 사회참여를 올바르게 전개하고 실천했다면 민중 신학은 필요가 없었을지도 모르며, 탄생했다 해도 일시적인 것으로 자취를 감추었을 것이다. 교회는 언제나 사회와 국가에 대한 올바른 이념으로서의 진리를 선포하며 그 뜻을 실천할 수 있는 인재를 사회에 배출하면 되는 것이다. 그 책임을 감당치 못했다든가 역행했을 때는 제2, 제3의 민중 신학이 탄생할 소지가 남아 있는 것이다. 소외당하고 있는 민중에 대한 관심과 사랑, 그 일을 위한 최선의 방법과 노력은 모든 그리스도인이 꾸준히 찾아 수행하는 과제와 의무인 것이다. 네 이웃을 네 몸과 같이 사랑하라는 그리스도의 지상명령을 저버리는 기독교와 교회가 되어서는 안 되는 것이다.

신은
죽었다?

그밖에도 한국 기독교는 몇 가지 미국 신학의 영향을 외면할 수가 없었다. 그중의 하나는 "신은 죽었다"는 일부 신학자들의 제안이었다. 그 원천은 신학과 철학을 동질적으로 취급하는 유럽 신학계에서 비롯된 것이었다. F. 니체(Friedrich Nietzsche)가 자기의 대표적인 저서 《차라투스트라는 이렇게 말했다》에서 신들은 이미 죽었다는 선언을 한 것이 신학계에 도입된 것이다. 인간과 역사적 비극에 관해 침묵을 지키는 신은 존재하지 않는 것과 마찬가지이며, 만일 그것이 영원한 침묵이 된다면, 신이 존재하지 않는 신학이 필요해진다는 뜻과도 통하는 철학적 이론이 가능해지는 것이다. 신이 역사의 비참과 절망에 관심도 없고 책임도 지지 않는다면, 그 신에 대한 신앙은 또 다른 철학적 비판을 받아야 할지 모른다. 그러나 신이 없는 그러한 신학 이론은 오래가지 못했다. 기독교나 교회와는 상관이 없는 철학적 신학의 한 이론으로 탄생되었다가 사라진 셈이다. 물론 기성 신앙에 적지 않은 문제를 남겨 준 것은 사실이나, 전통적인 신앙이나 신학과는 관련이 없는 과제로 자취를 감추게 되었다.

세계적으로 영향력을 미친 F. 니체의 "신들은 죽었다"는 시의 내용은 우리 기독교가 갖는 신관(神觀)과는 상관이 없는 신들을 말하고 있는 것이다. 우리는 유신론(Theism)과 범신론(Pantheism)을 구별하고 있으며, 기독교 밖의 사람들이 생각하는 신들과 기독교의 신은 본질적으로 다른 것이다. 니체의 저서의 주인공인 차라투스트라는 깊은 산중에서 도를 닦고 진리를 터득한 후에 인간 사회로 내려오다가 여러 신들을 믿고, 그 신들에게 도취되어 있는, 스스로를 성자라고 부르는 사람들과 대화를 갖는다. 그때 차라투스트라는 그 성자들에게 종교적 은둔 생활을 버리고 더 이상 죽은 신들을 믿지 말라고 말하면서 저들은 산속에 오래 머무느라 신들은 이미 죽었다는 사실을 모르고 있다고 말한다. 그는 "나는 죽은 신들이 아닌 인간에게로 간다"고 선언한다. 니체는 본래 그리스 사상과 철학을 연구했고, 또 그 정신을 이어받은 철학자이다. 그가 말하는 신들은 기독교가 말하는 인격적 유일신이 아닌 범신론적인 신들을 가리킨다.

그러나 그런 신학적 사상이 우리나라에 와서는 큰 의미를 갖지 못했다. 우리 교회와 신학자들은 서양 철학과는 거리가 먼 별도의 신앙과 신학 전통을 이어 왔기 때문에, 신이 죽었다면 무신론이 되는 것이며, 무신론은 기독교 신앙과는 모순되는 이론이기 때문이다.

신학적
상황 윤리의 문제

또 한 가지 우리 기독교계에 영향을 준 것은 신학적 상황 윤리의 문제였다. 한 목사가 비행기 옆자리에 앉아 있는 젊은 여성으로부터 질문을 받는다.

"나는 그리스도인 가정에서 자랐습니다. 어쩌다가 나는 직장을 갖게 되었는데, 정보부의 요원이 되었습니다. 공산국가의 비밀 정보와 관련이 있는 남성들을 상대해야 합니다. 그러기 위해서는 높은 지성과 미모를 갖추어야 합니다. 오늘도 그 일 때문에 여행을 하는데, 언제나 이 직업을 포기하고 싶습니다. 제 신앙 때문이기도 합니다. 그러나 누군가가 이 일을 맡아야 합니다. 어떤 때는 국가의 안보와 관련이 있기도 하는 중요한 직책입니다. 목사님은 저에게 어느 편을 택하라고 가르치시겠습니까?"

목사는 대답을 보류한다. 전통적인 교리에 따라, 그 직업은 죄악이라고 말할 수 있다. 그렇다면 그 중책은 어떻게 되는가? 여기에 본질적인 원칙만 주장하면 된다고 견지해 왔던 기독교의 문제가 현실적 상황성 앞에 한계를 드러내고 만다.

기독교는 이혼을 반대해 왔다. 그러나 얼마나 많은 성직자가 이혼하고 있는가? 지금은 신도들이 오히려 성직자들의 이혼을 이해해 주려고 노력하는 실정이다. 나 같은 세대의 사람들은 일제 때 신사참배 문제로 고민했다. 그 당시의 교회는 신사참배가 우상에게

경배하는 죄악이라고 가르쳤다. 그러나 나를 개인적으로 아껴 주던 한 선교사는 형식적인 절을 하더라도 학업을 계속해서 국가와 민족을 위해 일하라는 충고를 해 주었다. 신사참배를 거부하는 것이 잘못은 아니다. 그러나 어린 중학생들이 학업을 중단했기 때문에 받는 결과가 어떤 것일지 반성해 볼 필요는 있다. 나는 한 권사가 아들이 친구들에게 얻어맞고 와도 한편 뺨을 때리면 다른 편 뺨도 허용했으니까 잘했다고 칭찬하곤 했다는 얘기를 들었다. 그런데 하루는 그 아들이 교회에 가는 것과 예수 믿는 일을 거부하고 나섰다. 왜 내가 잘못한 일도 없는데 맞아야 하는가? 그런 일생을 살 바에는 교회에 가지 않는 편이 낫겠다는 주장이었다. 나는 그 권사에게 예수님의 말씀을 교조주의나 교리로 받아들이지 말고, 폭력은 옳지 않으며 먼 후일에도 비폭력, 반폭력의 길을 택하는 것이 예수님의 뜻이라고 가르쳐야 한다고 말했다. 교리가 인도주의를 병들게 하거나 거부할 때는 기독교가 진리가 되지 못하며, 지성인들의 부정적 비판을 받게 된다. 바리새파의 지도자들이 그 길을 택했던 것이다.

이런 문제들이 그리스도인들의 과제이다. 그런데 그 문제를 본질적인 교리 일변도로 강요하는 것은 신앙적인 지혜가 되지 못한다. 윤리의 상황성은 교리의 본질성과는 괴리 관계에 놓이는 경우가 언제나 존재한다. 그것은 현실과 이상의 거리이기도 하며, 신앙의 본질성과 상황성의 관계이기도 하다.

그러나 솔직히 말하면 기독교에서 말하는 상황 윤리는 뒤떨어진 문제이기도 하다. 철학계에서는 이것이 칸트 이후부터 제기되어 온 문제이기 때문에 지금에 와서 새삼 문젯거리로 재등장하는 것이 이상할 정도라고 생각할 수도 있다. 그러나 이런 문제들이 선진 기독교 사회에서 논의되면서 한때는 우리 교계와 신학계에서 해결되어야 할 과제가 되기도 했다.

다른 종교에도 구원이 있는가

또 우리 사회에서 제기된 문제도 있다. 그것은 다른 종교에도 구원이 있는가 하는 신학적 논란이었다. 물론 성경에는 그리스도를 통하지 않고는 구원이 없다는 말씀이 있다. 그렇다면 기독교가 전해지지 못한 사회는 어떻게 되는가? 종교적 이해가 불가능할 정도로 교육 수준이 낮은 사회에서 구원의 문제는 어떻게 되는가? 한때는 미국에서 흑인들에게도 영혼이 있는가 하는 것이 문제로 떠오르기도 했다.

나는 인도의 M. 간디(Mahatma Gandhi)를 존경해 왔다. 그래서 나는 곧잘 간디를 소개하는 얘기를 하곤 한다. 그런데 이상한 것은 교회에 다니지 않는 학생들은 그런 질문을 하지 않는데, 적지 않은 그리스도인 학생들은 간디도 구원을 받을 자격이 있느냐고 묻곤 한다. 그 학생들에게는 그것이 중요한 문제로 느껴지기 때문이다. 1990년대에 감리교신학대학교의 변선환 학장이 다른 종교에도 구원이 있다고 말해 감리교계가 크게 문제 삼은 바가 있었다. 한번은 내가 감리교 장로님들이 모이는 집회에 강의를 갔을 때였다. 나는 어느 편이냐는 질문을 받았다. 나는 신학적인 문제에 해답을 줄 자신은 없으나, 10년쯤 지나면 누구도 이 문제를 꺼내지 않을 것이며, 더 긴 세월이 지나면 그런 문제로 감리교계가 떠들었던 것을 이상하게 여길 것이라고 대답한 일이 있다.

물론, 구원의 개념과 사상을 어떻게 해결 짓는가 하는 것도 문제이지만, 누구도 그런 심판을 내릴 수 없으며, 오늘의 교회가 할 일은 그런 과제가 아니라는 사실을 곧 깨닫게 되리라는 것이 그 당시의 내 생각이었다. 앞으로도 그런 문제를 제기하는 신학자나 목회자는 있을지 모른다. 그러나 많은 그리스도인들이 기독교의 교리보다는 그리스도의 진리를 더 소중히 여기는 사회로 발전될 것이다. 우리가 신앙을 갖는 것은 교회와 교리를 통해 이루어질 수 있다. 그러나 나와 그리스도와의 관계가 확립되면, 모든 문제는 자연히 풀리도록 되어 있다. 이러한 문제들이 한 세기 가까이 벌어진 과제들이었다면, 우리는 그런 문제들을 통해 더 소중한 기독교의 미래를 개척해 가는 데 도움을 얻어야 할 것으로 생각한다.

15

말씀은 설교를 통해
저서로 남는 것

마음의 선물이었던
《영원과 사랑의 대화》

작은 노력이 많은 결실을 거두는 일이 있다. 믿는 사람들은 그것을 은총의 섭리라고 말한다. 1960년에 나는 첫 수필집《고독이라는 병》을 출판하여 좋은 반응을 얻었다. 그런데 다음 해 갑자기 1년 동안 미국행이 결정되면서, 나는 가족들을 위한 생계 문제를 걱정하지 않을 수 없었다. 학교에 다니는 어린 것들이 여섯이나 있었기 때문이다. 그래서 나는 한 가지 해결책으로 또 한 권의 수상 수필집을 계획하면 어떨까 하는 생각을 했다. 이미 써 놓은 것들도 있었기 때문에 서둘러 몇 편의 글을 추가했다. 그 결과 탄생한 것이 《영원과 사랑의 대화》였다.

그 책에 대해서 나는 특별한 의도가 있었던 것도 아니고 많은 독자가 생기리라는 기대감도 없었다. 내가 연세대학교로 오면서 아쉽게 떠났던 고등학생들과 인격 형성의 기간을 맞고 있는 젊은이들에게 어떤 이야기를 전해 주고 싶은 심정에서 담담한 글들을 묶어 본 것이었다. 나는 책이 나왔다는 소식을 듣고 초판 견본을 받아 본 뒤 곧 1년간의 여행을 떠났다. 처음 갖는 외유였고 기대 또한 컸기 때문에 나는 책에 대한 관심이 거의 없었다. 좀 팔리면 가족들의 생활비에 작은 도움이라도 되기를 바라는 마음뿐이었다.

미국에 머무는 동안 나는 아내로부터 인세가 조금씩 들어오기 때문에 미 국무성에서 주는 비용을 나 혼자 써도 좋다는 연락을 받았다. 그 당시는 국제전화 같은 것은 생각도 못 했고 항공 우편 요금도 부담스럽게 여기는 때였다. 나도 책에 관한 얘기는 묻지 않았고, 가족들도 이상할 정도로 책에 관한 소식은 전해 주지 않았다. 살림 걱정은 하지 않아도 된다는 소식으로 감사할 뿐이었다.

미국 체류를 마감하고 두 친구와의 유럽 여행도 끝나 갈 무렵이었다. 혼자 주님의 고향을 찾아보기 위해 요르단 왕국의 수도 암만에 갔을 때였다. 1962년 7월 하순이었다. 저녁을 먹은 뒤 거리 산책을 끝내고 호텔로 돌아오면서 나는 하늘을 쳐다보았다. 공기가 맑고 건조한 기후 때문이었을까. 하늘의 별들이 유난히 밝게 빛나고 있었다. 별의 수도 많았다. 옛날 시골에서 가을 하늘의 별들을 세어 보던 생각이 떠올랐다. 오래 소망했던 주님의 고향에 와서 첫날 밤을 보내게 된 것이다. 나는 기도를 드리고 잠이 들었다. 그리고 꿈을 꾸었다. 하늘은 한없이 넓고 맑은데, 수많은 별이 가득 차 있었다. 어렸을 때 찾아보곤 했던 북두칠성이 뚜렷했고, 북극성도 제자리에 있었다. 은하수의 별들도 반짝이는 모래알들처럼 빛나고 있었다. 그 황홀한 광경에 취해 오래오래 별들을 바라보다가 나는 꿈에서 깨어났다. 그러고는 다시 잠들었다. 아침에 일어나자 그 찬란한 별들이 그 자리에 그대로 있는 것 같은 착각이 들 정도였다.

나는 과거에도 없었고 앞으로도 없을 것 같은 꿈을 잊지 못한 채 여행을 계속했다. 여행을 끝내고 집에 돌아와서도 얼마 동안은 내 책과 꿈에 관한 생각을 하지 못했다. 1년간의 공백이 나를 바쁘게 만들었던 것이다.

그런데 얼마 후 내 책이 출판계에 대단한 파문을 일으켰다는 사실을 알게 되었다. 출판사 주간이 나에게 그해 출판연감을 보내 주었다. 거기에는 지금까지 우리나라 출판 사상 가장 많이 팔린 책이 박계주의 《순애보》라는 장편소설이었는데, 내 책은 1년 동안 그보다 몇십 배나 더 많이 팔렸다는 것이었다. 그리고 비소설 분야의 저서가 소설보다 더 많은 독자를 차지할 수도 있다는 선례를 남겼다는 내용도 적혀 있었다. 몇몇 출판사가 비슷한 수필 수상집을 시도해 보았으나 별로 성과가 없었다는 기사도 실려 있었다.

세월이 지나서야 나는 내 책의 독자가 얼마나 많았는지를 알게 되었다. 지금도 그렇다. 아버지의 권고를 받고 아들도 읽었는가 하면, 어머니와 딸이 함께 독자가 되었다는 얘기도 듣곤 한다. 어떤 때는 후배 교수나 사회 저명인사들이 고등학교 시절에 내 책을 읽었다는 회고담을 전하기도 한다.

성경에는 겨자씨 얘기가 있다. 작은 씨앗이 땅에 떨어졌는데, 크게 자라 나무가 되었다는 비유이다. 내 책이 그런 운명을 지니고 있었던 것이다. 그 책에 관해 수없이 많은 에피소드가 전해 왔다.

생각해 보면, 그 1년 동안 저자인 내가 외국에 나가 있었던 것이 큰 축복이었다. 그 책에 관한 얘기와 비평을 들으면서 한국에 있었다면 정신적 혼란과 시달림을 감당키 어려웠을 것이다. 감쪽같이 모르고 있다가 파도가 멎은 뒤에 돌아오게 된 것이 감사했다.

그 몇 해 후에 나는 예루살렘에서 하늘에 가득한 별들을 꿈에 보았다는 사실을 회상해 보았다. 이제 서울로 돌아가면 네 책의 독자들이 네가 상상할 수 없으리만큼 많아졌다는 사실을 알게 될 것이라는 꿈이었던 것 같다. 그 책이 내 일생에 있어 하나의 적지 않은 변화를 가져오리라는 사실을 어떻게 예측할 수 있었겠는가.

나는 내 책이 그렇게 훌륭한 내용이라고는 생각지 않는다. 그런데도 그렇게 많은 독자를 갖게 되었다는 것은 그 당시만 해도 글 쓰는 사람들의 수가 적었고, 생활과 사고의 지침이 될 만한 저서가 없었기 때문에 젊은 독자들이 내 책을 고맙게 접했을 것 같다. 수많은 독자가 내 책에 대해 전해 주는 표현은 고맙다는 뜻이었다. 사실, 나는 대학에서 학문을 취급하기보다는 중·고등학교 교육을 하고 싶었다. 그 뜻을 버리고 대학에 왔을 때 오랫동안 나를 괴롭힌 생각은 젊은 고등학생들을 배신했다는 아쉬움이었다. 그래서 그들에게 속죄하고 싶은 마음을 글로 표현한 것들이 그 책이 되었다. 즉 그것은 주고 싶었던 마음의 선물이었던 것이다. 그 마음과 마음이 통하여 독자들이 고마움을 느끼게 되었던 것 같다.

또 내가 젊은 독자들에게 주고 싶었던 것은 착하고 아름다운 감정, 순수한 삶의 모습들이었다. 그 아름다움과 순수함을 간직할 수 있다면, 앞으로 오는 날들이 더 밝아지지 않을까 싶었던 것이다. 그리고 그 밑에 깔려 있는 것은 기독교 신앙이었다. 그래서 많은 독자가 기독교에 가까워질 수 있었고, 신앙에 대한 문을 닫지 않고 사는데 도움을 주었다는 것을 지금도 감사드리고 있다. 돌이켜보면 이런 일들은 주님이 나를 통해 이루시고 싶었던 작은 사건의 하나가 아니었을까 생각된다.

수필가가
되어

이 일, 즉《영원과 사랑의 대화》를 계기로 내 생활에는 또 하나의 영역이 열렸다. 나는 나 자신이 수필을 쓰는 사람이라든가 수필가라는 지칭을 받으리라고는 생각해 본 일이 없었다. 또 바라지도 않았다. 다만 대학에 있는 친구들이 연구 분야 이외에 취미 활동을 하기도 하고, 때로는 학문과 연결되는 분야에서 소양을 높이는 일들을 하는 것을 보고 부러웠었다.

나는 항상 바쁘게 살았기 때문에 사실 취미 활동이나 오락 생활을 모르고 지냈다. 친구들과 즐길 수 있는 장기나 바둑, 등산, 낚시, 골프 등 여가를 즐기는 일들은 생각조차 못하고 지냈다. 음악은 본래부터 음치에 가까웠고, 붓글씨나 그림은 아예 날 때부터 소질이 없었다. 내 부친이 그런 분이었다. 나는 친구들이 그림을 그리러 가거나 서예 공부로 여가를 보내는 것을 보면, 정서적으로 메말라가는 나 자신을 발견하고 허전한 생각에 빠지곤 했다. 말하자면, 예술적인 정서 생활의 빈곤이었다.

그런 생각을 하다가 착상한 것이 수필 같은 것을 써 보면 어떨까 하는 생각이었다. 아마 내가 그런 생각을 갖게 된 것은 철학적 내용이 담긴 수필집들을 읽으면서 받은 영향 때문이었을 수도 있고, 어린 시절과 젊었을 때 문학 분야의 독서를 많이 했던 것이 잠재적 충동을 주었을지도 모른다. 어쨌든 나는 연세대학교로 온 해 여름부터 주제가 떠오르면 그것들을 수필로 쓰는 작업을 시작했다. 한 달에 두세 편씩은 써 보았다.

그렇게 쓰인 것들이 대학신문에 발표되고, 그 수필을 읽은 사람

들의 청을 받아 신문이나 잡지에 실릴 기회가 생겼다. 그중 20편 정
도를 모아 처음 발표한 것이《고독이라는 병》으로, 나의 첫 수필집
이었다. 그 책에 관한 평과 호응도는 높은 편이었다. 하버드대학교
에 머물고 있을 때, 그 책을 한우근 교수에게 증정한 일이 있었다.
한 교수는 하룻밤에 그 책을 다 읽었다. 그리고 격려와 부러움의 찬
사를 아끼지 않았다. 내 철학적 수상을 접했기 때문에 자기는 역사
적 수상을 쓸 것이라고 다짐하기도 했다. 그 뒤를 이어 《영원과 사
랑의 대화》가 나왔다. 내 학문이나 철학 내용과는 먼 거리에 있던
독자들이 나를 수필 쓰는 사람, 때로는 작가라는 호칭을 붙이기도
했다. 지금도 지방에 가면 강연 연사로 초청받은 나를 "김 선생님의
작품을 읽어 보지 않은 사람은 없겠지만"이라는 식으로 소개하는
사람들이 있다. 그들은 수필가로서의 나를 기억하고 있는 것이다.

내 수필 수상들은 두 가지 내용으로 나뉜다. 하나는 철학적 문제
를 수필 수상 형식으로 풀이한 것들이며, 다른 하나는 일상생활에
서 벌어지는 일들에 의미를 부여하는 작품들이다. 언제나 내용의
방향이 되는 것은 선하고 아름다운 삶이다. 예술은 아름다움과 조
화에 뜻을 모으는 법이다. 그 뜻을 표현하는 하나의 방법으로서의
수필이었던 것이다.

물론, 수필의 전통적인 흐름이 있다. 수필을 위한 수필의 길이다.
시에는 시의 흐름이 있는 것과 마찬가지일 것이다. 나는 그런 문학
적인 수련을 쌓아 보지 못했다. 그저 인생을 좀 더 착하고 아름답게

보고 살아가는 움직이는 작은 그림과 같은 글을 써 보고 싶었을 뿐이다.

종교 문제도 그렇다고 생각한다. 공자의 교훈의 핵심은 선하고 아름다운 인간관계를 만들어 가는 데 있다. 석가의 생애도 예술과 통하는 것으로 볼 때, 접근하기 쉬워지며 생활의 공감대가 형성되기 편할 것이다. 예수님의 교훈도 그렇다. 누가복음에는 많은 여성이 예수님의 가르침을 직감적으로 받아들인다. 요한복음에도 그런 직관적인 신앙의 깨달음이 어디에나 나타난다. 그것은 예수님 자신이 철학자보다는 시인에 가까운 삶을 살아오셨기 때문이다.

필요 없는 이야기가 길어진 것 같다. 어쨌든 이런 느낌과 삶의 요청이 있어 수필을 상당히 오랫동안 계속 쓰기로 했다. 그러는 동안에 나도 모르게 두 가지 변화와 결과가 나타났다. 그 하나는 내 글들, 어떤 때는 논술적인 내용들도 퍽 부드럽게 피와 살이 섞인 문장으로 표현할 수 있었다는 점이다. 그리고 그렇게 쓰인 책은 내 철학적인 책들과는 비교가 안 될 정도로 많은 독자를 갖게 되었다는 사실이다. 독자들과 호흡을 같이하는 철학자라는 말을 자주 듣는 이유가 여기에 있는지 모른다.

어차피 사람들은 자기가 갖고 있는 사상을 말과 글로 표현하면서 살게 되어 있다. 수필을 쓰게 된 것이 이런 일에 큰 도움을 주었다. 그것은 자랑할 바는 못 되지만 고마운 일이었다고 생각한다. 어떤 때는 수필과 시가 합쳐진 새로운 모습의 글들도 가능하리라는 생각을 해 보기도 한다.

사람이 어떤 형태이든지 예술에 접할 수 있다는 것은 자동차의 엔진 오일과 비슷한 역할을 하는 것 같다. 더 중한 것은 휘발유일 것이다. 그러나 우리 몸에 비타민이 요청되는 것같이 예술은 우리를 젊고 윤택하게, 말하자면 인간미 있게 만들어 준다. 그리고 그것은 우리 삶과 신앙을 좀 더 풍요롭게 해 준다. 신앙은 논리보다는 느낌에서 오는 깨달음인 것이 사실이다.

양보해서
좋은 때

이런 폭넓은 생활과 정신을 갖고 살게 되면, 신앙에 있어서도 약간의 변화가 찾아오는 것일까. 나는 누구는 이단이라든지, 누구는 구원을 받을 수 없다든지, 꼭 이렇게 믿어야 한다는 주장이나 고집이 적은 편이다. 구별하는 것이 있다면, 기독교인가 아닌가 하는 것이며, 기독교적이 아니라고 해서 비난하거나 반대하지는 않는다. 우리 모두에게는 선택과 신앙의 자유가 있다. 더 좋은 선택, 더 기독교적인 선택이 있음을 보여 주면 되는 것이다.

꼭 이와 연결할 필요는 없으나 한 가지 사건을 소개하는 것이 좋겠다. 여러 교회를 위해 다니다 보면, 항상 나 자신이 양보해서 좋은 때가 있다. 그 교회의 주체는 목사님과 신도들이기 때문이다.

한번은 호주 시드니에서 손님이 찾아왔다. 정 목사님이라는 분이었다. 그분은 고려대학교를 졸업하고 목사가 된 분인데, 그때 그는 호주에서 목회를 맡고 있었다. 그 목사님은 기회가 생겨 호주에 오면, 자기가 시무하는 교회에서 집회를 인도해 달라는 부탁을 하고 갔다.

몇 해 후에 나는 호주에 갈 기회가 생겼는데, 불행하게도 그 목사님의 성함도, 교회의 이름도 생각나지 않았다. 그래서 시드니에 있는 제자에게 그 교회와 목사님께 연락이 닿을 수 있느냐고 문의했다. 얼마 후에 연락이 왔다. 그 교회는 순복음교회인데 다른 교회와 목사님들이 경원시하고 있어도 괜찮겠느냐는 것이었다. 그 당시에는 순복음교회를 멀리하는 교단과 목회자도 있었고, 한 교단에서는 이단이라는 평가를 내린 일도 있었다.

나도 생각을 정리하고 싶었다. 그래서 곰곰이 생각하다가 얻은 결론은 잘못된 신앙이라든지 이단이라는 말은 교단을 위한 목회자들의 판단이다. 비록 순복음교회에 다닌다고 해서 그 교회 교우들이 버림받을 수 없는 법이며, 그렇기에 더 건전한 신앙으로 이끄는 것이 나같은 사람의 책임이라는 생각이 들었다. 나는 그 교회에 가서 돕기로 승낙하고 시드니에 도착했다. 나는 호텔에 자리를 잡았다. 그때 목사님이 약간 걱정스러운 양해를 구해 왔다. "시드니에 여러 교단 교회들이 있는데, 그 교회 목회자들이 순복음교회 집회에는 가지 않는 것이 좋겠다고 광고했답니다. 우리로서는 교수님 말씀을 여러 사람에게 전해 드리고 싶습니다. 그래서 주일예배만 우리 교회에서 드리기로 하고, 나머지 저녁 집회와 설교는 중·고등학교 강당 하나를 빌려 거기에 모이도록 했습니다. 양해해 주시기 바랍니다"라는 말이었다. 나는 그 뜻에 따르겠다고 동의했다. 언제나 습관대로 나는 목사님들의 뜻을 따르는 것을 옳게 여기고 있었기 때문이다.

강당에서의 집회는 질과 양에 있어 성공적이었다. 다른 교회의 신도들도 마음 편히 올 수 있었고, 본 교회 교우들은 큰 잔치를 베푼 흐뭇한 감사의 마음을 갖게 되었다. 예배 순서는 극히 간단했다. 내 설교가 큰 비중을 차지했기 때문이다. 박수를 치면서 찬송을 부르거나 우는 목소리로 기도를 드리는 일도 없었다. 또 내 설교 내용이 그런 분위기와는 어울리지 않는 극히 조용한 예배였다. 서울의 가장 경건한 교회의 예배 분위기와 내용, 그것보다 더 엄숙하고 지적인 설교였다. 집회를 끝내고 돌아가는 청중들 사이에서 들려오는 이야기들이 있었다. "목사님이 가지 않는 것이 좋겠다고 광고하셨는데, 우리 교회 예배보다 더 조용하고 경건하잖아?" "우리 교회도 대예배 시간에 박수를 치거나, 아멘, 아멘 하는 큰 소리가 없었으면 좋겠더라" "주일 낮 예배에는 우리 교회와 같은 시간이지만, 참석해도 괜찮겠지"라는 얘기들이었다. 며칠간의 집회는 감격스럽고 감사드릴 만했다. 주최자였던 정 목사님도 여러 가지 어려움을 극복하고, 모두에게 은혜를 나누는 집회여서 함께 감사의 기도를 드릴 수 있었다.

기독교와 사회의
중간에서

지금도 나는 신앙이라는 것이 계속해서 열린사회를 만들기 위해 새로워져야 한다고 생각한다. 교단을 지키는 책임을 가진 목사님들에게는 어려움도 있을 것이나 나 같은 평신도가 도움이 될 수 있다면, 그 책임을 대신하는 것도 주님의 뜻이 아닐까 하는 생각을 한다. 교리는 교단과 더불어 있어도 진리는 누구에게나 전해져야 하는 것이다. 그러나 최근에는 나와 비슷한 평신도들의 책임이 줄고 있다. 신학적으로나 사상적으로 훌륭한 목회자들이 많이 배출되었기 때문이다. 그분들의 설교나 가르침은 우리 모두가 받아들일 수 있는 위치로 바뀌어 가고 있다.

간혹 나는 천주교의 강좌를 맡을 때가 있다. 그러나 그것은 목회자를 대신해서는 아니다. 한 그리스도인으로서 사회적인 것과 신앙적인 것을 연결 지어 주는 임무를 도울 수 있기 때문이다. 나 같은 평신도는 기독교와 사회의 중간에서 사회인들을 기독교로 안내하는 책임을 다하면 되는 것이다. 그러한 평신도의 직책은 초대교회 때부터 있었던 소중한 임무이기도 하다.

그즈음이었다. 전북 전주에 있는 한 교회에서 대학생과 청년들을 위한 신앙 강좌를 개최하게 되었다. 그것은 그 교회 청년회가 맡아 추진하는 사흘간의 강연회였다.

상당히 큰 예배당에 들어설 틈이 없을 정도로 청년들이 모였다. 모임은 날이 가면서 더 성황을 이루었다. 후에 알고 보았더니 교회에 나가는 젊은이들은 극히 소수였고, 대부분이 교회에 나가지 않는 대학생들이었다. 옆에서 지켜보던 목사님들도 이상히 여기고 있었다. 나도 감사한 마음으로 모임을 끝내고 돌아왔다.

그 당시에는 비슷한 일들이 자주 있었다. 역시 내 책의 독자들이 책을 읽고 난 후, 직접 강연을 듣고 싶은 생각도 있었을 것이다. 예배당 밖에서 피우던 담배를 끄고 들어오는 이들도 있었고, 우리는 그리스도인이 아닌데 들어가도 괜찮을까 하고 망설이는 학생들도 있었다. 나도 그 집회를 끝내고 돌아오면서, 교회와 사회의 거리가 가까워지고 예배당 문턱이 낮아져야겠다는 생각을 했다. 젊은이들이 '교회에 나가는 사람들이 하는 일인데, 우리와 무슨 상관이 있을까?'라는 생각을 하지 않도록 도와야 하겠다. 모든 사람은 같은 문제를 안고 있다. 또 많은 젊은이가 누군가와 나누고 싶은 삶의 문제들을 간직하고 있는 것이다. 그들과의 대화와 해답을 함께하는 것이 교회의 의무라는 생각을 가벼이 보아서는 안 될 것이다. 나 같은 사람이 그런 일을 도울 수 있다면 감사한 일이다. 그리고 그런 책임을 수행하게 된 데는 내 수필들과 예술적 소양이 도움이 되었을 것이다. 모든 것은 인간에게 속하는 것이며, 인간에게 있어 예술적 정서는 큰 비중을 차지하기 때문이다.

16

나의 신앙적인
저서들

나의 여러
저서들 중에서

2003년 6월이었다. 나는 강연을 위해 울산에 간 일이 있었다. 주최 측 공무원이 나와 이야기를 나누다가 "제가 젊었을 때, 교수님의 《고독이라는 병》,《영원과 사랑의 대화》,《운명도 허무도 아니라는 이야기》 등을 읽었습니다. 그 당시에는 왜 책 속에 하나님이나 예수 같은 종교적인 얘기가 들어가 있을까 하면서 가벼운 거부감을 느꼈

는데, 40이 넘으면서 생각해 보니까 역시 그 길밖에는 인생의 선택
이 없다는 생각이 들었습니다. 그래서 지금은 교회에 나가고 있습
니다"라고 얘기했다.

아마 그와 비슷한 독자들이 많았을 것이다. 《영원과 사랑의 대
화》를 읽은 사람들의 대부분은 신앙에의 길을 거부하지 않았을 것
이라고 생각한다.

나는 비교적 많은 책을 쓴 편이다. 그중에는 철학과 사상적인 문
제를 취급한 것도 있고, 수필 또는 수상에 해당하는 글들도 있다. 그
러나 나 자신이 일찍부터 신앙생활을 했기 때문에 내 글과 책 속에
는 언제나 기독교적인 사고와 인생관, 가치관이 깔려 있기 마련이
다. 물론, 어떤 독자들이 지적하듯이 일부러 신앙을 권유하는 내용
을 삽입시키지는 않았다. 그저 내 삶과 인생관을 숨기거나 도색할
필요는 없었던 것이다.

내 제자들도 《철학의 세계》, 《윤리학》, 《종교의 철학적 이해》, 《역
사 철학》 등을 읽고 나서 그 안에 깔려 있는 휴머니즘적 정열과 그
휴머니즘을 긍정, 뒷받침하는 종교적 이상을 부정하지 않는다. 그
것은 나 자신의 사상이며 삶의 기반이기 때문에 어쩔 수 없는 일이
다. 내가 젊었을 때 칸트를 공부하면서 느꼈던 것도 그랬다. 그래서
나의 어떤 책을 읽든지 나는 종교 및 기독교의 영향을 받고 있으며
그 정신을 전해 주고 있다는 사실을 숨길 수가 없다.

그러면서도 많은 책을 쓰는 가운데 기독교에 관한 저서도 몇 권

남기게 되었다. 내 책 중에 《한 사람의 이야기》라는 자전(自傳)에 해당하는 책이 있다. 미국 언론 기관에서 일하는 먼 친척이 내 책을 읽고, 내가 그렇게 기독교 신앙에 깊이 자리 잡고 있는지 몰랐다는 얘기를 해 주었다. 나도 그 얘기를 들으면서 나 자신을 속일 수는 없는 것이며, 노년기를 맞이하면서는 더욱더 어렸을 적의 신앙적인 관심으로 되돌아가는 것 같다는 생각이 든다.

내가 처음 내놓은 종교적 에세이는 《이성의 피안》이었다. 10권 전집에 수록될 때는 《이성과 신앙》이라는 표제로 바뀌었는데, 종교의 문제, 기독교의 본질, 신앙의 과제들에 관한 책이었다. 내 전집의 일부를 차지하고 있는 다른 책들 가운데도 기독교 신앙은 늘 암시적으로 깔려 있다. 그 내용의 일부와 신앙적인 글들을 모아 나온 것이 《당신은 무엇을 믿는가?》였는데, 예상 외로 많은 독자를 갖게 되었고, 그 영향도 적지 않았다. 이 책은 종교 및 기독교의 이론적이며 철학적인 부분들은 남겨 두고, 신앙적 에세이를 모은 것이다.

책을 통해
삶이 변화된 이야기

내가 중앙학교에 있을 때의 제자 중에 N이라는 교수가 있다. 그는 미국 텍사스대학교의 정치학 교수로 봉직하고 있는 유능한 학자이다. 그의 부인도 미국에서 인정받는 직업을 갖고 있었다. 그러나 그 교수 내외는 한 가지 아쉬운 불만이 있었다. 한국 대학에서 한국 학생들을 가르쳤다면, 제자들도 많이 생기고 학문적 보람도 컸을 텐데, 미국 학생들에게 강의를 한 뒤에 무엇이 남겠느냐는 회의 비슷한 심정이었다. 그것은 많은 한국 교수가 갖는 정신적 불만이기도 했다. 그래서 N교수는 안식년을 얻어 1년 동안 한국 대학에서 가르치면서 그 문제의 해결을 얻을 수 있을까 탐색해 보기도 했다.

그런 때였다. 한번은 휴스턴에 있는 한국 서점에 들렀다가 내 책 《당신은 무엇을 믿는가?》를 발견했다고 한다. 그는 젊었을 때 나와 함께 보내던 시절이 생각나기도 하고, 내가 텍사스에 갔을 때 만난 일도 있었기 때문에 그 책을 사 가지고 집으로 돌아왔다. N교수와 부인은 시간을 쪼개 가면서 그 책을 읽었다. 그리고 그 책을 끝까지 읽고 난 N교수는 나에게 감사의 편지를 써 보냈다. 지금까지는 한국에서 교수 일을 하지 못하게 된 것을 아쉽게 여기고 있었는데, 내 책을 읽고 그 생각을 바꾸게 되었다는 것이다. 하나님의 뜻이 계셔서 자신이 한국 학생이 아닌 미국 학생들을 가르치는 특권을 얻었는데, 어떤 미국 교수들보다도 좋은 강의를 하고 진심으로 미국 학생들을 사랑하여 인간적 정이 메마르고 인격적 사귐이 적은 미국 사회에서 남이 못하는 교육을 하는 것이 더 귀중한 사명임을 깨닫게 되었다는 고백이었다. 다시 말하면, 같은 일을 하면서도 그 일의 가치와 목적을 높은 데 둘 수 있는 변화가 생겼고, 한국 학생이 아니기에 더 큰 사명과 보람을 깨닫게 되었다는 것이었다. 미국 사회에서 미국인을 상대로 일하던 그의 부인도 이제는 그 일이 더 즐겁고, 외국인의 모범이 되어 일하게 된 것을 감사히 여긴다는 내용의 편지였다.

나는 그 편지를 읽으면서 두 가지 생각을 하게 되었다. 하나는 그런 삶의 변화를 가져오게 된 것은 내 책과 글을 통해서이기는 해도, 그 일을 가능케 한 것은 주님의 뜻이다. 인간이 하는 모든 것은 한 계기가 될 뿐, 그 일을 완성시키는 것은 성령께서 하시는 것이다. 우리가 하는 모든 일을 더 높은 차원에서 열매 맺는 사명으로 바꾸어 주는 것이다. 그리고 내가 얻은 새로운 생각은, 우리는 선교사들을 통해 기독교에 접할 수 있었기 때문에 선교사를 파송하는 일이 대단히 중요한 일이라고 생각해 왔다. 그러나 N교수와 같은 이들은 현대 사회에서 또 다른 성격의 선교 활동을 하고 있는 것이다. 교육을 통해서, 의료 활동을 통해서, 어떤 때는 경제 활동이나 정치 활동을 통해서도 선교적 사명을 감당할 수 있는 것이다. 일반 신도들, 흔히 말하는 평신도의 선교 활동도 얼마든지 가능한 것이다.

내 책 중에 《예수》라는 저서가 있다. "그는 누구이며 우리는 무엇을 믿을 수 있는가?"라는 부제가 붙어 있다. 물론, 예수에 관한 전기는 수없이 많다. 그것들은 모두 각각의 관점과 특성을 갖고 있다. 나도 사복음서를 여러 번 읽어 보는 동안에 나와 같은 지성인에게 있어 "예수는 누구인가"라는 것을 찾아보고 싶었다. 교회나 신학 안에서가 아니라 한 지성인이 보는 예수는 어떤 생애를 살았고, 또 무슨 교훈을 남겨 주었는가 하는 것을 찾아 독자들에게 전하고 싶었다. 그러한 소박한 뜻에서 나는 이 책을 집필했던 것이다. 다행히 적지 않은 독자들이 참여해 주었고, 친구들로부터 감사의 뜻을 전해 듣고 있어 기쁘다.

내 둘째 딸을 통해 들었던 얘기 하나를 소개하고 싶다. 외손자가 서울 강남의 한 고등학교에 다니고 있었다. 학년이 바뀌면서 새로운 담임 선생을 맞게 되었다. 그 선생이 첫 시간에 담임반 학생들에게 자신을 소개하면서 이런 이야기를 했다.

"나는 그저 가르치고 담임으로서의 임무를 다하면, 여러분의 스승이 된다고 생각지 않습니다. 여러분은 나를 알고, 나도 인격적으로 학생들과 삶을 함께하는 선생이 되고 싶습니다. 그 한 가지 얘기를 하겠어요. 사실, 나는 인생의 고뇌를 안고 두 번이나 자살을 계획했으나 실패했습니다. 그런 내게 있어 내 아내와의 사랑과 결혼이 삶의 새 출발이 되었지요.

내 아내는 그리스도인이었습니다. 그러나 교회를 그만두고 불교를 믿는 나를 따르기로 하고 결혼을 했지요. 우리는 행복한 가정을 이어 가고 있었는데, 내 아내가 어려운 병을 앓게 되었습니다. 회생하기 어려운 불치병으로 판정되었지요. 그때의 내 고민과 어려움은 무엇으로도 표현할 수 없는 상황이어서, 어떤 때는 혼자 거리를 헤매기도 했답니다.

그런데 하루는 거리를 방황하다가 책방에 들어섰습니다. 그때 내 눈에 띈 책 중의 하나가 김형석 교수가 쓴 《예수》라는 저서였어요. 나는 그 책을 사 들고 집으로 돌아와 아내에게 주면서 읽으라고 했어요. 아내는 나와 결혼하기 전에 교회에 다녔기 때문에 그 책을 열심히 읽었지요. 그리고 다시 교회에 나가기로 결심했고, 나도 동의했어요. 그런 일을 계기로 아내는 건강을 회복하고, 나도 교회에 나가게 되었습니다. 말하자면, 그리스도인이 된 것이지요.

이렇게 해서 내 인생관이 바뀌고 새로운 삶을 찾게 된 것입니다. 지금은 봉사 활동을 하면서 신앙생활을 실천에 옮기려고 노력하고 있습니다."

이 이야기를 듣고, 내 딸은 아들에게 김형석 교수님이 내 외할아버지라고 얘기했느냐고 물었더니 그런 얘기는 하지 않았다고 했다. 나는 딸에게서 그 얘기를 전해 들으면서 그것은 내 책 때문만은 아니라고 생각했다. 그 부인은 내 책을 계기로 멀리했던 그리스도를 다시 찾게 되었고, 주님께서 그 내외를 신앙으로 이끌어 주신 것이다. 그런 변화가 있기 전의 부부와 그 후의 선생과 부인의 생활은 완전히 달라졌을 것이다. 주께서 하신 일이기 때문이다.

《한국 기독교 무엇이 문제인가?》라는 책 끝 부분에 수록된 "그의 이름은 예수였다"라는 짧은 글이 있다. 이 글에 대해 여러 독자들이 감명 깊은 소감을 알려와 지금도 감사하고 있다.

그 후에도 신앙적인 에세이들을 여러 편 썼기 때문에 그것들을 다시 정리해서 《나는 누구이고 당신은 누구입니까?》라는 한 권의 책으로 묶었다. 이것은 프란시스코의 기도문에서 얻은 제목이었다. 지금은 신앙적인 저서들이 많이 나와 있다. 그러나 내 책들은 한 평신도 지성인의 위치에서 저술된 것이기 때문에, 나름대로 의미가 있는 내용일 것이라고 스스로 자위해 보고 있다. 책을 쓰는 이들은 처음에는 많은 독자가 있기를 바란다. 그러나 후에는 수적으로 많은 독자도 고마우나 내용을 깊이 이해해 주는 독자가 생기기를 더 바라게 된다. 그것은 그런 독자의 간접적인 영향이 더 크기 때문이다.

책을 통해 논쟁하고
생각을 발전시킨다면

1995년에는 《한국 기독교 무엇이 문제인가?》라는 책을 내놓았다. 이 책은 지금까지 썼던 책과는 약간 성격이 다른, 기독교적 현실 비판과 진로를 위한 글들이다. 한국 기독교와 교회는 많은 문제를 안고 있다. 그런 문제들을 정리해 보고, 해결의 길을 찾는 동안 기독교는 조금씩 더 건전한 발전을 할 수 있다고 믿었던 것이다. 그러나 그 책을 계기로 나는 적지 않은 문제를 발견하게 되었고, 더 많은 과제에 부닥치게 되었다. 그것은 주로 전통적이며 보수적인 신앙 노선을 따르는 이들의 비판이었다.

예를 들면, 나는 교회가 방언을 존중하는 입장에서 예언을 거쳐, 진리로 향하는 길을 택해야 한다는 입장이다. 그것이 바울 사도의 뜻이기도 했다. 그러나 방언을 고수하는 이들이 본다면 그것은 수

용될 수 없는 주장인 것이다. 어떤 독자는 그것이 하나님의 뜻을 어기고, 성경과 성령을 모독하는 행위라는 혹평을 전해 오기도 했고, 심한 경우에는 이단 신학이라고 단정하기도 했다.

또 아무리 우리가 믿는 신앙이 정당하다고 해도 학교 교정에 들어가 단군상을 파괴한다든지 불교 사찰에서 불상을 훼손하는 일은 옳지 못하며, 개신교 지도자들이 천주교회를 훼방하고 피해를 주는 일은 없어야 한다는 내용에 대한 항의도 적지 않았다. 인간적 공감대를 거부하면서 신앙을 강요하는 일은 현대인에게는 받아들여질 수 없는 배타적 행위라는 점을 용납하기 어려웠던 모양이다.

아직도 강하게 남아 있는 풍토 가운데 하나는 천주교 신앙을 받아들일 수 없다는 반세기 전까지의 인습을 그대로 지키고 있다는 점이다. 이는 한마디로 표현하면, 신앙은 절대 불변의 진리이어야 하기 때문에 계속 새로워져야 한다는 창조의 생명력을 거부하는 태도와 자세들이다. 이 태도는 보수는 신적인 것, 진보는 인간적인 것이라는 고정관념을 고수하려 한다.

가장 어려운 문제 가운데 하나는 인도주의 또는 휴머니즘으로 받아들여지는 인간 존중과 인간 목적의 사회적 개념을 배제하고, 신본주의, 즉 신을 위해서 인간은 버림을 받아도 되며, 심지어 인본주의는 기독교와 배치된다는 신학 및 철학적 견해를 갖고 있는 목회자들이 많다는 사실이었다. 구약의 하나님과 신약의 하나님이 하나이면서 합해지는, 의로우시면서도 사랑이신 하나님을 설명하는 길이 허락되지 않고 있는, 구약 편중의 견해가 개선되지 못하고 있다. 그리스도 이전의 신앙과 이후의 신앙의 질적인 차이를 인정하는 일이 참으로 어려웠던 것 같다.

사실 내 신앙은 보수적인 편이다. 나는 가까운 친구 목사들과 신학자들이 의아하게 여길 정도로 보수성이 강하다. 장로교 전통에서 자란 데다, 일찍부터 교회에서 가르치며 설교했기 때문에 나는 그 울타리를 벗어나기 어려웠다. 그러나 나는 교리보다는 진리를 추구했고, 교회주의와 더불어 성경주의를 택했고, 교회보다는 하늘나라에 관한 역사적 관심이 더 컸기 때문에 개방된 보수 신앙을 택했던 것이다.

어쨌든《한국 기독교 무엇이 문제인가?》는 기독교와 사회 현실 사이의 문제들을 취급했으나, 공감과 비판을 동시에 불러일으킨 저서가 되었다. 그러나 생각해 보면, 나도 중·고등학교에 다닐 때는 같은 신앙관을 갖고 있었다. 신약적이기보다는 구약적이며, 기독교의 진리는 고정불변의 것이어야 한다는 믿음이었다. 그러나 사상적 학문에 접하고 많은 신앙적 경험을 쌓아 가는 동안에 신앙의 더 깊은 진리에 접하게 되었다. 신앙은 항상 새로운 진리의 창조이며, 삶의 영역과 더불어 더 높고 영원한 진리라는 것을 깨닫게 된 것이다. 그러나 내 생각에는 앞으로 20년만 지나면 이런 문제들은 화두에 오르지 않을 것이다. 지금도 천주교 신부들이나 외국에서 신학을 공부한 목회자들은 나보다 훨씬 진보적인 신앙을 갖고 있으며 민중 신학을 제창하는 사람들은 내 신앙관을 낡은 관념의 소유자들의 옛것이라고 비판할 정도이다. 서기관은 곳간에서 낡은 것과 새것을 가리는 지혜와 신앙이 있어야 한다.

"내가 너를
택한 것이다"

이야기의 방향을 바꾸어 보자. 한국 전쟁은 이미 오래전의 역사적 사건으로 기억되고 있다. 그러나 월남 전쟁은 그 뒤에 일어났기 때문에, 월남으로 출정한 군인들 중에는 내 책을 읽거나 강연을 들은 이들이 있었을 것이다. 실제로 여러 명의 군인들이 편지를 보내 왔다. 내 주소를 모르더라도 서울시 연세대학교라고 쓰면 전달되었기 때문이다. 지금은 그 자세한 내용들을 다 기억하지는 못한다. 보관해 두지 못한 것을 죄스럽게 생각하고 있다. 그러나 그중 일기에 남아 있는 두 가지 사례를 잊지 못하고 있다.

1966년 3월, 노점수라는 군인이 보낸 글 중에 자기 친구의 얘기가 실려 있었다. 그 전우는 임종을 맞으면서, "주여, 조국과 내 교회를 붙드시옵소서"라는 기도를 드리고 눈을 감았다고 한다.

그 내용이 나를 감동시켰기 때문에, 나는 그것을 기록하여 갖고 있다. 우리 젊은이들의 뜻이 얼마나 갸륵한가. 삶의 목표가 조국과 신앙으로 승화되어 있었던 것이다.

몇 해 뒤 월남전에서 부상을 당하고 돌아온 한 젊은이가 내게 편지를 보내왔다. "전호 속에 묻혀 살고 있을 때, 기억에 떠오른 것은 학문도 사상도 대학도 아니었습니다. 저는 김형석 교수님의 말들이 떠올랐습니다. 왜냐하면, 그것은 인생의 문제였으니까요"라는 글이었다. 아마 그 젊은이는 재학 중에 군대에 갔던 모양이다. 어쩌면 내가 몇 대학에서 강의를 했으니까, 내 강의를 들은 학생 중의 하나였을지도 모른다. 그런데 그 학생이 중상을 입고 돌아왔던 것이다.

그 편지를 읽으면서 나는 눈물을 금할 수 없었다. 책상에 엎드려 기도를 드렸다. 기도를 드리면서 또 울었다. 이런 일들은 나와 그들이 학문이나 사상 문제를 나누었기 때문이 아니다. 삶과 신앙 문제에서 공감하고, 뜻을 같이했던 까닭일 것이다. 그리고 내가 그런 삶과 교육의 매개체가 된 것은 주의 이끄심이었던 것이다. 비슷한 일들은 항상 일어나고 있으나 전쟁 중의 애기를 회상해 본 것뿐이다.

연세대학교 철학과 출신 중에는 적지 않은 목회자와 신학자들이 있다. 몇 해 동안 출강했던 숭실대학교의 경우도 마찬가지다. 대학원에서 신학을 전공하기 위해서 학부에서 철학, 역사학, 교육학을 택하는 학생들이 있다. 後에 조직신학, 교회사, 종교 교육 등을 연구하기 위해서이다. 물론, 그런 선택은 학생들 자신의 뜻에 의해서이다. 그러나 연세대학교 철학과에는 그리스도인 교수가 적었다. 이규호 교수가 한국신학대학을 나온 뒤 철학을 전공했을 뿐, 비 그리스도인 교수가 더 많았다. 그러나 강의나 저작을 통해 기독교적 정신을 전해 준 교수는 내가 아니었을까 생각한다. 물론, 교목실에는 여러 목사님이 있고, 신과대학도 있었지만 말이다. 어쨌든 후일에 신학자나 목회자가 된 제자들을 대하거나 교회의 장로가 된 이들을 만나면 그렇게 반가울 수가 없다. 그리스도 안에서 하나가 되었기 때문이다.

이 모든 일은 주께서 가장 부족한 종을 멀리하지 않으신 축복의 뜻이라고 믿는다. "네가 나를 택한 것이 아니라 내가 너를 택한 것이다"라는 주님의 말씀을 우리 모두가 체험하면서 살아가고 있다. 내가 쓴 몇 권의 책들이 그 일을 수행하는 데 도움이 되었음을 감사드린다.

3부

더불어 사는 지혜를
생각하며

17

성실함의 강을
건너야

교회 지도자들이
독서를 외면한다면

이 책이 출간된 지 10여 년이 지났다. 그동안에 내 인생에도 몇 가지 변화가 생겼고, 신앙생활에도 적지 않은 과제들이 주어졌다.

나는 대학을 정년으로 떠나면서 한 가지 사회적 봉사를 하고 싶었다. 그래서 택한 것이 국민독서운동이었다. 20년 가까이 그 운동을 전개하면서 얻은 하나의 교훈은 우리 교회가 독서를 외면하고 있다는 사실이었다.

내 경우는 옛날이지만 좀 달랐다. 중·고등학교 시절에 비교적 많은 책을 읽었기 때문에 신앙의 수준 높은 양식을 얻을 수 있었다. 그 때문이었을까. 중학교 4학년이 되면서는 교회 설교에 대한 불만이 싹트기 시작했다. 성경을 읽고 어느 정도 이해한 사람의 입장에서 보면, 목사님들의 설교가 대부분 같은 내용이었고, 신앙적 깊이를 더해 주는 문제에 대한 해답을 주지 못했다. 어느 교회에서나 비슷한 설교였고, 반복되는 내용이 강조된다는 생각이 들었다. 그래서 다시 성경과 기독교 사상에 관한 책을 읽기 시작했다.

일본에서 대학 생활을 하는 4, 5년 동안에도 단 한 번밖에 한인 교회에 참석한 적이 없었다. 내 친구를 교회에 안내해 주기 위해서였다. 일주일에 한두 번씩 있는 예배 시간에는 언제나 일본 교회에 참석하곤 했다. 새롭고 깊이 있는 설교를 듣기 위해서였다. 그 선택이 내 신앙생활에 큰 도움을 주었다고 생각한다. 일본 교회의 목사들 설교는 그만큼 비중이 컸던 것으로 기억한다. 한 교회에서는 대학생들이 성경 공부를 하는 서클이 있었는데, 신약의 복음서를 희랍어 원전으로 연구하고 있었다. 그런 학생들을 교인으로 받아들이는 목사는 더 많은 공부를 했음에 틀림이 없다. 그 점에 있어서는 미국의 흑인 교회나 보수적인 교단에 속하는 교회보다는 일본 도쿄 중심지의 교회가 앞서 있었던 것으로 본다. 도쿄에는 많은 대학이 있었기 때문이다.

내가 함께 독서 운동을 해 온 사람이 목사였기 때문에 여러 차례 교회 중심의 독서 운동을 시도해 보았으나 성과를 얻지 못했다. 2017년경의 일이다. 한 교단에 속하는 장로들을 위한 수련회의 초청을 받아 지방에 간 일이 있었다. 300명 정도가 모인 집회였다. 내 강연이 중심 되는 책임을 맡았기 때문에 그중의 몇 사람쯤은 내 책의 독자가 있을 것이고 기념으로 사인을 받고 싶어 하는 사람이 있을 것이라고 생각했다. 그런데 한 사람도 사인을 요청해 온 사람이 없었고, 내가 어떤 저서를 쓴 저자라고 소개해 주는 사회자도 없었다. 물론 그럴 수 있다. 그러나 교회 계통이 아닌 일반 사회에 강연을 갔을 때는 적어도 몇 사람씩은 사인을 요청해 오는 것이 보통이었다. 그 당시에는 내 책《예수》나《어떻게 믿을 것인가》가 종교계의 베스트셀러가 되어 신문에서도 화제가 되고 있었다.《백 년을 살아 보니》라는 책은 10만 부 이상의 독자가 있을 때였다. 그 지방 모임이 끝난 얼마 후에는 서울의 같은 교단 본부에서, 주로 장로 중심의 평신도 지도자 양성 교육이 있었다. 일정 기간 평신도 지도자를 위하는 교육이었다. 70명 정도의 회원이 있었던 것 같다. 그 회원들 가운데서도 내 책의 독자는 없었다. 다른 사회 기관에 가면 연수에 참석하는 전 회원에게 미리 내 책을 배부해 주는 경우가 많던 시기였다.

많은 교회에 다녀 보지만, 기독교 신앙에 관한 도서들을 교회에 비치해 두고, 목사님이 어떤 책을 읽으라고 권고하거나 저자를 초청해 강의를 듣게 하는 교회는 거의 없었다. 큰 교회도 마찬가지였다. 내가 초청을 받아 강연을 하고 저서에 관한 대담을 나눈 교회는 서울 한남동에 있는 나사렛교회뿐이었다. 교회에 여러 책을 비치해 두고 읽기를 권고하는 데 내 책들도 자리를 같이하고 있었다. 천주교의 3, 4곳 성당에서는 내 저서를 중심으로 초청을 받아 신앙 강연을 겸한 일이 있었다.

지금도 나는 교회에서 자랐으나 직접 성경을 여러 번 읽었고, 성경과 기독교에 관한 책을 많이 읽은 것을 감사히 생각한다. 신앙의 90% 정도는 독서를 통해 얻고 터득할 수 있었기 때문이다. 지금도 TV 등을 통해 교회 설교에 관심을 갖는 때가 있다. 설교의 대부분은 성경의 반복이며 어느 목사님이나 비슷한 내용임을 볼 때, 그리스도인은 세상 사람들보다 더 높은 문제의식을 갖고 있어야 하며 지성인들과 사회가 안고 있는 문제에 기독교적 해답을 줄 수 있어야 한다고 생각한다. 나 같은 사람이 칼 바르트나 R. 니버, P. 틸리히 같은 신학자에 관심을 갖는 것만큼도 교회 지도자들이 독서를 외면하고 있다면, 그것은 기독교의 앞날을 위해 우려의 대상이 되지 않을 수 없을 것 같다.

스님이 쓴 책이
베스트셀러가 되는 이유

젊은이들로부터 자주 받는 질문이 있다. 왜 스님들이 쓴 책은 베스트셀러가 되어 많은 독자를 갖는데 목사님이나 신부님들의 저서는 그렇지 못하냐는 물음이다. 그런 생각을 갖는 이들이 적지 않다. 그 이유는 간단하다. 스님들은 인생에 관한 생각과 글을 쓰는데, 신부나 목사님들은 교리에 관한 생각과 글을 쓰기 때문이다. 그런데 교회 안에는 책을 읽는 사람이 적기 때문이라고 대답한다. 그렇다면 예수님은 어떠했는가. 예수님은 인생의 문제와 사회 역사를 통한 하늘나라를 가르치셨다. 교리나 율법, 계명을 초월했던 것이다. 안식일이 사람을 위해 있지 사람이 안식일을 위해 존재하지 않는다고 가르치셨다. 예수님 당시의 유대교 지도자들은 계명과 교리를 위해 살았던 것이다.

독서는 성경이나 기독교 문제에 국한되는 것은 아니다. 인류의 역사 전체에 관한 문제를 알고, 그 해답을 구하는 일 중의 하나이다. 가장 소중한 과제이다. 그런 독서를 세상 사람들에게 맡겨 두고 그리스도인들이 외면한다면 어떻게 기독교의 정신이 세상을 이끌어 갈 수 있겠는가.

사실, 세계에는 많은 나라와 인류가 살고 있다. 그러나 그 전체 인류에게 문화적 혜택을 베풀어 주는 나라는 다섯 나라 정도이다. 그 다섯 나라가 없었다면, 우리는 문화의 태양 빛은 보지 못하고 어두운 밤에 사는 것 같은 불행에서 벗어날 수 없었을 것이다. 역사적으로 보면, 그 다섯 나라는 영국, 프랑스, 독일, 미국, 아시아에서는 일본이다. 독일 다음에는 러시아가 등단할 것으로 모두 믿고 있었는데, 불행하게도 러시아가 공산주의를 선택하면서 1세기에 가까운 세월을 상실하는 결과가 되었다.

그 다섯 나라 국민들은 어떠했는가. 국민의 절대다수가 1세기 이상에 걸쳐 독서를 한 나라들이다. 지금도 그 5개국을 제외하고는 독서 수준이 높은 나라가 없다. 우리도 이광수, 최남선 같은 선각자가 나타나기 전에는 독서 활동이 없었다. 그들과 후배들이 일본에 건너가 학업을 닦으면서 독서 습관이 유입되었다. 그 후에는 해방과 더불어 미국과 유럽에서 공부한 사람들이 독서하는 풍토를 조성해 준 셈이다.

어떻게 보면, 독서가 가장 소중한 애국심이기도 하다. 우리 그리스도인들까지 독서를 포기한다면 그 결과는 어떻게 되겠는가. 그러나 우리가 뜻하는 것은 독서를 위한 독서에 그치지 않는다. 성경 공부를 체계적으로 계속하며 과거의 신앙적 개척자들과 지도자들의 사상을 뒤따르는 것은 필수 과제이다. 사회의 지적 수준은 해가 거듭될수록 성장하고 있는데, 교회인들은 제자리에 머물러 만족한다면 그런 교회는 사회로부터 버림을 받을 수도 있다. 독서를 통한 신앙은 교회와 더불어 기독교 정신을 계승하기 때문에 언제나 사회적 지도 이념을 제시할 수 있게 된다.

성실한 사람에게는
이중성이 없다

다른 하나의 문제도 있었다. 내가 중학생 때 나를 신앙으로 이끌어 준 두 목사님이 있었다. 한 분은 감리교의 원로이신 김창준 목사였고, 다른 한 분은 장로교의 Y목사님이었다. 두 분 다 세상을 떠났으나 감사의 마음은 잊지 못하고 있다.

그런데 두 분이 다 인간적으로는 실패한 면이 있었고, 아쉬움을 남겨 주기도 했다. 김 목사님은 해방 후 북한에 머물면서 기독교 연맹의 대표자가 되어 김일성 정권의 뒷바라지를 했다. Y목사님은 존경을 받는 분이어서 우리나라를 대표하는 기독교 대학의 총장이 되었으나 4년 임기를 채우지 못하고 떠나는 실격자가 되었다. 누구에게나 있을 수 있는 일이기는 하다. 그러나 두 분이 다 성직자였고 그리스도인다운 모범을 보여 주지 못했다는 점에서는 존경스럽지 못했다는 아쉬움을 남겼다.

그런데 또 다른 경우도 있다. 도산 안창호 선생과 고당 조만식 장로는 두 목사와 비슷한 시기의 지도자들이었다. 두 분 다 평신도에 해당한다. 그런데 두 분은 모두 누구에게나 존경받는 신앙인으로 일생을 보냈다. 도산은 일제 때 순국했고, 고당은 공산 치하에서 나라 위해 생애를 끝냈다. 나는 두 분을 다 직접 뵙기도 했고, 정신과 신앙적 지도를 받은 셈이다. 고당은 중·고등학교의 선배이기도 했다. 그런데 그 두 분은 신앙적 평가의 대상이기보다는 인간적이며 애국자로서의 존경까지 받은 분이며, 잘 아는 사람들은 두 분이 다 신앙인이었기에 그런 훌륭한 업적을 남길 수 있었다고 믿고 있다.

무엇이 그런 차이를 만든 원인이었을까. 그 하나는 신앙인들은 두 개의 잣대를 갖고 인생을 평가하면서 살아가기 쉽다는 것이다. 그러나 세상 사람들은 하나의 척도를 갖고 살도록 되어 있다. 한 인간은 한 가지 평가 척도를 갖고 살도록 되어 있는데, 종교인들은 인간으로서의 척도와 신앙인으로서의 잣대를 갖고 살기 때문에 이중적 삶의 평가를 받게 된다. 특히 성직자의 경우는 그래서 힘들다.

내가 어렸을 때는 평양이 제2의 예루살렘이라는 평가를 받을 정도로 기독교의 역사적 부흥기였다. 그때 우리 중학교에서 가장 가까운 곳에 큰 교회가 있었다. 서문밖교회라고 불리었다. 대단히 큰 교회였고, 그 당회장 목사는 유명했다. 때로는 우리 중학생들에게 설교를 해 주기도 했다. 그런데 그 목사님의 사모는 자주 목사님에게, "왜, 목사님은 그렇게 좋은 설교를 하면서 집에 와서는 딴사람같이 사느냐"고 불만을 말하곤 했다고 한다.

나도 설교를 많이 한 사람 중의 하나이지만 설교의 책임을 지라면 다음부터는 설교를 할 자신이 없어지곤 한다. 그래서 때로는 TV에서 거침없이 설교를 하는 목사님을 보면, 부럽기도 하나 어떤 때는 주님보다도 더 자신만만함에 대해 우려스러움을 느끼기도 한다.

생각해 보면, 나 자신도 교회에서 설교를 할 때는 기도를 드렸다. 주님의 뜻을 전하게 해 주시고, 나는 기억하지 말고 주님의 뜻에 머무는 교인들이 되도록 해 달라는 기도가 보통이었다. 그런데 교회 밖에서 강연을 하는 일이 더 많이 생겼다. 청중의 수도 다양하고 더 많은 수가 모이는 때도 있었다. 그러나 그런 사회적 책임을 맡을 때는 기도하지 않았다. 강연 준비만 잘하면 된다고 생각했다. 오래 그렇게 지냈다. 그러다가 2, 30년 전부터는 그런 생각과 자세가 얼마나 어리석고 부족했는가를 깨닫기 시작했다. 주님께서 나에게 맡겨주신 일이며 교인들보다는 하나님을 모르는 세상 사람을 더 걱정하시는 주님의 마음을 알았다면, 그런 철없는 생각은 하지 않았을 것이다. 어렸을 때부터 신앙인들은 우리 편이며 세상 사람들은 우리와 반대되는 삶을 살고 있다는 잘못된 생각을 갖고 자랐기 때문이다. 교회가 그렇게 가르쳐주기도 했다. 하나님은 10사람의 신앙인보다는 1,000명의 세상 사람들을 더 걱정하고 계시는 것이다.

어떤 때는 그런 생각이 우리를 교만하게도 만들었고, 세상 사람들을 가벼이 보거나 나만 못한 사람으로 폄하하는 과오를 범하기도 했다. 주님은 오히려 잘못된 신앙보다는 세상의 지혜가 우리의 신앙을 심판한다고 가르치기도 했다.

나에게는 신앙인으로서의 내가 따로 있고, 세상 사람으로서의 내가 따로 있는 것이 아니다. 하나의 인격과 삶인 것이다. 그런 인격인으로서의 내가 신앙을 갖게 됨으로써 거듭나고 새로 지으심을 받는 신앙인으로 태어나는 것이다. 하나의 내가 예수와 같은 인간 중의 인간으로 살다가 그리스도와 더불어 신앙인으로 거듭나게 되는 것이다. 나는 17살 때 도산 안창호 선생의 마지막 설교를 들었다. 그리고 얼마 후에 도산이 세상을 떠났기 때문에 그 설교가 선생의 마지막 강연이기도 했을 것이다. 그의 설교 결론은 간단했다. "서로 인격적으로 위하고 사랑해서 행복한 국민이 됩시다. 그런 국민을 하나님께서도 사랑하셔서 우리는 훌륭한 민족과 국가로 태어나는 복을 받게 될 것입니다"라는 호소였다.

널리 알려지지 않는 이야기를 하나 더 추가하겠다. 인촌 김성수는 우리 사회의 좋은 지도자였다. 신앙인은 아니었다. 동아일보를 창간하고, 중앙중·고등학교와 고려대학을 인수해서 좋은 기관으로 만들었고, 가문에서 경성방직을 창설하여 산업과 경제에도 큰 도움을 준 분이었다. 혼자서 그 네 가지 기관을 훌륭히 키운 데는 그의 애국적인 뜻이 있었다. 언제나 자신이 한 가지 일에 앞장서지 않고, 자신보다 더 유능한 이에게 맡기곤 했다. 자신은 그 뒤에서 도와주었기 때문에 그렇게 많은 업적을 남길 수 있었다. 그러던 그가 말년에 천주교 신앙을 받아들여 신앙인이 되었다. 말년에 병을 얻어 투병하고 있을 때, 나는 중앙학교의 교장과 같이 새해 인사를 드리기 위해 방문하는 기회가 생겼다. 내가 교감 직을 맡고 있을 때였다. 세배를 나눈 뒤, 인촌이 나를 보면서 "김 선생도 오셨군요. 새해 첫 아침인데 우리 하나님께 기도드릴까요?"라면서 기도를 드렸다. 내가 신앙인인 것을 알고 있었고, 주변에는 그리스도인이 별로 없었던 분위기여서 그랬던 것 같다. 인촌은, "하나님! 우리는 부족하지만 민족과 국가를 위해 정성을 바쳐 왔습니다. 그러나 이제는 인간이 해야 할 일에는 한계가 있는 것을 깨달았습니다. 우리 민족과 국가를 아버지 뜻에 맡겨야 하겠습니다. 아버지의 사랑과 능력이 무한하심을 믿고 민족의 미래를 맡깁니다"라는 기도를 드렸다. 병석에서 회복되기 어려움을 깨닫고 하나님의 능력과 사랑에 의탁하고 싶었던 것이다.

나는 이런 사람들에게서는 인간의 두 면을 느끼지 못했다. 그러기에는 성실함을 간직한 사람들이었다. 나는 나 자신이 신앙인이었기 때문에 두 면을 갖고 살았으나 내 친구들에게서는 그런 이중성을 찾지 못했음을 부끄럽게 생각하고 있다. 기독교 사회였던 중세기의 격언이 생각난다. "성실한 사람은 악마도 유혹하지 못하며 하나님도 그를 버리지 못한다."는 말이다. 성실한 사람에게는 인간적 이중성이 없다. 그 성실함이 경건성을 더하게 되면, 신앙인이 된다. 그런 신앙인은 언제나 한 인격인으로 그리스도를 받아들이는 법이다.

18

교회 울타리 너머,
세상 한가운데서

기도는
실천의 원동력이다

나는 나 자신의 성격을 잘 알고 있다. 활동적이고 사교적이기보다는, 내성적이며 사색적이다. 비사교적일 뿐 아니라 대인관계 자체를 꺼리는 편이다. 부친의 성격이 그러했고, 나 역시 시골에서 외롭게 자랐기 때문에 홀로 있기를 좋아하고 꿈꾸는 소년처럼 자랐다. 내 동생들의 성격도 그랬다. 지금은 모두 노년기를 맞고 있는 동생들을 대할 때마다, 나도 비슷한 성격을 갖고 태어났는데 어떻게 오늘과 같은 대외 활동을 하게 되었을까 의심해 볼 때가 있다. 성격은 변하지 않으며 또 바꿀 수도 없지 않은가. 90이 넘은 지금도 그 성격에는 변함이 없다. 많은 친구를 사귀지 못하며, 속에 있는 생각을 쉽게 털어놓는 편이 못 된다. 유년기에도 동네 손아래 꼬마들하고만 놀았지 손위 친구들과는 잘 사귀지 못했다. 내가 처음 내놓은 수필집도《고독이라는 병》이었다.

나를 잘 아는 이들은 나를 고독한 영혼을 갖고 사는 사람으로 보고 있다. 그렇게 자랐고 그런 성격을 갖고 태어난 나는 나 자신도 놀랄 정도로 자주 대중 앞에 서고 강연과 설교를 하게 되었다.

생각하면, 이상한 느낌이 들기도 한다. 그 방면에 있어서는 누구에게도 뒤지지 않는 활동을 오래 계속해 왔기 때문이다. 모두 합치면 60여 년 동안의 긴 세월이었다. 나는 100세까지 연장될 것으로 기대하고 있다. 그 일에 있어서는 어느 정도 자랑스럽게 생각해도 잘못이 아닐 것이다. 물론, 나보다 더 많은 일을 한 사람도 적지 않다. 그러나 나는 나로서의 책임을 감당해 온 셈이다.

연세대학교에 있을 때, 여러 해 동안 교수 대표들이 강연과 음악으로 지역 주민과 졸업생들에게 봉사한 일이 있었다. 지방에 있는 고등학교 학생들에게 대학을 소개하는 일도 곁들여 시도한 행사였다. 그 일에도 내가 처음부터 끝까지 강연 책임을 맡곤 했었다. 기독교 대학의 이미지를 제시하는 책임도 있었던 것이다. 그런 생애를 보내게 된 원인이 어디 있는가 하고 스스로 물어볼 때가 있다. 그때마다 떠오르는 한 가지 사실이 있다. 내가 숭실학교에 다닐 때 선배들이 웅변반에 들어 연설 연습도 하고, 하기 아동 성경학교에서 가르치기도 하면서 연설하는 것을 볼 때마다 몹시 부러운 생각이 들었다. 타고난 수줍음과 내성적인 성격 때문에 그 어디에도 참여하지 못하고, 그 대신 선택한 것이 주님께 기도를 드리는 일이었다. 나도 이다음에 교회와 사회봉사를 하게 되면 잘 가르치고 연설도 해야겠는데, 주님께서 나에게도 그런 재능과 능력을 베풀어 달라는 기도였다. 중학교 2학년을 전후하면서 나는 그런 기도를 많이 드렸다. 기도는 실천의 원동력이 되는 것일까. 그러한 기도와 시골 교회에서 주어지는 주일학교 학생들을 가르치는 기회가 능력과 자신감을 키우는 계기가 되었던 것 같다. 오늘의 내가 있게 된 것 자체가 기도와 더불어 이루어진 것이다. 많은 연설과 강연을 하게 된 원동력도 그렇게 키워진 것으로 믿고 감사드린다. 신앙인들이 능력을 주시는 이 앞에서 이루어지지 않는 일이 없다고 고백하는 이유가 이런 체험에서 얻은 열매일 것이다.

처음에는 강의와 강연, 그리고 설교는 구별되는 것으로 생각했다. 강의는 교재 준비만 잘하면 좋은 강의를 할 수 있다는 자신을 가졌다. 강연도 알찬 내용만 갖추고 청중에 맞는 연설을 하면 그에 걸맞은 결과를 얻곤 했다. 그러나 설교는 그렇지 못했다. 아무리 잘 준비했어도 뜻대로 안 되는가 하면, 어떤 때는 예상과 달리 은혜로운 설교가 되기도 한다. 그래서 목회자는 물론 경험이 있는 사람은, 설교는 기도와 더불어 시작해서 감사와 함께 끝나는 것이라고 믿게 된다. 또 끝난 뒤의 마음 상태도 다르다. 강의를 하고 나서는 책임을 감당했다는 안도감을 갖는다. 강연을 끝낸 뒤에는 청중의 반응에서 만족감과 좀 더 좋았더라면 하는 반성을 한다. 다음 기회가 없겠기 때문이다. 그러나 설교는 다르다. 설교자는 하나님의 심부름꾼이다. 내가 주께서 원하시는 대로 메시지를 전달했는가 살피게 된다. 그리고 끝난 뒤에는 청중들이 나를 기억하지 말고, 주님의 말씀에 머물기를 기도드린다. 설교는 내가 잘했다든지 잘못했다는 생각과는 달리 주님께서 기뻐하시고 영광 받으셨는가를 묻게 된다. 그래서 기도로 시작하고 기도로 끝나는 것이 설교이다.

많은 목회자와 설교자가 교회에서 주최하는 부흥회나 사경회의 책임을 맡는다. 옛날에는 일주일 동안 계속하기도 했고, 5일간 집회를 갖기도 했다. 미국 같은 지역에서는 그런 모임이 곤란하기 때문에 금요일에서 주일까지 3일간 갖는 것이 보통이다. 또 한때는 새벽 기도회, 오전의 성경 공부, 저녁 설교 등으로 종일 교회에 나오는 것이 보통이었다. 지금도 그런 교회가 있다. 그러나 요사이는 바쁜 교우들에게 모든 시간마다 다 참여하기를 요청하지는 않는다. 내 경우 특히 외국에 나가 사는 교포들을 위해 집회를 할 때는 금, 토요일 저녁과 주일 낮 예배(1, 2회), 그리고 밤 집회를 맡는 것이 보통이다.

이렇게 막중한 책임이 따르는 집회를 끝내고 돌아올 때의 감격스러움과 행복감은 경험한 사람들만이 아는 축복이다. 혹시 높은 산에서 땅을 밟지 않고 가볍게 날듯이 뛰어 내려오는 느낌, 배를 타지 않고 바다 위를 가벼이 걸어가는 기분을 상상해 볼 수 있을지 모른다. 주님께서 맡겨 주신 일을 끝내고 돌아오는 기쁨과 즐거움은 그런 것이다. 세상에서 무슨 말을 했을 때보다도 감격과 감사의 시간을 갖게 된다.

그렇게 살아오는 동안에 오래전부터는 강연에 임할 때도 설교에 임하는 것과 같은 심정으로 해 왔다. 물론, 강연 때는 하나님 아버지나 예수 그리스도라는 말은 쓰지 않는다. 필요한 때는 교회에 대한 건설적 비판도 가한다. 그러나 내 인생관과 가치관이 기독교의 것이며 주님께서 주신 것이기 때문에, 그 내용 속에 기독교적 가치관과 인생관이 깔려 있음은 어쩔 수가 없다. 그런 경험이 쌓이는 동안에 지금은 일반 강연도 설교와 마찬가지로 주님께서 주신 인생관과 가치관을 전달하는 것으로 믿는다. 그래서 강연도 기도와 더불어 시작해 기도로 끝나는 것이 습관이 되어 버렸다. 지금도 후배 교수나 제자 교수들과 강연회에 임하게 되는 것은, 연령 차이나 세대 간의 격차를 넘어 내가 갖는 신앙적 지혜와 교훈을 그들도 겸하고 있기 때문이 아닌가 하고 스스로 위안을 받기도 한다.

지난 몇 해 동안의 일기를 정리해 보았다. 1965년에서 1985년까지 내가 설교한 횟수를 세어 보니 2,200회 정도가 된다. 1주일에 평균 2회 정도의 신앙 강연을 한 셈이 된다. 목회자나 신학자가 아닌 나로서는 은총의 사실이 아닐 수 없다. 아마 그 이전 10년 동안에는 더 많은 설교를 했을 것이다. 그중에는 서울과 여러 도시의 집회도 있었으나, 신학교, 목회자들의 모임, 여러 교단의 장로들을 위한 집회에 참여하기도 했다. 또 어떤 때는 같은 교회에 3회 이상 부흥회에 초청받은 일도 있었다. 고마운 것은 교파 소속 의식이 적었기 때문에 여러 교단에서 시간을 갖게 된 점이다. 새문안교회가 나에게 부흥사경회를 몇 차례 맡겨 준 일에 대해 나는 지금도 감사한다. 또 부산의 부산진장로교회를 비롯한 몇몇 교회에 참여케 되었던 것도 감사드린다. 서울에서는 방학 기간이 아닌 주간에도 집회를 맡았기 때문에, 낮에는 학교 강의, 저녁에는 집회를 인도하며 교회에서 시간을 보내는 일도 있었다. 그중에서도 잊을 수 없을 정도로 인상 깊었던 집회가 몇 차례 있었다.

메마른 시기에
소나기 같았던 집회들

1957년의 일이다. 상동감리교회가 3일간 청장년들을 위한 집회를 계획한 일이 있었다. 그 당시는 내가 알려지지도 못했고, 교회 활동을 한 바도 별로 없었다. 한국 전쟁이 휴전 상태로 접어들고, 정신적으로 공허감을 느끼는 젊은이들이 많았던 시기였다. 사흘 동안의 집회는 그렇게 성황일 수가 없었다. 대학생들, 군에서 휴가를 얻어와 있던 젊은이들, 그들은 미래를 예측하기 어려운 정신적 전환기였기 때문에 막연한 기대감도 컸을 것이다. 여성들은 별로 없었고, 노인들도 눈에 띄지 않았다. 그 전통 있는 오래된 교회가 3일간 초만원의 집회가 되었다. 그 당시 내 설교를 들었던 사람들이 회고담을 얘기할 때면, 지금 같았으면 참 좋은 말씀을 전할 수 있었겠는데 싶은 아쉬움을 느끼기도 한다. 연세대학교의 부총장을 역임한 최정훈 교수도 군에서 휴가 나왔을 때, 내 집회에 참여했다는 얘기를 해주었다. 생각해 보면, 부끄럽고 감사할 뿐이다.

그보다도 더 잊을 수 없는 집회 경험이 있었다. 1961년 1월 중순이었을 것이다. 동대문감리교회에서 주중에 5일간 대학생과 청년들을 위한 신앙 강좌를 계획했다. 처음 시작할 때는 그 교회 대학생회에서 주최했으나, 결과는 완전히 교회 밖 대학생과 청년들을 위한 집회로 바뀌어 버렸다. 첫날부터 예배당은 초만원이었다. 강단에 올라와 앉기도 하고 출입문 쪽에 서 있거나 아예 들어오지도 못한 학생들도 있었다. 어떤 학생들은 한 시간쯤 일찍 와 신문이나 책으로 자리를 잡아 놓고 나갔다가 들어오기도 했다. 그 모임에 협조했던 한 장로가 "우리나라에도 희망은 있습니다. 저 젊은이들이 곧 희망입니다"라며 격려해 주기도 했다. 동대문교회가 설립된 이후 5일간 계속해서 대학생들과 청년들이 그렇게 모인 일은 없었다는 것이 교회 측의 설명이었다. 그 당시의 청중들은 아마 지금 7, 80대를 넘기고 있을 것이다.

정신적으로 공허해지고 젊은이들이 무언가 믿고 싶은 심정에서 그런 모임이 성대히 이루어졌으리라. 인간은 언제나 마음 한편 구석을 비워 놓고 있으며, 죽을 때까지 그 빈자리를 채우지 못하고 끝내는 이들도 있다. 알고 싶다는 지적 욕망과 더불어 믿고 싶다는 정의(情意)적 갈망도 버릴 수 없는 것이 인간이다.

1963년 7월 22일에는 강원도 원주에서 옥외 집회를 갖게 되었다. 원주 YMCA가 주관했다. 그러나 처음부터 끝나는 날까지 나를 친히 이끌어 준 분은 문창모 장로였다. 그는 실질적으로 원주 기독병원과 당신이 운영하는 병원의 일을 보고 있을 뿐 아니라, 원주 기독교계를 대표하는 활동가이기도 했다.

하루는 저녁 때 옥외에서 신앙 강연을 하게 되어 있었는데, 집회시간 전부터 심한 폭우가 퍼붓고 있었다. 나와 주최 측은 당황할 수밖에 없었다. 확성기 장치는 되어 있었으나 주변에는 비를 피해 자리 잡을 만한 곳이 하나도 없었다. 비가 쏟아지면, 그대로 중단해야 할 형편이었다. 행사를 맡은 YMCA 회원이 시간이 되었으니 강연장으로 가자고 했다. 그런데 정말 뜻밖이었다. 상상할 수도 없이 많은 군중이 우비를 갖추고 모여 있었다. 앉을 수 있는 곳은 계단뿐이었고, 많은 젊은이가 서서 시간을 기다리고 있었다. 그 일이 가능했던 것은 그 당시 원주에는 군 사령부가 있었고, 군 장병들은 우비를 완전히 갖추고 있었기 때문이다. 일반 청중들은 우산을 받치고 서서 강연을 들었다. 그래서 다른 예배 절차는 줄이고, 강연 시간으로 순서를 채웠다.

3일간의 집회였다. 그 집회가 너무 감격적이었기 때문에 문창모 장로와 나는 그분이 세상을 떠날 때까지 그 일을 잊지 못하고 회고담을 나누곤 했다. 그 모임을 지켜본 감리교 의료 선교사 로스 씨는 언제나 그 당시를 5,000명에게 떡을 나누어 준 사실에 비유하곤 했었다. 나로서는 머리 둘 바를 모를 정도로 감격스러운 은총의 사실이었다. 많은 수가 모이는 일은 얼마든지 있다. 그러나 특수층 젊은 이들에게 감격스러움을 나누어 주는 일은 주님의 뜻이었다고 생각한다. 누가 한 일이 아니다. 주께서 원하셨기 때문에 우리는 심부름을 했던 것뿐이다.

그렇다고 해서 이런 일들이 언제 어디서나 이루어지는 것은 아니다. 필요한 때, 주님이 원하시면 가능한 것이다. 또 주님은 이런 일들을 한두 사람에게 계속해서 맡겨 주시지 않는다. 운동 경기를 이끌어 가는 감독이 적절한 시기에 필요한 선수를 투입하듯이 때를 따라 일꾼을 찾아 쓰시는 것이다. 그리고 조심해야 할 것은, 많은 수가 모여 말씀의 잔치에 동참하는 일 못지않게, 적은 수의 엘리트들이 조용히 말씀을 연구하고 진리를 찾는 일에 주께서 축복해 주시고 더 큰 사회적 결실을 거두게 하시는 일이 더 많을 수도 있다는 사실이다. 오직 눈에 띄지 않았을 뿐이다. 큰 교회보다 작은 교회의 존재 가치가 큰 때가 있으며, 적은 수의 모임이 많은 사람의 집회보다 큰 결실을 초래하기도 하는 것이 주님의 섭리임을 잊어서는 안 된다.

이러한 집회들이 70년대 중반쯤까지 지속되었으나, 나 같은 사람의 신앙적 봉사는 점점 하향선을 달리게 되었다. 많은 교회가 제자리를 찾게 된 것도 사실이나 평신도들의 신앙적 역할도 다양해지기 시작했다. 이화여자대학교의 김옥길 총장과 연세대학교의 김동길 교수도 활발히 교회 봉사에 동참하게 되었다. 지금 생각해 보면, 좋은 발전이었을 것이다. 천주교에서도 평신도 활동이 조직적으로 강화되는 추세였다.

한국을 넘어
세계로

그렇게 지내던 나에게 새로운 신앙적 봉사의 무대가 생겼다. 내가 1960년대 초반에 미국에 갔을 때만 해도 한인 교회의 수는 매우 적었다. 대도시에 한두 교회가 있었고 모이는 수도 많지 않았다. 그러던 것이 1960년대 후반부터는 이민자 수가 급속도로 늘어났고, 많은 그리스도인이 이민을 주도하게 되었다. 교회는 미국으로 이민 온 사람들의 정신적 안식처를 제공하면서 수와 양적으로 팽창하기 시작했다. 후에는 교회가 지나치게 난립하는 바람에 사회적 물의를 일으키기도 할 정도였다.

나는 1972년 봄 학기를 미국 텍사스의 한 대학에서 보내면서 미국 여러 곳을 순방하게 되었다. 그때만 해도 한인 교회의 수가 엄청나게 늘어나 있었다. 나는 몇 교회에서 설교를 할 기회가 생겼다. 주로 미국 동북부의 한인 교회들이었다. 그러다가 1978년 여름방학에는 뜻하지 않았던 기회가 주어졌다. 미국 감리교회가 연합해서 신앙집회를 갖게 되었고, 내가 강사로 초청을 받게 된 것이다. 나는 목사가 아니었기 때문에 받아들이기를 꺼리는 교회들도 있었을 것이다. 그러나 어쨌든 샌프란시스코 부근 오클랜드 교회에서 시작했다. 김광진 목사는 서울대학교 철학과에 재학 중일 때, 내 집회에 참석한 일이 있었기 때문에 반갑게 응해 주었고, 예상했던 것보다는 은혜롭고 감동스러운 집회를 가질 수 있었다. 주변 교회 교우들과 지식인층에 속하는 교포들이 많이 참석해 주었다.

다음 주말 시카고 집회에서는 시내에 사는 의사, 교수 등이 참석했다. 평소 교인 수의 서너 배 정도가 모였던 것으로 기억한다. 다음 주말인 8월 6일부터 모인 뉴욕 한인 교회의 집회는 내 평생에 잊을 수 없는 감격스러운 부흥회가 되었다. 지금은 은퇴해 교회 연합운동에 헌신하고 있는 최효섭 목사가 시무하고 있을 때였다. 후에 들은 몇 가지 에피소드 중의 하나이다. 그 교회는 미국 교회가 소유주로 되어 있는 예배당을 가지고 있었다. 그 교회의 사찰 직을 맡고 있는 흑인 아저씨가 우리 집회를 보고는, "미국인 교우들은 계속 줄어들고, 한국인들도 아래층 예배실의 반 정도밖에는 모이지 않아서, 평생소원이 이 예배당에 신도들이 가득 차 예배를 드리는 것을 보는 일이었는데, 이번에는 위층까지 만원이 되는 것을 보았기 때문에 이제는 죽어도 한이 없겠다"고 고백했다는 것이다. 최 목사도 예상 못했던 집회가 되었다. 그렇게 된 것은 뉴욕 대도시에 사는 교포 가운데 지식인층들이 많이 참석해 주었기 때문이다. 많은 집회에서 보게 되는 노년층과 부녀자들은 참석하지 않았으나, 교회 밖의 전문직을 가진 사람들이 꾸준히 참석했던 것이다.

다음 목적지는 워싱턴 D.C.의 한인 교회였다. 그러나 가는 도중에 필라델피아에서 주중의 집회가 추가되었다. 워싱턴 D.C.의 집회도 훌륭한 결과로 마감되었다. 그리고 귀국하는 길에 LA의 우상범 목사가 시무하는 한인장로교회의 집회도 가질 수 있어 더욱 감사했다.

이렇게 미국 전역에 걸친 신앙 집회가 감사히 진행되었기 때문에 나도 모르게 미국과 캐나다의 한인 교회에서는 목사보다도 지명도가 높은 평신도들, 특히 그리스도인 교수들이 하는 집회가 관심을 모으게 되었다. 그리고 나 자신에 대한 관심과 초청도 빈번히 이루어지기 시작했다. 주께서 나에게 맡겨 주신 선교의 무대가 한국에서 해외로 뻗어 나가게 되는 계기가 만들어진 것이다. 대학의 강의가 없는 겨울방학과 여름방학은 물론 설날을 전후한 때와 추석 휴가 때는 거의 빠짐없이 미국, 캐나다의 한인 교회를 방문하는 것으로 보냈다. 그런 봉사는 많고 적은 때는 있었지만, 거의 최근까지 계속되었으며, 1990년대 중반까지는 봉사하는 일이 활발히 계속되었다.

　규모가 큰 두 번째 집회는 1980년 1월에서 2월에 걸쳐 있었다. 한 주일에 3일간씩 개최되는 모임을 워싱턴 D.C., 뉴욕, 캐나다의 토론토, 밴쿠버, 시애틀, 샌프란시스코, LA에서 갖게 되었다. 토론토의 부흥회도 그곳에서는 처음 있는 성황을 이루었다. 그 성회에 참석했던 한 교우가 밴쿠버의 한인 교회에 다니고 있었다. 밴쿠버의 반병섭 목사가 그다음 주말에는 당신이 시무하는 교회에서 집회를 갖자고 요청해 왔다. 목사님의 설명은 이러했다. 얼마 전에 한경직 목사님이 그 교회에서 집회를 인도했고, 비슷한 때에 다른 교회에서는 순복음교회의 조용기 목사님이 부흥회를 인도했는데, 모두 큰 성과를 거두었다는 것이다. 한경직 목사님은 누구나 다 아는 한국을 대표하는 분이었다. 또 조용기 목사님 때는 LA와 샌프란시스코의 순복음교회 교우들까지 합세해 한 목사님 못지않은 성황을 이루었다는 것이다. 두 곳의 집회가 끝나고 얼마 안 되었기 때문에 내가 맡은 집회에는 청년과 대학생들이 중심이 될 것 같다는 것이었다. 그래서 큰 예배실은 너무 넓으니까 100명 정도 모이는 중강당으로 장소를 정했고, 찬양대의 준비도 없으니까 양해해 달라는 것이었다. 나도 그러는 게 좋겠다고 생각했다.

그러나 목사님과 내 예측은 잘못된 것이었다. 중강당으로는 다 수용할 수 없어 결국은 대예배당으로 옮겨야 했고, 그곳도 초만원이 되었다. 놀라울 정도로 은혜로운 성회였다. 우리나라 영사관 직원과 가족들, 브리티시 콜롬비아대학교와 관련이 있는 교수와 학생들, 한국에서 공무 및 사업 관계로 출장 온 사람들, 의사와 기술자들이 대거 참석했다. 목사님 말씀도 3분의 1쯤은 본 교인이고, 3분의 1쯤은 다른 교회의 청장년들이며 나머지는 교회와 관계없는 교포들이었다는 것이다. 노인들과 부녀자들은 없었는데도 다른 집회를 앞지르는 성회가 되었던 것이다. 교회 생활을 하지 않던 내 직간접적인 제자 내외들도 네 차례의 설교를 모두 경청해 주었다. 지금도 내가 밴쿠버를 잊지 못하는 것은 그 집회의 인상이 깊이 남아 있기 때문이다.

1985년은 내가 대학에서 정년을 맞는 해였다. 그해 여름방학 때도 여러 곳, 특히 캐나다 지역의 교회들을 방문할 수 있었다. 그때 나는 LA의 동양선교교회, D.C.의 한인 교회, 플로리다의 템파, 리치먼드, 보스턴, 캐나다의 위니펙과 몬트리올 등지의 교회들을 도울 수 있었다. 이렇게 순회적인 부흥회는 아니었으나 그때그때 방문 설교를 한 교회도 많았다. 워싱턴 D.C.의 한인 교회는 모두 합해서 8회 정도의 집회를 가졌다. 그 교회는 내 큰 딸이 다니기도 했던 곳이다. 토론토에서 4회 정도 LA에서는 20회 정도의 집회가 있었던 것 같다. 샌프란시스코와 그 주변에서도 7, 8회, 남태평양의 괌 교회에서 3, 4회, 하와이와 그 주변에서도 4회 정도, 시애틀에서도 4회 정도, 그리고 호주의 시드니 교회에도 다녀왔고, 덴버, 휴스턴, 댈러스 등 북미의 여러 지역에서도 설교할 수 있었다. 이 모든 은혜를 주신 주님께 감사드린다. 뉴욕에도 여러 차례 갔다. 9·11 테러가 있을 때도 뉴욕의 교회와 뉴저지의 교회를 방문할 수 있었다. 그랬기에 무거운 인상을 잊지 못하고 있다.

LA의 동양선교교회는 명실공히 구미 지역에서 대표적인 한인 교회이다. 임동선 목사가 시무할 때는 더욱 그러했다. 나도 4차례 정도 초청을 받았다. 지금도 잊지 못하는 일이 있다. 한 참석자가 헌금 주머니에 미화 일만 달러를 바쳤다. 봉투 안에는 강사인 김형석 교수께 맡겨 써 달라는 쪽지가 들어 있었다. 다음 해에 갔을 때는 헌금 순서가 없었다. 예배를 끝내고 교우들이 흩어져 나가는데, 어떤 초로의 남자가 부목사님에게 이 헌금을 김 교수님께 맡겨 달라는 부탁을 하고 사라졌다. 지난해 헌금 생각이 났던 목사님이 따라가 어떤 사람인지 알아보고 싶었는데, 군중 속으로 사라져 찾지 못했다. 또 현찰 일만 달러가 들어 있었다. 자기 이름을 숨기기 위해 현찰로 환전해 바쳤던 것이다. 목사님들 얘기로는 본 교회나 다른 교회 교우가 아니라 교회 밖의 사람이었을 것이라는 의견이었다. 그 뜻이 고마워 교회에서 3천 달러를 추가해 주었다. 나는 그 2만 3천 달러를 내가 봉직하고 있는 연세대학교의 장학 기금으로 바치기로 했다. 성적보다도 성실하게 노력하는 가난한 학생들을 위한 장학금으로 삼았다. 생각해 보면 감사한 일이다.

지금은 나이도 많아졌고 다른 분들이 더 좋은 설교와 집회를 이끌어 가게 되었다. 지난날들을 돌이켜 보면, 그 당시에는 그때 도움을 줄 일꾼들이 있고, 다음 세대에는 또 다른 부르심을 받은 사람들이 주님의 일을 돕도록 되어 있다. 나 같이 부족한 평신도 한 사람이 주님의 부르심에 동참할 수 있었다는 것은 부끄러울 정도의 일이다. 그저 감사한 마음뿐이다. 또 나는 교회와 사회의 중간 지대에서 선교 활동을 했으나, 교회 안에서 더 큰 일을 한 목회자들은 수없이 많았을 것이다. 주인의 밥상에서 떨어진 부스러기를 차지한다는 뜻이 있듯이 나는 교회 무대 옆에서 이런 일들을 했기 때문에 더욱 감사의 기도를 드리지 않을 수가 없다.

19

새로운 시도, 교회 밖에서
복음을 심다

군부대에서

우리가 잘 아는 대로 천주교는 오랜 전통과 세계적인 규모를 가진 종교이다. 정확한 통계는 갖고 있지 않으나 아마 교단으로 구별한다면, 단연 세계의 대표적인 교단이다. 그리고 천주교의 교리는 변하는 세계 역사에 비하면, 보수적인 신앙을 요청하고 있다. 그런 천주교가 지난 세기 동안 큰 변화를 일으켰다. 그 결과, 다른 교단들과의 대화와 기독교의 동질적인 공통성을 인정하기에 이르렀다. 그 변화 중의 하나는 사회가 교회를 위해 있는 것이 아니라 교회가 사회를 위해 섬겨야 한다는 방향의 전환이다. 교인들이 미사를 드리기 위해 교회를 찾아와야 한다는 생각을 넘어, 신부들이 복음을 갖고 사회 각 분야로 찾아가야 한다는 사고의 전환을 가져오게 되었다. 말하자면, 교회 안에 가두어 두었던 믿음을 사회에서 생활화하는 전환이 요청되었던 것이다.

이러한 변화가 개신교에도 일어나게 되었다. 그 대표적인 것이 우리나라에서는 군부대 전도와 산업체 신앙운동이다. 다행스럽게도 군의 종교 및 신앙 활동은 성공한 셈이다. 미군의 경우를 따라 군목 제도가 활성화되었고, 신부님들의 신앙 지도도 뒤따랐는가 하면, 불교에서는 스님들이 군의 종교 활동을 이끌어 가기도 했다. 좋은 방향으로 발전하고 있다. 나는 교수의 한 사람으로 군부대를 방문하면서 많은 강연을 했다. 그리고 국군의 방송을 위해서는 누구보다도 오랜 세월 봉사했다. 40대 초반에서 17, 8년 동안 도움을 준 셈이다. 또 나는 군 정신교육 지도위원으로 봉사하기도 했다. 그래서 직접적으로 군부대 안의 전도 생활에는 큰 도움을 주지 못했다.

산업체에서

그러던 중 우연히 산업 전도의 경험을 얻게 되었다. 영락교회의 최창근 장로가 오래전에 휘경동에 있는 동영물산을 맡아 운영한 일이 있었다. 실을 뽑아 천을 짜고, 다시 주문받은 옷을 만들어 영국 등지로 수출하는 공장이 있었다. 장로가 회사원들, 특히 공장 근로자들을 신앙으로 이끌기 위해 주일 새벽마다 예배를 드리고, 그 조직을 살려 군부대를 방문, 위로하며 가난한 사람들을 돕는 일까지 겸하고 있었다. 장로님이 원하는 산업 전도를 목사가 아닌 내가 맡아 예배를 도왔던 것이다.

중학교 때 친구였던 이국선 목사가 인천 지역에서 산업 전도 활동을 크게 이끌어 간 일이 있었다. 사회가 요청하는 시대적 사명감을 갖고 일했던 것으로 알고 있다. 그러나 내가 그런 일을 하게 되리라는 생각은 하지 못했다. 그러나 그 일은 쉬운 것이 아니었다. 회사 측의 요청을 받아 신앙 운동을 하게 되면, 근로자들이 반기지 않으며, 근로자 측에서 운동을 벌이면 회사 측에서 경계하는 것이 보통이었다. 신앙 운동은 그 둘을 초월해 있어야 하는데, 양쪽에서 다 만족할 수는 없는 일이었다. 내 친구는 신앙 운동을 노동운동의 일환으로 했기 때문에 많은 어려움을 겪었던 것으로 전해 듣고 있다. 또 많은 기업체가 회사를 운영하기에도 힘든데, 종교 문제까지 끼어드는 것을 바람직스럽게 여기지 않았다. 아마 지금은 기업체 안에서의 전도나 신앙 운동은 거의 없어진 것으로 생각한다. 기업체 안의 그리스도인들이 신우회(信友會)를 조직하고, 그 신우회가 주체가 되어 성경 공부를 하거나 예배를 드리는 것이 보통이다. 그 이상의 일은 하기도 힘들고 또 할 필요도 느끼지 못하는 상황이 되었다.

그 당시 최 장로와 나는 순수한 신앙 운동을 벌였다. 또 그리스도의 사랑을 실천하기 위해 박봉을 떼내어 조금씩 저축해서 크리스마스 때는 군부대를 찾아 감사의 뜻을 전하고, 가난한 가정들을 돕는 봉사 활동을 했을 뿐이다. 또 그 이상의 일을 할 시간적 여유도 없었다. 내 설교 내용은 주로 우리의 인생관과 가치관, 그리고 일을 사랑하는 삶의 자세를 높여 가는 데 주력했다. 그러나 그 부수적인 결과는 적지 않았다. 요사이 많이 벌어지는 노사 간의 갈등 같은 것은 발견하지 못했고, 사랑과 봉사의 책임을 감당하는 동안에 아름다운 대인 관계와 사회의식이 자라고 있었다.

정확한 기억은 못 나나 1965년 봄에 시작해서 1970년 정도까지 계속했으니까 긴 세월이 지난 셈이다. 우리는 그 신앙 공동체를 회사를 위해 이용하거나 다른 목적과는 연관 짓지 않았다. 가난하지만 성실하게 일하면서 살아가는 그들의 마음 밭에 말씀의 씨를 뿌려 주는 책임으로 족했던 것이다. 그리고 씨앗은 그들의 인생과 더불어 자라 열매를 맺으면 되는 것이다.

그 회사는 해체되어 다른 기업주에게로 넘어가고, 나도 그 일을 끝냈다. 그런데 이상할 정도로 고마운 것은, 지금도 지방에 강연을 가거나 교회 설교를 맡아 가면, 그 당시 예배에 동참했던 사람들이 찾아와 인사를 나누곤 한다. 긴 세월이 흘렀지만 그때가 좋았다든지, 그런 기회가 한 번 더 왔으면 좋겠다는 뜻을 전해 온다. 그리고 자녀들까지 데리고 와 인사를 하는 이들도 있다. 그런 이들을 대할 때면, 그 당시의 기도와 수고가 헛되지 않았다는 생각이 든다.

병원에서

또 한 가지 떠오르는 기억이 있다. 을지로 6가에 메디컬센터가 생기고 얼마 안 되었을 때였다. 1963년의 일이다. 그 병원에 근무하는 몇몇 의사와 간호사들이 주동이 되어 일주일에 한 차례씩 모여 예배를 드리는데, 어떤 경유였는지는 기억이 없으나 내가 설교를 맡게 되었다. 처음에는 소수가 모여 예배를 드렸다. 그러나 후에는 상당히 많은 사람이 모이게 되었고, 교회에 나가지 않는 이들도 참석하곤 했다. 약 2년쯤 계속했던 것으로 생각된다. 그러다가 나는 더 많은 시간을 할애할 수 없어 떠나고, 가까운 교회 목사님이 뒤를 이었다. 교회에 양도할 목적으로 시작했기 때문에 내가 더 오래 책임 맡을 필요가 없었던 것이다.

길지 않은 기간이지만 나는 거기서 많은 것을 배울 수 있었다. 그리고 정성과 노력만 쏟는다면, 이런 직장 전도 활동은 교회 운동 못지않게 중요한 것이라고 생각한다. 신앙과 진리는 교회라는 형식의 그릇에만 담아 둘 것이 아니다. 모든 사람의 양심과 생활의 터전에서 자라고 열매 맺을 수 있으며 또 그렇게 되어야 한다. 우리 주변에서도 경찰 내에서의 전도나 교도소 안에서의 전도는 줄기차게 전개되고 있다. 병원 전도도 바람직스러운 하나의 과제이다. 기독교 계통 병원은 아니더라도 신앙적 지도와 위로는 크게 도움이 될 수 있을 것이다. 큰 병원 같으면 기도실과 예배실을 갖추어 원하는 사람들이 환자와 더불어 참석할 수 있으면 좋겠다.

월드비전에서

여기에 내가 겪은 한 가지 사례를 더 추가하고 싶다. 한국 전쟁 때, 미군 군목으로 활약한 밥 피얼스 목사와 영락교회의 한경직 목사가 중심이 되어 전쟁고아들과 미망인들, 구호를 받아야 할 피난민들을 위해 한 사회사업 단체가 탄생했다. 월드비전(World Vision)이라는 조직으로서, 우리나라에서는 선명회(宣明會)라는 이름으로 알려져 있다. 한국 전쟁이 끝난 후, 그 본부가 미국에 자리 잡게 되면서 한국을 비롯한 세계적인 기독교 사회사업 기관으로 성장을 거듭하게 되었다. 최근에는 아프리카의 여러 나라들, 인도와 베트남, 캄보디아 등 세계에서 소외당한 어린이들과 국민들이 많은 나라에 구호와 교육을 돕는 기관으로 성장했다. 북한 동포들을 위해서도 식량과 급식을 제공하고 있으며, 지금은 식량 증산 사업을 북한 전역에 걸쳐 벌이고 있다.

그 월드비전에서는 해마다 여름철에 국내에 있는 모든 복지 시설의 책임자와 핵심 간부들이 신앙 수양회를 개최하곤 했다. 시설의 수도 많았지만, 참가 인원도 평균 100여 명이 되곤 했다. 구성원의 대부분은 목사, 장로, 교계의 지도자들이었다. 그중에는 사회적으로 알려진 인사들도 있었다.

1964년 여름이었다. 월드비전의 수양회가 동해 북쪽에 있는 화진포에서 개최되었다. 나도 처음으로 강사로 초청을 받아 동참하게 되었다. 내가 도착하기 전에 한국신학대학의 정하은 목사가 미국에서 돌아온 지 얼마 안 되었을 때, 초청을 받아 주 강사로 수고하고 있었다. 그때 정 목사가 시중에 화제가 되었던 김은국 씨의 《순교자》라는 소설을 가지고, 진정한 순교자가 누구인가? 순교자가 있는가? 하는 문제를 제기했던 모양이다.

그 문제는 회원들의 찬반을 불러일으켰다. 순교자의 친지나 가족으로 인정받고 있던 회원들이 이의를 제기했던 것이다. 그 때문에 이번 수련회는 은혜로운 성과를 얻기 어려울 것 같다는 걱정들을 하고 있었다. 나는 그 사실을 모르고 갔다. 그런데 그 문제에 관한 질문들이 쏟아져 나왔다. 그때 내 강의와 설교가 좀 더 높은 순교 정신과 그 역사적 의미를 제시할 수 있었던 모양이다.

결국, 순교 사실은 주께서 이끌어 주시는 은총의 사실로 받아들여지면서 집회가 감사와 영광으로 마무리하는 데 도움이 되었던 것 같다.

그 일을 계기로 해서, 나는 거의 해마다 월드비전의 수련회 강사로 초청을 받았고, 여러 회원들과 깊은 신앙적 사귐도 갖게 되었다. 또 강사로 계속 초청을 받아 오는 목사님들과 친교도 갖게 되었다. 그 일은 오래 계속되었기 때문에 나도 많은 것을 배우고, 신앙 성장에 도움을 받았다.

처음에는 강원도에서 농촌 운동을 했고, 중앙신학, 지금의 강남대학교를 창설한 이호빈 목사와 감리교신학대학교의 홍현설 학장 등이 주로 수고해 주었다. 물론 미국 본부에서 오는 분들도 간혹 있었다. 그러는 동안에 당시 감리교신학대학교의 김용옥 학장, 윤성범 학장, 성결교의 정진경 목사, 장로교의 곽선희 목사 등이 수고해 주었다. 평신도로서는 아마 내가 가장 오랫동안 단골 강사로 초청받았을 것이다.

그 일을 계속하면서 나는 월드비전의 이사가 되었다. 돌아보면 19년 동안 내가 별로 도움도 주지 못하고 한 일도 없이 이사직을 맡아 오기도 했다. 지금 나는 명예이사로 남아 있다.

생각해 보면, 분에 넘치는 축복이 아닐 수 없다. 신학을 공부하지도 못했고, 목사나 장로가 아닌 한 그리스도인 교수가 비중 큰 책임을 맡을 수 있었다는 것이 우리 교계에 작은 도움이라도 주지 않았을까 하는 위로를 받기도 한다.

여러 사람을 통해 많은 신앙적 도움을 받았으나 가장 원로 중의 한 분이었던 이호빈 목사님의 신앙과 생활을 통해 나는 큰 감명을 받았다. 지금은 그분을 기억하는 이가 별로 없을 것이다. 그분은 자신을 나타내 보이는 성격도 아니며, 언제나 다른 사람을 앞세우고 스스로는 뒤에 머무는 생활을 했다. 물론, 나보다는 한 세대나 차이가 있는 선배이다. 그러나 나를 대단히 아껴 준 분이다. 말은 하지 않았으나 나를 위해서 많은 기도를 해 주었을 것이라고 믿는다. 그는 함석헌 선생과도 친분이 있었고, 함 선생을 위해서도 기도를 아끼지 않고 있었다. 교계와 민족을 위해 필요한 인물로 생각될 때는 언제나 기도로 돕는 생활을 하고 있었다.

나는 지금도 이 네 가지 교회 밖의 신앙 운동을 도울 수 있었던 것을 감사하게 생각한다. 측면적으로나마 군부대와 산업체, 의료 기관, 그리고 사회사업 단체에서 신앙적 책임과 협력을 맡을 수 있었음은 주께서 주시는 선물이 아니었다면 접해 볼 수 없는 기회였다. 나는 교수직에 있었기 때문에 이런 기회가 없었다면, 우리 사회에서 어려움을 겪고 있는 사람들의 처지를 모르고 지나쳤을지도 모른다. 물론 내가 한 일은 아무것도 아니다. 수고하는 분들을 측면에서 도왔을 뿐이다. 그러나 그분들이 원하는 말씀을 나눌 수 있었다는 것은 주께서 뜻하신 일의 작은 부분이라고 생각한다. 누가 성공했느냐고 물으면 심부름을 한 사람에게는 성공도 실패도 없는 것이다. 그저 맡겨 주신 작은 일들을 다했을 뿐이다. 성공과 영광은 주님께 있으며 그 일을 맡아 수고한 분들이 보상을 받으면 되는 것이다.

본분을 다해야
참된 신앙인이다

이런 일들에 동참하면서 몇 가지 배우고 깨달은 것들이 있다. 어떤 직장에서 무슨 책임을 맡고 있든지 간에, 그것이 주어진 공직일 때는 직장으로부터 위임받은 책임에 최선을 다해야 한다. 직장 안에서 선교 활동이나 전도가 중요하다고 해서 본래의 직책을 소홀히 해서는 안 된다. 소규모의 일터에서도 마찬가지다.

나는 대학에서 주로 복음주의 학생들이 휴식 시간에 친구들을 찾아가 전도하는 모습도 보았고, 때로는 열성이 지나친 나머지 집으로 전화를 걸어 참 신앙을 갖도록 권고하는 이들도 보곤 했다. 본인들은 그것을 신앙적인 소명으로 여기고 있으나, 그 결과가 반드시 좋은 것은 아니다. 특히 친구들의 신앙은 잘못되었으니까 우리 편으로 와야 한다는 설득은 대개의 경우 반감을 일으키기 쉽다. 본인들도 자칫하면 신앙적 자부심이 인간적 교만으로 변질되어 과오를 범하기 쉽다. 신앙적 교만과 독선은 언제나 좋지 못한 것이다. 내 주변에 있던 한 여학생은 남자 친구가 열성적인 신앙을 요청하며 전도를 해 오기 때문에 그 남자 친구에게서 멀어지는 것을 보았다. 그 여학생도 건전한 신앙생활을 하고 있었고, 기독교 가정이었다. 학생의 본분은 학생다운 학생이 되는 일이다. 그런 사람이 신앙다운 신앙을 갖게 된다.

내가 잘 아는 이는 큰 국영 기업체의 중책을 맡고 있었다. 총무와 인사를 겸한 직책이었다. 그는 신앙생활을 제1의 사명으로 삼고 있었다. 그래서 많은 부하에게 전도했고, 그들을 교회로 이끌어 왔다. 물론 담임 목사와 교우들은 그를 모범적인 그리스도인으로 높이 추대했다. 그러다가 직장에서 구조 조정 비슷한 인사 조치가 발생했다. 불행하게도 그가 제일 먼저 직장을 떠나야 하는 결과가 되었다. 물론 그 자신은 전도를 했기 때문에 크게 뉘우치지 않았다. 그러나 그 직장에서는 그가 대표적인 비협조적 간부로 여겨졌던 것이다. 나는 그가 오히려 부하들을 인간적으로 위해 주고, 맡은 일에 정성과 유능함으로 모범을 보였다면, 더 좋은 결과를 남겼을 것이라고 생각한다.

아는 이들은 다 아는 내 주변의 얘기를 소개해도 좋을지 모르겠다. K교수와 O교수는 지방대학의 총장과 중책을 맡고 있었다. 또 대단히 열성적인 신앙을 갖고 있었다. 그래서 대학의 간부들과 일부 교수들의 지원을 얻어, 대학을 위한 특별 기도회도 가지고 기회만 있으면 대학 복음화에 정열을 쏟았다. 책임자가 그랬기 때문에 보직을 맡은 간부들은 물론 권고를 받는 교직원들 역시 특별 기도회에 참석하고 열성을 보임으로써 자신들의 입지를 굳히기도 했다. 그러던 중에 4·19가 일어나고 학원 민주화 운동이 벌어지게 되었다. 뜻밖에도 절대다수의 교직원들이 총장 반대 운동을 일으켰고, 결국은 임기 이전에 대학을 떠나게 되었다.

다수의 교수들이 기독교 교육이나 정신을 반대한 것은 아니다. 다만 그 방법을 마땅치 않게 여겼던 것이다. 즉, 그로 인해 교직원의 편 가르기가 불가피했고, 학교 일보다도 신앙운동에 편중하는 것이 바람직스럽지 않게 받아들여졌던 것이다. 두 사람 다 열성적인 교회의 장로이기도 했다. 차라리 평교수들 중에서 그런 운동이 일어났다면, 다른 교수들은 자유로이 선택할 수 있었을 것이다. 직장에서 밀려나면서 존경받는 그리스도인이 되기는 어려운 법이다. 내가 아는 H교수는 대학의 교무처장 일을 맡고 있었다. 그래서 언제나 대학 총장을 독대할 수 있었고, 교수들의 동태도 보고할 기회가 많았다. 그 대학은 기독교 대학이었다. 그런데 H교수의 위치에서 보면, 예배 시간에 참석하지 않는 교수들, 교회에 열심히 나가지 않는 교직원들, 심지어는 술, 담배를 즐기는 교수들은 좋아 보이지 않았다. 그래서 총장에게 때로는 비기독교적인 성격의 교수들에 대한 염려를 내비치곤 했다. 총장은 처장의 그런 행동에 찬동할 수도 없고, 반대할 수도 없게 되었다. 대학 이사회에서는 모범적인 그리스도인 교수들을 좋게 보고 있었고, 목사님들이 이사회의 대부분을 차지하고 있었기 때문이다. 그런데 역시 H교수도 4·19와 더불어 대학을 떠나게 되었다. 절대다수의 교수들이 그의 행동을 마땅치 않게 보았던 것이다. 대학에서는 학문을 소홀히 하는 그리스도인보다 우수한 학자가 더 필요한 법이다.

이런 문제는 내가 본 몇몇 대학의 일만은 아니었다. 4·19 이후에 민주화 운동이 벌어진 대학의 대부분이 종교 대학이었다는 점을 감안한다면, 반성의 여지가 없지 않다. 대학은 가장 대학다운 교육 기관이 되어야 한다. 진리와 자유가 보장되어야 한다. 그것이 다름 아닌 기독교 정신인 것이다. 내가 몸담고 있던 연세대학교도 그런 범주 안에 있었다. 초창기에 연세대학교는 선교사들이 중심이 되어 이끌어 왔다. 여러 교단의 대표들이 이사가 되었고, 그들은 선교사의 정신과 주장을 따른 것이 관례가 되어 있었다. 그러는 동안에 학생 수는 늘어나고 학교 재정은 선교부의 원조로는 감당할 수 없게 되었다. 선교부는 5퍼센트의 재정 원조만 했기 때문에 발언권을 행사할 길이 좁아질 수밖에 없었다. 따라서 대학은 선교사 중심에서 한국 교회가 주도하는 방향으로 바뀌게 되었다. 그 당시의 교직원들은 연세대학교를 한국 교회가 주도하는 교회 학교 또는 기독교 대학으로 생각하고 있었다.

그러나 대학은 더 크게 발전했다. 세브란스와 합치게 됨으로써 재정 규모나 대학 기능은 교회 학교의 울타리를 넘어서지 않을 수 없었다. 졸업 동문들의 절대다수는 신학 및 그리스도인 출신보다는 사회 지도자들이 큰 비중을 차지하기에 이르렀다. 언제인지 모르게 대학 자체와 사회는 연세대학교를 민족의 사학(私學)을 대표하는 기관으로 받아들이게 되었다. 대학 안에는 그리스도인 교수보다는 사회적으로 저명한 교수들의 수가 늘어나게 되었고, 그리스도인 학생은 30퍼센트 이하로 축소되고, 장래성 있는 학생들은 기독교와 무관한 성장을 꾀하게 되었다. 어떤 면에서 본다면 그것은 당연한 추세이며 대학의 성장 과정일 수도 있다.

옛날에는 목사가 총장이 되는 것으로 자타가 생각하고 있었다. 그러다가 장로는 되어야 총장 자격이 있는 것으로 묵인되어 왔다. 최근에는 그리스도인이 아닌 교수들도 총장이 되었다. 지금은 이사회의 대부분이 목사나 장로가 아니다.

그렇게 되었다고 해서 연세대학교가 기독교 대학에서 멀어졌거나 사회의 일반 사립대학과 같아졌다고 보는 이는 없다. 서구의 저명한 대학들도 처음에는 신학교로 시작했다. 그러다가 문과, 이과 대학이 신학보다 더 큰 비중을 차지하게 되고, 사회와 국가가 요청하는 대학이 되면서는 오히려 신과대학의 비중이 작아지거나 신학대학으로 독립해 나가고, 국민과 국가의 대학으로 성장, 발전해 왔다.

나도 연세대학교에 몸담고 있으면서, 선교사의 대학에서 교회의 대학으로, 다시 민족의 대학으로 발전하는 것이 당연한 과정임을 인정했다. 그러나 중요한 것은 언제나 연세대학교는 그리스도의 정신에 의해 성장하고 국가에 이바지해야 한다는 점이다. 오히려 대학의 규모가 커지고 학문적 기대치가 높아질수록 그리스도의 정신은 더 절실하게 요청된다. 그렇다고 옛날로 돌아가자는 것이 아니다. 그리스도의 정신과 교육으로 새로운 사회와 역사를 창조해 가는 데 최선을 다해야 하는 것이다. 그리고 그 뜻은 대학의 주체가 되는 이들의 성스러운 책임이다.

이런 내용들을 정리하고 있노라면, 나는 나 자신에 대한 자책감을 외면할 수가 없다. 더욱이 누군가가 너는 그렇게 많은 시간과 노력을 신앙생활에 바쳐 오면서 교수다운 교수의 책임을 다해 왔느냐고 묻는다면, 할 말을 찾기 어려워진다. 또 그런 걱정과 충고를 해 오는 친구도 없지 않았다. 지금쯤 다시 교수 생활을 시작한다면 많이 달라질 것이라고 생각한다. 그렇게 많은 요청이 주어질 리도 없기 때문이다. 그즈음에는 내 친구들도 1인 3역에 해당하는 일들을 많이 해 왔다. 시대와 사회가 그것을 필요로 했던 것 같다. 구태여 부끄러운 변명을 한다면 말이다. 나는 정신생활의 효율성과 시간의 활용성을 최대한 살려 왔다고 생각된다. 시간을 많이 빼앗기는 취미나 오락과는 담을 쌓고 살았다. 장기, 바둑 같은 것은 물론 등산, 낚시, 골프 등의 취미 생활은 손도 대보지 못했다. 또 생각을 요하는 오락에도 관심을 두지 않았다. 언제나 사색하는 한두 가지 일에 집중해야 했기 때문이다. 대학과 사회생활에서 감투를 쓰거나 보직을 맡는 일 또한 없었다. 철학과에 속해 있으면서도 철학회 회장직을 맡지 않았다.

1972년에는 다른 대학교의 철학계의 중진 교수들이 찾아와 내 차례라며 철학회 회장직을 맡아 달라고 했으나 사양했다. 나는 그럴 때 철학회 회비는 더 내더라도 책임은 벗게 해 달라고 부탁했다.

대학 안에서의 보직 문제도 그렇다. 총장의 명으로 할 수 없이 교양학부장을 2년 맡은 적은 있다. 그러나 나는 그런 일이라면 더 유능한 교수에게 맡기는 것이 옳다고 믿었다. 사회생활에 있어서도 시간과 노력을 요하는 직책은 맡지 않았다. 위원회의 위원이라든지, 평의회의 회원 정도로 끝내곤 했다. 내 시간을 분산시키지 않기 위해서였다. 나만큼 대학 강의에 정성을 쏟은 교수도 적었을 것이다. 휴강은 하지 않았다. 오전에 외국에서 돌아와도 오후 강의에 임하곤 했기 때문에 우리 학생들은 내 휴강을 모르고 지냈다. 다른 대학에 강사로 나갈 때도 마찬가지였다.

물론, 대외적인 일을 많이 하는 것은 내 학문이 인문 분야이기 때문에 가능했다. 자연과학 같은 분야였다면 어려웠을 것이며, 의학 분야였다면 불가능했을 것이다. 철학 중에서도 윤리학, 역사철학, 종교철학 등 실천철학 영역이기 때문에 대외적인 활동이 도움이 되기도 했다. 그뿐만 아니라 철학 자체가 사색하는 학문이기 때문에 사색의 시간과 공간을 항상 만들어 갈 수가 있었다. 비행기나 기차 안에서, 때로는 대중교통을 이용하면서 강연, 원고, 설교 준비를 얼마든지 할 수 있다는 습관을 가지고 살았다. 물론 학자다운 업적도 남기지 못했고, 더 깊은 내용의 저서도 이루어 놓지 못한 것을 후회한다.

지금 같은 여건이라면 좀 더 학문적인 길을 택했을 듯하다. 그러나 주어진 여건 속에서 노력을 아끼지 않았다는 것으로 용서를 빌고 싶다. 그리고 한 가지 확실한 것은 학문적 책임과 신앙적 책임을 혼미하게 처리하지는 않았다는 점이다. 대학에 있을 때는 강의의 객관성을 잃지 않으려고 노력했고, 교회 일이나 설교를 할 때는 나 자신의 중심을 흩뜨리지 않았다고 생각한다. 최선의 길은 택하지 못했으나 가능한 차선의 길은 택하면서 살아왔기를 바라는 마음이다. 누가 어떻게 평하든지 나는 주님 앞에서 종으로 살아왔다. 한국 전쟁 이후부터는 종이라기보다는 주의 지게꾼으로 살기를 원했고, 또 그럴 수밖에 없었던 것이다.

20

주께서
머무시는 가정

가정과 민족,
타고난 운명 공동체

인생을 살아가는 데 있어 가장 소중한 공동체는 두 가지가 있다. 가정과 민족(국가)이다. 직장과 같은 공동체는 선택할 수 있다. 그러나 가정과 민족은 타고날 때부터 주어진 운명 공동체이다. 선택의 여지도 없으며 그 책임을 포기할 수도 없다. 따라서 좋은 가정들이 합쳐서 좋은 국가가 되며 좋은 국가는 모든 가정을 좋은 가정으로 육성할 의무가 있다. 최근 선진국에서는 가정의 붕괴가 국가의 안위를 가름한다고 경고하고 있다. 사회가 변하고 가치관이 바뀐다고 해도 기독교는 건전한 가정, 모범적인 가족 관계를 굳건히 해야 할 책임이 있는 것이다. 다른 종교와 더불어 기독교가 정상적이며 소망스러운 가정과 가족 관계를 유지하기 위해서 노력하는 이유가 거기에 있다.

기독교 가정이 보수적이라는 평을 받기도 한다. 그러나 그것은 보수적인 것이 아니다. 사랑과 행복을 창출해 내는 가정이면 되는 것이다. 보수적이라고 평하는 어떤 사람의 가정보다도 사랑과 봉사심이 있고 행복과 보람을 나누어 주는 가정이 되면, 그것이 곧 사회의 빛과 희망이 되는 것이다. 문제는 그런 소망스러운 가정을 육성하는 것이 쉽지 않다는 사실이다. 그러나 중요한 것은, 주께서는 우리들의 그러한 신앙적인 기도와 노력을 버리시지 않는다는 믿음이다. 그리고 그 노력은 가정 안과 밖에서 동시에 이루어진다.

작고한 지 여러 해가 지난 김우현 목사라는 분이 있었다. 그 목사의 이야기가 생각난다. 그의 출가한 큰딸이 오랜만에 본가에 들렀다. 목사님은 딸과 거리감 없이 이야기를 나누다가 "그래, 시집살이를 얼마 동안 해 보니까 우리 집보다 좋은 점들도 있어?"라고 물었다. 그런데 딸의 대답은 뜻밖이었다. "특별히 좋은 것은 모르겠는데, 우리 집과 달리 아침마다 새벽 기도회가 없으니깐 늦잠을 자도 되는 것이 좋아요" 하는 것이었다. 그 솔직한 대답을 듣고, 그는 어떻게 가정예배를 이끌고 신앙적인 지도를 하는 것이 좋은지를 다시 묻게 되었다는 것이다.

내가 가까이 지냈던 백리언 목사의 고백에도 문제는 있었다. 당신이 목사이기 때문에 큰아들은 목사가 되었으면 감사하겠다는 생각을 평소에 갖고 있었다. 기도를 드릴 때는 주님이 큰아들은 목사로 불러 주시기를 소원했다. 사모님의 뜻과 기도도 마찬가지였다. 그렇게 20여 년의 세월이 지났다. 아버지의 뜻을 아들도 잘 알고 있었다. 그러던 중 맏딸이 결혼을 했다. 남편이 사법고시에 합격한 검사였다. 큰아들이 누나 집에 드나들면서 자신도 법관이 되고 싶다는 의지를 굳혔다. 결국은 신학교를 포기하고 법관의 길을 택했다. 백 목사도 신앙의 길은 아버지의 기도로 되는 것이 아니더라고 했다. 20년 동안의 기도가 2년 만에 무너진 셈이다. 목사 아버지가 검사 사위의 영향만도 못했던 것이다. 백 목사와 나는 그런 얘기를 하면서 웃었다. 물론, 그 아들이 목사는 되지 못했지만, 한평생 아버지가 기도드렸던 신앙인으로서의 자세는 잃지 않았을 것이다. 이런 일들은 우리 주변에서 자주 보는 사례들이다. 목회자나 부모와 다른 종교를 택하기도 하며, 교리적인 고민 때문에 종파를 달리하는 경우도 생긴다.

다른 문제들도 있다. 내 자녀들이 다른 종교를 믿는 사람과 결혼하기를 원해 오기도 한다. 불신자인 경우에는 같은 신앙을 찾아

가지면 된다. 그러나 종교가 다를 때는 본인과 가족들에게 어려움을 주는 일이 벌어지기도 한다. 이런 일들을 겪고 나면, 가족들, 특히 자녀들을 어떻게 좋은 신앙생활로 이끌어 줄까 하는 것이 어려운 과제로 떠오른다. 대를 이어 목회자가 된다는 것도 감사한 일이지만, 3대가 목사가 되거나 외아들이 신부가 된다는 것은 큰 축복의 길이 아닐 수 없다.

나도 자녀를 여섯이나 키웠기 때문에 같은 문제로 고민했고, 지금도 최선의 방법이 무엇인지를 물어 가고 있다. 손주들에 대한 책임도 남아 있기 때문이다. 그런데 여러 가지를 체험하면서 얻은 몇 가지 결론이 있다.

신앙은
은총의 선택이다

애들이 어렸을 때 가능하다면 고등학교에 다닐 때까지는 부모와 같이 교회 생활을 하는 것이 좋다고 생각한다. 집에서 가정예배를 드리는 일은 좋지만 강요하거나 부담을 주지 않는 편이 바람직스럽다. 오히려 가정예배 시간에는 여러 가지 얘기도 나누고, 아주 어렸을 때는 예배 뒤에 가벼운 먹거리라도 주어 즐겁게 참여하는 것이 좋다. 그것이 예배 시간에 경건 일변도의 자세를 요청하는 것보다 좋을지 모른다. 나는 일종의 가족회의와 비슷한 성격을 띤 가정예배를 드리기도 했다. 신앙은 결국 은총의 선택이다. 본인의 선택인 동시에 주님의 선택이기도 하다. 강요나 부담스러운 행사는 선택의 길을 막을 수도 있다.

식사 기도를 함께 드리는 평범한 일로부터 가족이 생일을 맞이했을 때, 집안에 어떤 행사가 있을 때는 온 가족이 함께 예배를 드리는 것이 좋을 것이다. 애들이 외국으로 유학을 떠날 때라든가, 결혼이나 취직을 앞두고 있을 경우에도, 주님께 그 뜻을 아뢰고 은총의 이끄심을 기도드리는 일은 자연스러운 신앙생활의 길이다.

그러면서도 어렸을 때 아이들로 하여금 교회에 다니도록 권하는 것은 모든 가정의 가장이 가족들의 신앙생활을 지도하기에는 한계가 있기 때문이다. 목사나 신학자의 가정일수록 교회에서 신앙생활의 원천을 찾는 것은 자연스러운 일이다. 친구도 믿음 안에서 사귈 수 있으며, 봉사 활동에 참여하는 기회가 주어지기 때문이다. 요즘과 같은 핵가족 시대에는 더 많은 좋은 친구를 사귀는 데도 큰 도움이 된다.

나도 애들이 대학에 가기 이전까지는 교회 생활을 통해 신앙적 분위기를 갖도록 이끌어 주었다. 하지만 성년이 된 뒤에는 신앙이 자율적인 선택과 성장이 될 수 있도록 옆에서 기다리는 편이 좋을지 모른다. 또 언젠가는 그렇게 갖추어진 신앙이 결국은 스스로의 인생을 결정짓는 법이다. 그리고 가정에서는 그런 폐단이 없으나 교회 주일학교에서는 될 수 있는 대로 교리를 가르치거나 강요하지 않는 편이 좋다. 내 경우에는 애들이 특수한 교리를 강조하거나 강요하는 교회에는 나가지 말기를 권한다. 어린애들이 그 교리의 굴레에서 벗어나기 위해 오랜 세월을 고민하기 때문이다.

성경은 간단하다. 예수님은 이렇게 사셨다, 이런 가르침을 주셨다고 가르쳐 주면 된다. 그렇게 자란 어린이들은 후일에 교리 문제에 봉착하게 되더라도 스스로 해결 지을 수 있다. 교리 때문에 진리를 멀리하는 것은 바람직스럽지 못하다.

나는 자녀들이 목회자나 신학자가 되기를 권하거나 강요해 본일이 없다. 스스로 선택한다면 감사한 일이지만 말이다. 오히려 바라기는 한평생 좋은 신앙을 갖고 살아 주기를 기다리면서 지냈다. 나 자신이 목사나 신학자가 되었으면 하는 뜻을 품은 적은 있었다. 그러나 주님께서는 내게 평신도로서 할 수 있는 많은 일을 맡기셨음을 감사히 생각하고 있다. 지금도 나는 주님 앞에서 스스로를 지게꾼의 하나로 자처하고 있다. 무슨 일을 하더라도 주님의 뜻을 따라 하나님 나라 건설에 참여하면 그것으로 만족한다.

오래전, 장로교에 최거덕 목사가 있었다. 덕수교회에 시무하고 있을 때였다. 최 목사는 아들이 미국으로 유학을 떠난다는 얘기를 했다. 내가 무슨 공부를 하느냐고 물었더니, "신학을 제외하고는 어떤 공부를 해도 좋다"고 말했다는 것이다. 이것은 목사로서의 고충을 잘 깨닫게 해 주는 말이다. 그 이유 중의 하나는 당신 며느리가 사모인 부인처럼 고생하는 것을 원하지 않기 때문이라고 했다. 물론, 그 아들이 그래도 신학을 하겠다면, 최 목사도 하나님께 감사를 드렸을 것이다. 그러나 아버지로서의 신앙적 고뇌와 가정 문제를 암시해 주는 얘기이기도 했다.

내 아들딸들이 목회자나 신학자가 되기를 원하고 또 되었다면, 지극히 감사하고 영광스러운 일이다. 은총의 선택에 해당하기 때문이다. 그러나 성실히 교회를 섬기며 신앙의 공동체 생활에 동참하는 것도 중요한 것이다. 그러면서도 많은 가족이 참다운 그리스도인으로서의 인생관과 가치관을 갖고 살 수 있다면, 어떤 직업을 택해도 좋을 것이다. 그것이 주님이 주신 은총과 축복의 길이기 때문이다.

한국 법조계에서 높이 존경받은 김홍섭 대법관이 있었다. 그는 늦게 신앙생활에 참여했다. 그는 그 사실이 너무 감격스러워 법관직을 떠나 성직자의 길을 택하면 어떨까 하고 문제를 제기한 일이 있었다. 그때 윤형중 신부를 비롯한 성직자들이 "신부는 현재나 미래에도 많이 배출될 수 있으나 대법관의 수는 많지 않으니까, 법조계에 있으면서 주님의 뜻을 실천하는 것이 좋겠다"고 권했다. 그 결과 어떻게 되었는가. 어떤 면에서 본다면 그는 10명의 신부보다도 더 많은 신앙적 결실을 남겨 주었다. 그의 생애를 서술한《무상을 넘어서》라는 책의 내용을 보면 누구나 충분히 이해할 수 있는 은총의 기록들로 가득 차 있다.

나는 나 자신이 그런 길을 걸었기 때문에 자녀들이 그런 뜻과 믿음을 갖고 살아 주기를 기대해 왔고, 지금도 기도드리고 있다. 내가 가장이고 많은 가족이 내 밑에 자라고 있으므로, 그 모두가 신앙의 길을 떠나지 않기를 바라는 마음은 어쩔 수 없다. 이것이 언제나 기도 제목의 하나가 되어 있다.

우리 애들 중에는 신앙을 갖지 않은 상대와 결혼한 아이도 있고, 다른 종교를 믿거나 그 종교 분위기에서 자란 사람과 결혼한 딸아이들도 있다. 그렇다고 상대방의 신앙을 바꾸거나 기독교 신앙을 강요하지는 않는다. 말하지 않아도 그 애들은 내 뜻을 잘 알고 있기 때문이다. 그러나 대부분의 애들은 세월이 지날수록 기독교 신앙으로 동참해 오고 있다. 내 가족은 단순히 나의 가족들이라기보다는 그리스도 가정의 일원인 것이다. 오히려 오해받을 것 같아 염려되나, 형식적인 교회 생활을 하면서 신앙의 참뜻을 모르는, 관습화해 버린 교인보다는 성실하게 진리를 찾아 노력하는 애들이 더 좋은 신앙생활로 들어오는 것을 자주 보곤 한다.

우리 주변에서도, 열심히 교회에 다니고 신앙이 좋은 사람이라고 믿고 결혼을 허락했는데 이혼을 하게 되었다든지, 목사님의 소개와 추천을 받고 결혼했는데 불행한 가정이 되었다는 얘기를 자주 듣는다. 나는 내 딸 중의 하나가 어떤 남자를 사귀어 보다가 예수를 너무 열심히 믿어 부담스러웠다는 얘기를 들은 바가 있다. 아마 내 딸은 신앙적인 독선과 배타적인 사고가 마음에 들지 않았던 모양이다. 딸은 참 신앙이라고 하는 것은 겸손하고 성실하며 다른 사람을 소중히 여기는 마음가짐으로 생각했던 것이다. 그래서 믿음이 없어 보여도 성실한 마음을 가진 사람이면 믿고 사랑할 수 있어도, 나와 같은 신앙을 가지지 않으면 안 된다는 생각을 가진 사람은 멀리하게 된다. 나도 내 가족 중에 특수한 교파나 재림 교단에 나가는 사람과 사귀거나 혼인을 원한다면 만류할 수밖에 없다. 그런 신앙적 차이 때문에 가정이 파괴되는 사실을 많이 보았기 때문이다. 독선적이고 배타적인 신앙보다는 겸손하고 성실한 인간성을 갖춘 사람이 주님의 뜻에 더 가깝다고 나는 믿는다.

가족이나 친구, 친지들에게 신앙을 요청하거나 전도한다는 뜻으로 신앙을 강요하는 것은 자칫하면 그들의 지성과 인격을 경시하는 과오를 범할 수도 있다. 서울역 같은 곳을 가면 십자가를 들고, 예수를 믿지 않으면 지옥에 떨어질 테니 회개하라고 외치는 사람들을 본다. 그것을 보는 사람들이 어떤 생각을 할 것인가. 잘못되면 그런 실수를 할까 우려되는 것이다.

나는 지금도 내 여러 가족 중의 두세 명을 위해 기도를 드린다. 주님의 부르심을 받고 신앙의 축복을 받기 위해서이다. 또 내가 아끼고 존경하는 친구들을 위해서 기도를 드린다. 나는 부족하기 때문에 권고하지 못하나, 주님이 그들을 찾으셔서 더 훌륭한 일꾼으로 써 주시기를 원하는 기도이다. 그런데 놀라운 것은 그들의 대부분이 언젠가는 신앙생활로 들어오곤 한다는 것이다. 그들의 성실한 삶이 신앙의 문을 두드리게 되어 있었던 것이다.

얼마 전의 일이다. 나와 가까이 지내는 목사가 나와 함께 무슨 얘기를 하다가, "제가 우연히 K교수의 글을 읽다가 놀랐습니다. 그분이 글에서 기도를 드려야겠다고 뜻을 세우고 기도를 드리는데 자기도 모르게 그 기도가 기복 신앙으로 이어지는 것 같아 송구스러워진다고 하더군요"라는 말을 전해 주었다. 사실 나와 그 목사는 그가 언제 신앙인이 되었는지 모르고 있었다. 그 친구는 누구의 권고를 받았다기보다는 신앙을 가진 친구들의 분위기 속에서 스스로 신앙의 길을 택했던 것이다. 나는 아직 신앙에 들어오지 못한 가족들을 위해 기도드리면서 언젠가는 그 애들이 꼭 신앙으로 돌아올 것을 믿고 있다. 이미 그런 체험을 많이 해 왔기 때문이다.

가족 관계에서 으뜸은
사랑이다

먼저 이야기로 돌아가자. 내가 종교인이 되었기 때문에 그것도 기독교 신앙을 가졌기 때문에 우리 가정에는 어떤 변화가 생겼는가. 그 하나는 우리 가정 분위기 속에서 전통적인 효도의 관념이 약화되고 있다는 것이다. 전통적이라는 것은 유교적인 인습을 뜻하기도 한다. 물론 제사를 드리는 일은 없다. 그러나 제사 대신에 추모예배를 드릴 수 있는 때가 오기를 원하는 편이다. 나는 내 자손들에게 효도의 형식이나 규제를 많이 요청하지 않는다. 효의 특성은 가족 관계를 상하 관계로 굳히는 성격이 강하다. 그것도 필요하나 더 중요한 것은 참사랑과 친밀한 친(親)의 관계라고 생각한다.

부모의 사랑을 깨닫는 사람은 부모를 위하며 존경하게 되어 있다. 효는 존경과 위하는 뜻으로 채워진다. 부모가 부모 구실을 못하면서 자녀들에게 효를 권하거나 강요할 수는 없다. 그런 경우가 흔하지는 않으나 부모가 불의와 부정을 행하면서 의롭고 바르게 살려고 노력하는 자녀들에게 효도하기 위해 무조건 따르거나 복종하라고 말할 수는 없다.

가족 관계에서 가장 으뜸가는 것은 사랑이다. 사랑은 위해 주는 삶이다. 자녀들이 먼저 부모를 위해 주는 것이 순서가 아니다. 부모가 먼저 아랫사람들을 사랑하고 위해 주면, 아랫사람들은 그것을 배우고 따라가게 되어 있다. 그래서 동양의 가정 윤리는 부자유효가 아니라 부자유친으로 되어 있었다. 그것이 유교적 교조주의로 바뀌면서 효라는 상하 관계로 굳어진 것이다. 서양의 젊은이들은 동양의 젊은이들과 같은 효의 관념이 많지 않다. 가장 좋은 부모는 자녀의 친구가 되어 주는 부모라고 생각한다. 지금은 우리 청소년들도 그렇게 생각하는 이들이 늘어나고 있다. 친이라는 것은 장벽이나 거리감이 없는 사랑의 교류를 가리킨다.

그것은 기독교 가정이 택하게 되는 자연스러운 추세이다. 구약 시대는 가부장 제도적인 시대였기 때문에 효의 뜻이 많이 나타나 있으나, 신약에 와서는 자녀들을 위한 부모와 어른의 책임이 더 많이 강조되고 있다. 구약의 뜻을 가장 잘 아는 바울도 자녀들에게는 부모를 공경하라고 권하면서, 부모들에게는 자녀들을 노엽게 하지 말라고 충고하고 있다. 예수께서도 어른들보다는 어린이들에 대한 깊은 관심과 애정을 표시하셨다. 교회가 청소년들에게 많은 정성을 쏟는 것은 가정과 사회를 위한 건설적인 태도가 아닐 수 없다.

그 결과로 나타나는 것이 가정에 있어서의 미래 지향적인 사고와 가치관이다. '부모를 위한 자녀'라는 효 중심의 사고가 '자녀를 위한 부모'라는 생각으로 바뀌며 부모에 대한 자녀들의 책임을 묻기 전에 자녀들에 대한 부모의 의무와 책임을 더 생각하게 된다. 또 그런 가정이 발전과 영광을 누리게 된다. 나는 지금도 어머니께서 항상 하시던 말씀을 잊지 못하고 있다. 목사님 가정과 예수를 믿는 집안이 왜 앞서고 잘되는가 하는 생각을 해 보셨는데, 그 가정에서는 언제나 부모가 자녀들을 위해 희생을 달게 받더라는 말씀이다. 그런 혜택을 받은 것이 바로 나 자신이기 때문에 나도 그런 뜻을 굳히고 있다. 우리 속담에도, "내리사랑은 있어도 치사랑 없다"는 말이 있다. 자기 자식을 키워 보면, 비로소 우리 부모의 사랑이 이런 것이었구나 하는 것을 깨닫게 된다. 이것은 나 자신도 딸들에게서 항상 듣는 말이다. 효가 가족 관계를 상하 관계로 굳혔다면 친(親)은 그 관계를 평등한 관계로 확대시킨 셈이며, 사랑은 그 관계를 발전적인 관계로 높여 간다는 생각을 해도 좋을 것 같다.

그리스도인 가정은
봉사하는 가정이 되어야 한다

그뿐만 아니라 오랜 신앙생활을 계속하다 보면, 자신들도 모르게 우리 가정의 주인은 예수 그리스도라는 믿음을 갖게 된다. 벽이나 현관에 써 붙이지는 않으나 "우리 가정의 주인은 주님이시다"라는 표어가 가훈이 되어 버린다. 이는 주님과 같이 살아야 한다는 뜻도 되나, 주님이 우리를 지켜 주시고 보호해 주신다는 기도의 뜻이 있기 때문이다. 이때 주님이 우리 가정의 주인이 된다는 것은 가정과 가족들의 공동 목표가 주님의 뜻이 된다는 말이다. 아버지나 어른들의 뜻도 중요하나, 그보다 주님의 가르침과 원하시는 바가 더 중요하고 따라야 할 가르침이 된다는 것이다. 말하자면, 우리의 뜻이 아니라 주님의 뜻이 우리를 통해 이루어지기를 바라는 정성이다.

다시 말하면, 그리스도인 가정은 언제나 이웃과 사회에 대하여 봉사하는 가정이 되어야 한다는 뜻이다. 우리는 흔히 결혼하여 가정을 출발시키는 신혼부부에게 두 가지 기대를 갖는다. 그 하나는 참 사랑이며 또 하나는 영광스러운 가정이다. 이때 영광스러운 가정이 된다는 것은 이웃과 사회에 대해 봉사하는 가정을 가리킨다. 자녀들이 자라 훌륭한 학자나 예술가로 봉사할 수 있다든지, 가족 중의 한 사람이 두드러진 사회봉사를 할 수 있을 때 우리는 그 가정에 영광을 돌리게 된다. 다시 말하면, 가정의 영광은 가족들의 봉사에 대한 대가(代價)인 것이다.

그래서 우리는 가정의 사회적 의무와 사명을 존중히 여긴다. 성경을 읽으면 예수의 가족들이 주님의 뜻을 이해하지 못하고 방해한 일들도 있었다. 어떤 때는 가정의 생계를 위해 예수가 전도 생활을 하지 말고 집으로 돌아오기를 원하기도 했다. 모친이나 형제들로서는 있을 수 있는 인간적 요청이었다. 그러나 예수는 그 뜻을 거절했다. 심지어는 하나님의 뜻을 따르는 사람이 내 가족이며 친척이라고도 말씀하셨다. 그것은 신앙인의 가정은 집안에서 세상적인 기쁨이나 만족을 찾기보다는 이웃과 사회에 대한 책임과 사명을 더 소중히 여겨야 한다는 뜻이다. 그렇게 사는 것이 가정다운 가정이 되며 영광스러운 가정이 되는 것이다. 또 그렇게 됨으로써 그 가정은 더 큰 축복과 영광을 누리게 되는 것이다.

가정에 대한 얘기를 조금 더 하고 싶다. 대부분의 탈북자 가정이 그러하듯이 나도 부친과 큰누님의 가족들, 누이동생의 가족들은 북한에 있어 소식을 전해 듣지 못하고 있다. 여러 가지 정황으로 미루어 부친은 오래전에 세상을 떠난 것으로 안다. 최근에는 누님도 작고했으리라는 생각을 굳히고 있다. 남한에 있는 다른 가족들도 같은 생각을 하고 있다. 전쟁과 정치적 비극이라고는 해도 내가 불효자식이 된 것만은 사실이다. 마음 아픈 일이다. 그래도 두 남동생과 결혼하지 않은 여동생을 한국 전쟁 때 남하하도록 한 것은 다행이었다. 모친도 모시게 되어 감사히 생각한다. 친자녀들과 배우자를 북에 두고 온 친구, 친척들을 생각할 때는 송구스러울 정도로 감사 드리고 싶다.

모친께서는 1997년에 세상을 뜨셨다. 우리 나이로 101세였으니까 더 바랄 바도 없었지만, 끝까지 놀라울 정도의 기억력과 건강을 유지해 주셔서 가족들 모두가 깊은 감명을 받았다. 60여 명의 자손들을 거느리고 사셨으나 단 한 명도 먼저 간 가족이 없었다. 그것은 주님이 베풀어 주신 축복일 것이다. 감사한 일이다.

그러나 내 아내의 경우는 달랐다. 아내는 62세가 되는 해에 뇌졸중으로 쓰러져 위독한 상태가 되었다. 가족들 중에 의사들이 여러 명 있었다. 주치의도 희망은 없지만 뇌 수술을 해야겠다는 판단을 내렸다. 아내는 교회의 권사로 있었기 때문에 교우들이 열심히 기도해 주고, 아는 이들도 위로와 기도를 계속해 주었다. 나도 아내를 먼저 보낼 마음의 준비를 갖추고 있었다. 가족들도 마찬가지였다.

그러나 아내는 기적같이 깨어났다. 그동안의 우여곡절은 말로 표현할 수가 없다. 아내는 목숨은 건졌지만 말을 할 수가 없었고 기억력의 대부분이 상실된 상태였다. 그러나 가족들에게 있어서는 감격스러운 축복이 되었다. 그렇게 얻은 병이 조금씩 회복되는 듯싶다가는 서서히 하강해서 23년의 긴 세월을 보내게 되었다. 그러다가 아내는 결국 2003년 여름, 85세를 일기로 하나님의 부르심을 받았다. 모친 때와 마찬가지로 외국에 가 살던 딸들과 온 가족이 지켜보는 가운데 조용히 곱게 눈을 감았다. 모든 가족이 슬픔 속에서도 감사의 기도를 드렸다. 그 이상 더 좋은 치료와 보살핌을 받을 수 없었기 때문이다. 불행을 극복한 기적이 아닐 수 없었다. 아마 그런 기적적인 병상 기록은 없었을 것이다.

아내는 무척 밝고 아름다운 감정을 갖고 있었다. 화를 내거나 누구를 원망하는 일도 없었다. 23년을 병상에서 보냈어도 얼굴을 찌푸리거나 고통을 호소하지도 않았다. 내가 외국으로 여행을 다녀오거나 밖의 일로 나갈 때는, 말은 못하면서도 자기 걱정은 하지 말고 맡은 일에 최선을 다해 달라는 표정이었다. 내가 하는 일을 그렇게 소중히 여기고 살았기 때문이다. 잠들기 두세 달 전까지도 무슨 일 때문에 나갔다가 오겠다고 말하면, 그 표정이 한없이 밝았다. 주님이 기뻐하시는 일을 많이 해 달라는 표정이었다. 아내는 나보다도 단순하고 깊은 신앙을 갖고 있었기 때문이다.

가족을 주님께 맡기는 것보다 중요한 일은 없다

아내는 나와 60년을 함께 살았다. 어머니 다음으로 가장 긴 일생의 동반자가 된 셈이다. 아내는 교회 일에 나보다도 더 열심이었고, 애들의 신앙을 위해서 많은 기도를 드리곤 했다.

큰아들과 둘째 아들은 교수가 되었고, 큰 며느리도 교수, 작은 며느리는 의사 일을 맡고 있다. 큰딸은 저술 활동을 하고 있으며, 그 남편은 심장 내과 교수로 있다. 둘째 사위는 법관, 셋째, 넷째 사위는 미국에서 의사 생활을 하고 있으며, 막내딸은 대학에서 가르치고 있다. 손주들도 13명이나 되고 증손자도 여섯이나 된다. 내가 언제 그렇게 큰 가족의 책임자가 되었는지 모르겠다.

가장 큰 선물은 신앙이다. 내가 자손들을 위하고 돕는 데는 한계가 있다. 그러나 믿음에서 오는 축복에는 한계가 없다. 사랑하는 가족들을 주님께 맡기는 일보다 더 중요한 일은 없다는 것을 나는 체험해 왔다. 그리고 그 기도가 이루어졌을 때는 한없는 감격과 감사를 드리게 된다. 만일 내가 더 늙은 후에 드릴 수 있는 기도가 있다면 "내 여러 가족들을 주님께 맡기나이다"라는 기도가 될 것이다. 그런 생각을 갖고 살게 된 배후에는 아내의 정성과 기도가 있었던 것이 사실이다.

아내가 세상을 떠나기 몇 해 전의 일이다. 아내는 세 번째로 중환자실에 입원해 있었다. 주치의와 의사들은 아내에 대한 기대와 희망을 포기하는 것이 좋겠다는 제안을 해 왔다. 의사들은 치료의 한계를 느꼈던 데다 가족들의 괴로움을 덜어 주고 싶은 심정이기도 했을 것이다. 의사인 사위들도 비슷한 생각을 했던 것 같다. 최후의 결정은 내가 내려야 했다. 의사의 권고를 받고 시간이 되어 나 혼자 중환자실로 들어갔다. 아내의 손을 붙들고 기도를 드렸다. 우리의 뜻이 아니라 하나님의 뜻을 이루어 달라는 기도였다. 기도가 끝났을 때, 의식이 없는 상태인 줄 알았던 아내가 또렷이 "아멘" 하고 화답했다. 그 일을 계기로 나는 주의 부르심이 있을 때까지는 주님과 더불어 아내의 생명을 지켜야겠다는 마음을 굳혔다.

비슷한 일이 한두 번 있었던 것이 아니다. 목사님이 임종을 앞둔 기도를 드린 후에도 아내는 7개월을 더 집에서 쉬면서 치료를 받을 수 있었다. 투병이라기보다는 그 조용한 병상 생활이 얼마나 큰 신앙적 교훈을 우리 가족과 이웃에게 나누어 주었는지 모른다. 주님은 최악의 경우에도 최선의 위로와 교훈을 주신다는 사실에 대해 우리 모두는 감격스러웠다. 아내의 병상 생활을 통해 우리는 그러한 은총의 사실을 체험했다. 가족들을 위해서는 나보다도 아내의 삶이 더 아름답고 착한 신앙의 선물이 되었던 것이다. 죽음을 앞에 두고 감사할 수 있다는 것은 쉬운 일이 아니다.

우리 교육에 대한
아쉬움

그러나 이제 돌이켜 보면, 나는 나 자신을 위해서도 후회스러운 일이 많고, 직장이나 사회에 대해서도 부족하고 아쉬웠던 일들이 많았다. 그러나 그보다는 가정과 가족들에 대한 과오와 후회스러움이 더 많다. 나이 들면서 더 그런 자책감을 느끼고 있다.

부모님에 대한 불효와 최선을 다하지 못한 일들도 많았다. 그러나 가장 마음을 무겁게 하는 것은 자녀들과 손주들에 대한 교육적 책임이다.

우리 가정을 아는 사람들은 나에게 비교적 자녀 교육에 성공한 편이라고 말을 한다. 그런 면이 없지는 않다. 여섯 애들이 다 국내외에서 석사 과정을 끝냈다. 또 셋은 미국과 독일에서 박사 학위를 받고 교수가 되었다. 딸들도 모두 남편이 큰 부자가 되었거나 두드러지게 성공하지는 못했으나 주어진 분야에서는 맡은 책임을 다하고 있다. 모두가 경제적으로도 중상위층 생활을 하고 있기 때문에 특별히 맘 쓰는 일은 없는 셈이다. IMF와 같은 불황기에도 남다른 어려움을 겪지 않았다. 모두가 전문직 봉급생활을 하고 있었기 때문이다. 나보다 더 잘사는 자녀들도 없으나 더 가난한 편도 아니다. 모든 면에서 주님께 감사드리고 또 찬양해야 마땅하다.

그럼에도 불구하고, 내가 아쉽게 여기는 점은 좀 더 교육적인 배려를 할 수 있었는데 그러지 못했다는 점이다. 특히 손주들의 반은 미국에서 자라 교육을 받고 있으며 반은 한국에서 교육을 받고 있다. 타고난 소질과 능력은 모두가 비슷한 편이다. 그런데 미국에서 자란 애들은 훨씬 자유롭고 즐거운 교육을 받고 있다. 그에 비하면 서울에서 학교를 다니는 애들은 어려서부터 무거운 짐을 지고 쫓겨다니는 듯한 교육을 받는다. 자유로운 선택도 없고, 친구들과의 즐거운 사귐도 갖지 못하고 있다. 미국에 있는 외손주 가운데 하나는 어렸을 때는 큰 기대를 걸지 못했다. 그러나 자라는 동안 소질과 개성을 발휘하기 시작했고, 지금은 누구에게도 뒤지지 않는 젊은이로 자라 있다. 그 애의 아내는 미국에서도 최고 학부와 대학원을 나와 일하고 있으며 둘 다 모범적인 신앙생활을 하고 있다. 내가 한 일은 그 애들의 신앙을 위해 기도해 준 것뿐이었다.

먼 친척 애들 중에서도 그런 애들이 여러 명 있다. 또 미국 사회가 그렇게 되어 있기 때문에 동양인이지만 백인 사회에서도 존경받는 직책을 맡고 있다. 그런데 내 아들딸들과 한국에 있는 손주들은 더 좋은 면을 갖추고 있으면서도 그런 혜택을 누리지 못하고 산다. 생각해 보면 그 손실이 얼마나 큰지 모른다. 10명의 아이가 100의 능력을 발휘할 수 있어 1,000의 결실을 거둘 수 있다면, 한국에서 교육을 받은 아이들은 10명이 50~60의 성장에 그치기 때문에 500~600의 결과만 얻을 뿐이다. 그것을 눈으로 보고 있는 가정의 책임자로서 나는 마음이 아프고 답답할 수밖에 없다.

물론 이런 문제는 나와 같은 한두 개인이 해결할 과제는 아니다. 그렇다고 책임을 회피해서도 안 되는 일이다. 내 아들딸들이 더 유능하게 자라 행복해질 수 있고, 손주들이 보람 있는 행복한 일생을 살아갈 수 있는데 그 책임과 의무를 못다 했다면 그 누구도 외면할 수 없는 책임이 아니겠는가. 나는 이런 걱정을 할 때면, 차라리 지금과 같은 교육부가 없었더라면 교육이 더 잘되지 않았을까 싶은 생각이 든다. 그것은 오래전부터 갖고 있던 생각이다. 교육은 교육부보다도 교육자들에게 맡기면 되는 것이다. 학교장들이 교육 행정관보다 더 학생들을 사랑하며 위해 주는 책임자이기 때문이다. 그러나 이런 문제를 논하자는 것은 아니다. 이미 지나간 일들을 후회만 하고 있을 때도 아니다.

개성을 존중히 여기는 것이
진정한 사랑이다

교육자이면서 가장인 나로서는 두 가지 깊은 잘못을 뉘우치고 있다. 그리고 그것은 교육계와 모든 가장이 함께 책임을 져야 할 과제이다. 그 첫째는 자녀들과 제자들의 소질과 개성을 살펴 자랄 수 있도록 도와야 한다. 지금 우리 사회의 교육은 100명 학생에게 한 가지 운동 경기만 연습시킨 뒤, 기한이 차면 경기를 시키는 식이다. 100명 중 1등을 한 애는 보람과 희망을 갖는다. 또 2, 3등까지 인정을 받는다고 해도 나머지 97명은 똑같은 고생과 수고를 하고도 소외당하고 버림을 받는다.

그러나 소질과 개성을 인정받는 교육은 다르다. 100명에게 제각기 자기가 원하는, 체질과 체력에 맞는 운동을 선택케 한다. 만일 100명이 100가지 운동을 선택한다면, 1등을 하는 학생이 100명 나올 수 있다. 모두가 자부심과 보람을 느낄 수 있다. 어린 자녀들과 학생들은 모두가 다른 취미와 소질, 개성을 갖고 있다. 모두 제각기 꿈을 안고 산다. 그 꿈을 키워 주면 되는 것이다. 나는 옛날 숭실학교에 다닐 때, 그런 교육을 받았다. 그런데 내 어린 것들은 점점 세월이 갈수록 더 잘못된 교육을 받고 있다. 100의 가능성을 제각기 안고 있는 애들이 60이나 70밖에 자라지 못하게 된 책임을 묻고 싶은 것이다. 평준화 교육이 그 과오를 더해 가고 있으며, 성적 위주의 수능 시험이 사고와 삶의 획일성을 더 부추겨 가고 있는 실정이다.

또 하나의 유감스러운 실수는 아이들의 긴 생애에 걸친 지도를
해 주지 못하고, 재학 기간의 성적으로 평가하는 교육에 맡겨 두었
다는 점이다. 공부를 잘한다는 것도 그렇다. 16, 7세까지는 누구나
왕성한 기억력을 갖고 있어서 그 기억력에 걸맞은 가르침을 주면
된다. 그러나 그 나이가 지나면 기억력은 줄어들고 그 대신 이해력
이 자란다. 폭넓게 이해하는 시기이다. 대화와 토론을 하며 사물과
인간관계를 판별할 수 있는 능력을 키워 주는 기간이다.

  그 기간이 끝나면 대학 상급 학년에 진학하게 된다. 그 기간에는
사고력이 자라기 시작하고, 그 사고력은 오래 지속된다. 노력만 하
면 70세까지는 누구에게나 가능한 길이다. 이 사고력에 직관력까지
합치게 되면 우리는 그가 영재 또는 수재, 가능하다면 천재의 위치
까지 올라갈 수 있다고 본다.

  사회에 진출하면 사고력이 앞선 사람이 지도자가 되며, 이해력을
갖춘 이는 그 밑에서 일하게 되어 있다. 그리고 기억력이 좋은 학생
은 후에 남의 심부름을 하는 데 그친다. 20세기를 대표하는 천재 아
인슈타인(Albert Einstein)이나 영재로 인정받는 처칠(Winston Churchill)은 대
학 입시에 낙방했던 사람들이다. 아마 우리나라의 수능 시험을 보았
다면, 중상위권에도 들지 못했을지 모른다. 그러나 그들은 30이 넘
고 40이 되면서 천재와 영재의 진가를 발휘했던 것이다.

  그런데 우리가 강요하고 있는 수능 시험은 객관식 문제가 제시
되어야 하기 때문에 실제로는 수준 높은 기억력만을 요구하고 있

다. TV에서 방영하는 〈장학퀴즈〉를 보면, 더욱 그러하다. 그렇다면 가장 소중한 사고력은 어떻게 키워 주자는 것인가. 어렸을 때의 성적으로 일생을 평가하거나 지식의 축적량으로 인물을 결정짓는 교육계에서 어떻게 사랑하는 아들딸들이 소망스러운 교육을 받을 수 있었겠는가. 나는 내 후배 교수들이 무리를 해 가면서도 자녀들을 외국으로 보내는 이유를 긍정적으로 받아들이고 있다. 사랑하는 자녀들의 행복과 장래를 위해서라면 교육 이민을 나쁘다고만 평가할 수는 없는 것이다.

나는 모든 자녀가 성공과 행복을 찾아 누릴 자질과 권리를 갖고 있다고 믿는다. 그것을 좌절시키거나 불가능하게 만드는 것이 오늘의 우리나라 교육이다. 왜 이런 후회스러운 걱정을 하는가. 개성을 존중히 여기는 것이 진정한 사랑이다. 그리고 그것이 기독교의 정신이다. 인간의 일생에 걸친 협조와 도움을 주는 것이 기독교의 사랑의 근본이다. 그런데 그 뜻을 외면하고 있는 것이 우리의 현실이다. 내 아들딸들이 성적 때문에 자살했다고 생각해 보라. 내 가족들이 귀하게 자라 보람 있는 일꾼이 될 수 있는 기회와 가능성을 상실당하고 있다는 사실을 알게 되면 가슴 아프지 않겠는가. 너무 부담스러운 과제이기는 하나, 기독교 교육은 이런 문제를 가정과 학교 및 교육계에서 해결해 나갈 책임이 있는 것이다.

21

제2의 인생은
가능한가

인생의 황금기는
과연 언제인가

1962년 초여름이었다. 그때 나는 미국 하버드대학에서 봄 학기를 끝내고 있었다. 세계적으로 존경을 받고 있던 P. 틸리히 교수가 73세로 하버드대학을 떠나는 종강식에 참석한 일이 있었다. 그때 대학은 틸리히 교수가 하버드를 떠난 뒤, 5년간 시카고대학으로 가 강의를 계속하게 된다는 발표를 했다. 그렇다면 그 교수는 78세까지 대학

교단에 선다는 것이다. 부러운 일이었다. 미국인들이 인생은 60부터 라고 얘기를 하는 이유를 짐작할 수 있었다. 우리는 60이면 회갑이 되어 인생을 마무리하는 나이라고 생각하고 있을 때였다.

20년쯤의 세월이 지난 후였다. 일본에서 들려오는 얘기들이 있었다. 60쯤이 되면 자녀들이 독립해 나가고, 남자들은 직장에서 풀려나는 나이가 되기 때문에 제2의 인생을 다시 시작해야 한다는 얘기였다. 다시 출발하는 사람은 70대, 80대의 보람과 행복을 누릴 수 있으나 포기하는 사람은 그 소중한 인생을 상실한다는 여론이었다. 그들은 제2의 인생을 위해서는 공부를 계속하거나 시작할 것, 취미 활동을 시작할 것, 절대로 놀지 말고 일을 할 것, 보수 등은 고려하지 말고 봉사 활동이라도 할 것 등을 권고하고 있었다.

또 20여 년이 지났을 때였다. 나는 두 친구와 함께 80이 넘도록 살아왔는데, 계란의 노른자에 해당하는 가장 행복하고 소중했던 인생의 황금기가 언제였던가를 화제에 올려 보았다. 우리가 얻은 결론은 60에서 75세까지였다는 공감대였다. 50부터인가 하고 생각해 보았으나 그 기간에는 일은 열심히 했으나 아직 인간적인 미숙함이 많았다는 점을 고려했다. 그래도 60이 되면서부터는 내가 나를 믿을 수 있어, 지도자의 품격을 갖출 수도 있고, 사회인으로서의 자신감도 갖게 되었기 때문이라고 생각했다. 공자도 그랬던 것 같았다. 60 이전에는 인간적으로 아직 철들지 못했다는 사실을 자인했던 셈이다. 그리고 60부터 75세쯤까지는 모든 면에서 성장을 계속할 수 있는 나이였던 것 같다. 그 60에서 75세까지가 인생의 황금기였던 것 같다는 합의를 보았던 것이다.

만일 누군가가 나에게 언제쯤이 가장 좋은 나이였는가 하고 물으면, 75세 정도였다고 대답할 것이다. 한 가지 기억에 떠오르는 얘기가 있다. 한번은 92, 3세가 되는 선배 교수를 모시고 어디론가 가던 때였다. 그 선배가 심심하니까 "가만있자. 김 교수의 나이가 어떻게 되었더라" 하고 물었다. 내가 76세라고 대답했더니 아무 말도 없이 앉아 있다가 "좋은 나이올시다" 하고 입을 열었다. 20여 년 전의 나이를 회상하면서 부러워하는 고백이었다.

75세쯤까지 성장한 후에는 그 상태를 얼마나 더 연장하는가가 문제다. 대개의 경우 노력하는 사람들은 80대 후반까지는 연장한다. 내 주변의 친구들은 87, 8세까지는 모두 연장하고 있었다. 우리가 제2의 인생을 말하는 것은 60에서 30년 가까이는 인생을 보람 있고 행복하게 살 수 있고, 살아야 한다는 뜻이다. 또 그것이 100세 시대를 바라보는 우리의 희망이 되어야 할 것이다. 나 자신이 그렇게 체험하고 있으며, 가까운 친구들 대부분이 그런 인생을 살고 있다. 김수환 추기경은 87세까지, 김태길 교수는 89세까지 계속하고 있었다. 안병욱 선생은 92세 때 TV에서 인터뷰하는 시간을 갖고 있었다.

콩나물에 물을 주듯
나를 키워라

그런 삶을 위해서는 어떤 노력이 필요한가. 나는 그 노력은 내가 나를 키워 가는 과정이라고 생각한다. 마치 콩나물에 물을 주는 것과 같다는 비유가 적절할 것 같다. 항상 새로운 지식을 받아들이며 배우고 공부하는 동안은 정신적으로 새로이 태어날 수가 있다. 언제까지 계속해야 하는가. 내가 성장하면서 일할 수 있는 동안은 계속해야 한다.

그럼에도 불구하고, 우리 주변에는 생각을 잘못하는 사람들이 있다. 콩나물에 물을 주어 흘려보낼 바에는 물그릇에 물을 담아 놓고, 콩나물을 물그릇에 담가 두면 되지 않겠느냐고 생각하는 사람들이다. 그렇게 하면 콩나물은 썩어 버리고 만다. 우리는 그런 어리석은 생각을 하는 사람도 있을까 하고 의아하게 여긴다. 그러나 우리 주변에는 그런 사람들이 많이 있다. 어떤 때는 우리 자신이 그런 과오를 범하게 된다. 이들은 어떤 사람들인가. 선입견이나 고정 관념의 노예가 된 사람들이다. 그리고 새로운 지식과 사상을 받아들이지 않고, 하나의 지식이나 사상을 불변의 것으로 믿어 버리는 사람들이다.

우리는 그런 사람들을 항상 우리 주변에서 발견한다. 정치적 이데올로기의 노예가 되거나 주어진 이데올로기를 절대적 가치로 믿어 버리는 사람들이다. 정치적 형식은 항상 개선되고 변하게 되어 있다. 그런데 주어진 이념을 절대 유일의 가치관으로 신봉하며 그것을 역사적 결정론으로 받아들이는 사람들이 그런 과오를 범하게 된다. 마르크스의 공산주의 이념을 믿고 따르는 사람들이 바로 그 장본인들이다. 지금은 공산주의 이념이 역사의 현실 무대에서 사라졌기 때문에 큰 문제가 되지 않으나 20세기는 그런 정치 이념이 세계 역사를 휩쓸기도 했다. 그러나 그런 정치 이데올로기를 완전히 탈피하지 못한 국가들도 있으며 북한 같은 정권은 그 정체성이 부패성을 동반하고 있음에도 불구하고, 공산주의자들도 우려하는 정치 노선을 따르고 있다. 유일사상이나 주체사상이 그 불행한 역사의 대명사로 남아 있을 정도이다.

나 같은 세대의 사람은 일본에서 마르크스주의 정치 이념을 알았고, 어떤 이들은 추종하기도 했다. 한때는 일본 대학생과 젊은이들은 마르크스 사상을 모르면 바보 취급을 받았을 정도였다. 그런데 지금은 마르크스주의자들을 찾아보기 힘들게 되었다. 세계 역사의 무대에서 이미 심판을 받은 지 오래되었기 때문이다. 그러나 우리의 실정은 좀 다르다. 북한이 있기 때문이며 좌파 사상을 접했던 젊은 세대들이 아직 정치 활동을 하고 있기 때문이다. 중국에서 와 있는 학생들의 이야기가 있다. 중국에는 공산당은 있으나 공산주의자는 없는데, 한국에는 공산당은 없어도 공산주의자는 있다는 이야기이다.

역사의 강물은 계속 흘러가면서 성장과 발전을 거듭하고 있다.

그 역사의 흐름 속에서 과거를 거울삼아 미래를 창조해 가는 것이 역사적 현실이며, 우리는 그 흐름 속의 한 세대씩을 담당하도록 되어 있다. 그리고 우리와 삶의 장소를 같이하는 사람들이 더 많은 자유와 행복을 누리며 인간다운 삶을 영위할 수 있도록 협력하는 것이 역사적 책임이다. 강물은 한곳에 머물러서도 안 되며 어떤 절대적이거나 유일한 가치가 전부인 것도 아니다. 마르크스 사상은 그 시대의 사회 문제를 해결하는 데 부분적인 역할을 담당했다. 지금은 그와 같은 사회적 여건에 머무는 국가나 사회는 거의 존재하지 않는다. 21세기에는 우리가 해결해야 할 과제가 더 중요하게 주어져 있다. 다 성장한 사람에게 어렸을 때의 낡은 옷을 강요하는 것은 역사의식의 빈곤에서 오는 오류이다.

그러나 정치적 이데올로기보다 더 경계해야 할 과제가 남아 있다. 지성인들은 그 문제를 쉽고 간단하게 밝히고 있다. 공산주의의 후진성은 100년으로 끝날 수 있었으나 종교 간의 갈등과 불행은 앞으로도 2, 3세기는 더 계속될 것 같다는 우려이다. 사회학자들은 인도의 후진성은 그들의 수십 세기에 걸친 종교적 전통 가치에 있다고 말한다. 적어도 세계 역사의 근대화 과정을 밟아 온 사회에서 보면, 그렇게 평할 수 있다. 지금도 이슬람 사회에서 전개되고 있는 사회적 후진성은 그들의 종교적 신앙에 기인하고 있다고 보는 것이 정론이다.

그래서 A. 콩트(A. Comte)의 사회 과학적 이론이 크게 관심을 모으곤 한다. 그는 지성이 빈곤한 고대 사회에서는 종교적 세계관이 지배했으나 그 시대는 지나고 이성과 철학의 역사가 그 무대를 차지해 왔다. 그러나 이제부터는 실증 과학의 정신이 세계 정신계를 이끌어 가기 때문에 철학도 그 영역을 상실하게 된다고 예언했을 정도였다. 아직도 종교적 가치가 인정받으며 신앙적 세계관이 존속된다는 것은 과학적 사고와 철학적 사유의 빈곤 때문이라고 보는 것이다. 우리는 기독교는 그렇지 않다고 믿고 싶어 한다. 그러나 과거의 역사를 살펴보라. 그 당시에는 그것이 절대적 진리였다고 생각했다. 그러나 그리스도의 정신에 견주어 보거나 현대의 기독교적 정신에 비추어 본다면, 너무 많은 잘못을 저질렀음이 사실이다. 때로는 교회가 용인할 수 없는 반기독교적이며 비신앙적인 과오를 요청했을 정도였다. 한마디로 말한다면, 기독교 정신과 그리스도의 교훈은 그렇지 않았으나 기독교회는 많은 반기독교적인 사상과 역사적으로 받아들여질 수 없는 어려움을 선량한 신도들에게 요청했던 것이 사실이다.

기독교를 그릇 안에
가두지 마라

왜 그렇게 되었는가. 기독교는 항상 새로운 가치관과 인생관을 가르쳐 주어야 했는데, 잘못된 교회가 교회라는 그릇 속에 물을 붓고 그 속에 콩나물을 담가 놓았기 때문이다.

1950년대였다. 나는 두 대표적인 장로교 신학자들의 주장을 보면서 오래지 않아 기독교사상계에서 사라질 문제들을 갖고 너무 논쟁을 벌인다고 생각했다. 기독교 역사의 원천인 구약의 출발이 아담과 이브 때부터인가 아니면 아브라함 때부터인가 하는 문제도 있었고, 6일 창조설은 성경 그대로의 6일간인가 아니면 여섯 기간을 뜻하는가도 문제가 되었다. 구약에 수록되어 있는 여러 가지 기록들을 어느 정도까지 역사적 사실로 보며 상징적 비유의 가치를 어떻게 설명하는가 등이 해결해야 할 과제가 되기도 했다. 요나에 관한 기록은 최근까지도 신학계의 논란이 되었다. 역사적 사실로 인정해야 한다는 보수적인 해석도 여전하다. 교회 내에서는 지금도 안식일에 관한 논쟁이 그치지 않고 있다. 기독교가 아닌 다른 종교에도 구원이 있는가 하는 논쟁은 앞으로도 계속될지 모른다. 성경해석을 위한 축자영감설(逐字靈感說)이 논쟁의 대상이 되기도 했다.

만일 그 주장에 따른다면, 구약의 많은 부분은 물론 신약의 사도들 간의 대단치 않은 견해 차이도 문제가 될 것이다. 제3자의 입장에서 본다든지 지성을 갖춘 신앙인들이 본다면, 50년 후에는 문젯거리가 되지 못할 내용들이다. 100년이 지난다면 그런 문제에 매달리는 교회는 사회로부터 경원시될 수도 있을 내용들이다. 신화와 역사의 차이는 엄연하며 성경 기록들에 대한 역사적 가치와 신앙을 위한 상징적 의미를 혼동해서는 안 되기 때문이다. 타 종교의 구원문제를 운운하는 것은 현대 교회에 주어진 과제가 아니다. 구원 문제는 하나님께서 하시는 일이지 교회 교리의 한계 안의 문제가 못 된다.

그런데 60년이 지난 지금은 어떠한가. 그 두 갈래의 흐름이 장로교를 한국기독교장로회와 대한예수교장로회로 분리시켰다. 그리고 대한예수교장로회는 다시 통합 측과 합동 측으로 나뉘는 결과가 되었다. 그러니까 대표적인 신학교가 셋으로 나뉜 셈이다. 교회와 목사님들은 그 세 교단에 속한다고 보아야 할 것이다.

그런데 세 교단 교회에 다니는 신도들은 어떠한가. 대부분의 교우들은 교단도 모르며 내가 그 어느 편 교회에 다니고 있는지도 모른다. 또 물으려고 하지도 않는다. 좋은 교회는 목회자를 통해 그리스도를 따르게 되고, 그렇지 못한 교회의 신도들은 교회를 떠나 그리스도에게로 이끌어 주는 교회로 가기도 한다. 어떤 이들은 개신교의 장로교, 감리교, 성결교 등의 구별도 하지 않는다. 심지어는 천주교로 적을 바꾸는 이들도 있다. 그럴 수밖에 없고, 또 그렇게 되어야 한다. 교육 수준이 높은 그리스도인들은 교단이나 신학교가 문제가 아니라고 생각한다. 그것은 목회자들의 문제이고, 우리는 그리스도의 정신이 머무는 교회가 바람직스럽다고 생각한다.

그러나 한 가지 공통점은 있다. 흔히 말하는 보수적인 신앙을 강조하는 교단이나 교회일수록 폐쇄적이며 과거 지향적인 데 비해 진보적 성격을 지닌 교단과 교회가 개방적이며 미래 지향적인 성격을 지니고 있다는 사실이다. 이때 일부 보수적인 신앙을 고수하는 교단과 교회는 근본주의 신학이나 전통적인 신앙에 열중한 나머지 개혁과 창조적 신앙을 멀리하기 쉽다는 사실이다. 말하자면, 콩나물에 물을 주듯이 새로운 진리와 사명을 제공하지 못하고, 가두어 놓은 물그릇 속에 콩나물을 머물게 하는 과오를 범하기 쉬워진다.

그러나 그리스도의 정신은 그렇지 않다. 영원한 진리란 불변의 고정된 관념이 아니다. 영원히 새로운 삶과 희망을 그리스도와 더불어 창조해 가는 진리인 것이다. 기독교는 그렇게 태어났고, 그렇게 세계와 역사를 하나님의 나라로 바꾸어 가고 있다는 것이다.

처음 과제로 돌아가야 하겠다. 우리는 세상적인 관념으로 제2의 인생이라는 개념을 말했으나 그것이 바로 우리에게는 신앙인의 당연한 인생관이 되어야 한다는 뜻이다. 나는 개인적으로 많은 사람을 대할 때마다 의외의 생각에 빠지곤 한다. 교수나 지성인들은 같은 7, 80대라고 해도 늙었다거나 이제는 해야 할 일이 끝났다고 생각하는 사람이 적은데, 연로한 목회자나 신부들이 더 빨리 역사와 사회 무대에서 자취를 감추는 사례가 많음을 보게 된다. 공부도 포기하고 사회적 의무나 책임에서도 스스로 물러서는 것은 신앙인 특히 교회 지도자들의 자세가 아니라고 생각한다. 내 일은 이미 끝났다는 생각을 갖는 사람은 내 인생은 의미와 가치가 없어졌다는 정신과 통한다. 그것은 나는 늙었기 때문에 나라를 위해 기도를 드리지 않아도 된다는 뜻이다. 우리에게 주어진 소중한 과제는 부르심을 받을 때까지 주어진 책임을 감당하며 작은 사랑이라도 나누어 줄 수 있도록 노력하는 데 있다. 제2의 인생을 포기하는 일은 신앙인의 자세가 아니다.

나는 14세 때 기도를 드렸다. "하나님께서 저에게 건강을 허락해 주시면, 저는 건강이 허락하는 때까지 아버지의 일을 돕겠습니다"라는 약속이었다. 철없는 호소였다. 그런데 그후 85년 동안 하나님께서는 나에게 건강을 약속해 주셨다. 그래서 지금도 나름대로 열심히 일하고 있다. 일과 인생은 별개의 것이 될 수 없다. 자랑거리는 못 된다. 주어진 의무일 뿐이다. 지금도 나는 하나님의 머슴이나 지게꾼이라고 생각한다. 주인 되시는 하나님께서 부탁하시는 일을 하기 위해 아침에 일어나며 저녁에 잠드는 하루하루를 보내고 있다. 더 많이 일하고 더 많은 사랑을 나누어 주어야 하는 책임이 주어져 있을 뿐이라고 믿는다.

22

종교개혁은
왜 필요한가

종교개혁,
교회지상주의를 반성한 지 500년

2017년은 종교개혁 500주년에 해당한다. 한국 개신교도 그 기념행사에 열성적으로 동참했다. 얻은 결론과 선택이 무엇인지는 나도 모르겠다. 기념행사로 그쳤다면, 앞으로 있어야 할 개혁에는 도움이 되지 못할 것이다.

500년 전에 왜 기독교 개혁이 일어났는가. 주님께서 우리 곁을 떠나신 뒤로부터 약 400년경까지는 기독교는 주님의 뜻을 따라 사회의 빛이 되고, 소금의 역할을 담당했다. 그러는 동안에 기독교는 로마의 국교가 되고, 교회는 세상에서 가장 높임을 받는 위치로 올라서게 되었다. 세상 나라들 위에 기독교가 군림하면서 교회는 방대한 기구와 제도를 갖추게 되었고, 또 하나의 정신적 왕국을 건설하게 된다. 그동안에 우리도 모르게 기독교는 기독교회와 일치된다는 관념을 비판 없이 받아들이게 되었다. 기독교와 교회는 하나이며 교회를 섬기는 일은 기독교를 위하는 유일한 방법이라고 생각했다. 교회를 떠나서는 기독교가 존재할 곳이 없다는 착각에 빠졌다. 그래서 공공연히 교회밖에는 구원이 없다는 선언을 하기에 이른 것이다.

그 결과는 자연히 교회 지상주의를 형성했다. 교회의 총책임자인 교황은 세상 나라들의 군주 위에 머물게 되며 교회에서 내리는 메시지는 곧 기독교의 선언이면서 그리스도의 교훈을 대신하는 것으로 여겨졌다. 교회주의란 다른 것이 아니다. 기독교 신앙과 생활과 목표는 교회로부터 출발하여 교회를 섬기는 일이며 교회의 완성이 기독교의 목적 달성이라는 잘못된 길을 택하게 되었던 것이다. 기독교는 기독교회와 하나이기 때문에 교회가 없는 곳에는 기독교도 존립할 수가 없다는 경지에까지 이르게 된 것이다.

그러나 성경을 읽어 보면, 예수는 단 한 번도 훌륭한 교회나 큰 교회를 위하라고 가르친 바가 없다. 솔직히 말하면, 예수에게는 교회에 대한 관심이 없었던 것이다. 우리가 생각하고 말하는 교회 자리에 예수는 항상 하늘나라를 대신했던 것이다. 교회는 기독교의 전부도 아니며 기독교의 목적도 못 되는, 한 신앙의 공간이거나 하늘나라를 위한 수단과 과정의 기관이다. 목적은 하늘나라에 있고, 교회는 그 목적을 위한 신앙 공동체의 대표이거나 모체로 보아야 좋을 것이다. 예수가 가르침을 주신 곳은 거의 교회가 아니었다. 세상 어디나 필요한 곳 전부가 예수의 가르침과 삶의 고장이었다. 교회가 기독교 공동체의 대표이거나 모체라고 보는 것은 교회주의의 개념화라고 보아도 잘못이 아니다. 예수는 수가성의 여인에게, 예루살렘도 아니고 이곳의 산도 아니라고 선언하면서 영과 진리로 예배할 때가 되었다고 가르쳤다. 기독교는 공간 종교가 아닌 역사 신앙이며 사회와 세계 어디에서나 요청되는 복음의 공간이라고 말했다. 어떻게 보면, 교회는 진리와 복음으로 거듭나는 영혼이 태어나는 신앙을 위한 빈 그릇에 해당할지도 모른다.

이런 교회 절대의 신앙을 주장하고 섬기는 역사의 긴 세월을 통해 주님의 말씀은 모든 인간이 받아들여야 하는 진리가 되지 못하고 교리로 변질되기 시작했다. 교리로 그치지 않았다. 세상 나라에는 법이 있듯이 교회에도 법이 필요해졌다. 있을 수 없는 교회법까지 제정하기에 이른다. 그 결과는 성경의 진리보다 교회가 만든 교리가 더 큰 비중을 차지하기도 했다.

그 일에 그치지 않았다. 교권이 인간의 자유와 존엄성을 좌우하는 방향으로 굳혀 가는 길을 택하게 되었다. 기독교가 인간애의 종교라면, 다른 종교나 세상 사상보다도 인간의 존엄성과 인간 권리를 위하는 신앙이어야 한다. 그럼에도 불구하고, 지나친 교권은 인간의 권리까지도 교리적 신앙에 굴복시키는 과오를 범했다. 교회는 파문을 정당시했다. 그러나 기독교의 인간애와 사랑의 정신은 파문을 집행할 권리를 용납하지 않는다. 지금은 파문 같은 교회법을 받아들이는 사람은 존재하지 않는다. 그것은 기독교 정신에 위배되기 때문이다.

간단히 말해 종교개혁은 왜 일어났는가. 기독교회가 기독교 정신을 외면하고 포기했기 때문에, 교회가 버림받게 되면서 발생한 개혁이었던 것이다. 지금도 교회가 그리스도와 기독교 정신을 상실한다면, 그 교회는 버림을 받아야 한다. 기독교 정신을 외면한 교회가 존재 가치를 상실하면서 기독교회가 개혁의 대상이 되었던 것이다. 희랍 정교회도 그러했고, 현재에도 기독교 정신을 배제하는 교회가 있다면, 버림을 받아야 기독교와 그리스도의 정신이 생명력을 되찾게 되는 것이다. 한때는《교회가 죽어야 예수가 산다》라는 책자가 나오기도 했다.

500년 전에 일어났던 기독교 개혁은 교회보다 기독교의 정신을 되찾기 위한 운동이었다.《교회와 그리스도, 무엇을 믿을 것인가?》의 선택이었다. 그런 종교개혁을 불가피하게 만든 운동이 교회 밖에서 줄기차게 벌어지고 있었다. 인문주의의 발달과 휴머니즘 운동이었다. 세계사의 무대에서 보면, 중세기는 종교적 신앙의 세기였다. 그런데 힌두교나 불교도 개혁되지 못했고. 이슬람교도 근대화를 위한 개혁은 불가능했다. 그런데 오직 기독교만이 근대화의 정신적 가능성을 열어 주었고, 동시에 종교개혁을 성공시켰던 것이다. 비유로 설명한다면, 많은 종교 중에서 기독교만이 근대화 정신을 탄생시켰는가 하면 신앙적 개혁도 성취한 것이다. 거기에는 숨겨진 원인이 있었다. 기독교 정신은 자유와 인간애의 모체이기 때문이다. 그 정신과 양심적 자유는 그리스도 때부터 기독교의 핵심이었다. 그리고 그 정신이 뜻하는 것은 인간애와 휴머니즘의 육성이었던 것이다. 그 정신을 계승 받아 세계 역사를 개혁한 것이 기독교였다. 그런데 교회가 그 의무와 책임을 포기했던 것이다. 그러나 인간다운 삶을 추구하는 인문주의자들과 휴머니즘의 추종자들이 그 기독교의 근본정신을 교회 밖에서 육성 확대해 나갔던 것이다. 다시 말하면, 교회 밖에서 기독교 정신을 이어받은 것이 서구의 인문학과 휴머니즘 운동으로 탄생된 것이다. 교회 밖의 기독교 정신으로 보아서 좋을지 모르겠다. 그런 정신적 세력이 교회를 배제하면서, 서구의 정신계를 넓혀 간 것이 종교개혁을 일으키는 대외적 역할을 담당했던 것이다.

그런 외부로부터의 압력을 받은 기독교는 교회 안으로부터의 개혁도 불가피해지는 혁명 운동으로 나타난 것이 루터 같은 지도자를 선두로 하는 종교개혁이 된 것이다. 루터는 신학자이면서 열성적인 수도사였다. 그 점에 있어서는 누구보다도 모범적인 가톨릭의 핵심 인물이었다. 그는 성경을 연구하고 가르치면서 교회의 교리와 제도가 성경과 위배되고 있음을 발견하게 된다. 그리고 독일어 번역으로 성경이 보급되고 평신도들이 성경을 읽게 되면서는 교회가 그 당시의 상태대로는 유지될 수 없음을 깨닫게 된 것이다. 내부적으로 개혁되지 못하면, 교회는 신앙적 생명을 상실할 수도 있다는 위기의식을 잠재울 수가 없게 되었다. 교리를 진리로 환원해야 하며 신부들만이 읽고 해석해 주는 대로 믿던 예수의 교훈을 직접 받아들이게 되면서 기독교의 정신과 사명이 무엇인가를 교회 안과 밖에서 찾아 인정하는 길이 가능해질 것이었다.

물론 가톨릭교회는 반항하는 프로테스탄트주의자들을 탄생시키고 싶지 않았다. 그렇다고 해서 가톨릭의 어머니가 개신교로 탄생할 아기를 낳지 않거나 못했다면, 어머니와 아기는 모두 살아남지 못했을 것이다. 산고의 아픔을 겪으면서 아기가 태어났기 때문에 지금은 어머니와 아이 모두가 새 생명을 얻게 된 것이다. 크게 말하면, 기독교는 휴머니즘과 개신교라는 두 아이를 탄생시켰기 때문에 근대화 과정을 거쳐 세계 역사와 인류에게 희망을 안겨 준 것이다. 많은 역사가들은 문예부흥은 중세기를 벗어난 고대 그리스와 로마의 정신과 인문학을 부활시킨 결과라고 본다. 그러나 기독교라는 아버지 세대가 있기 전에 존재했던 할아버지에 해당하는 고대 정신만으로는 근대적 인문주의와 휴머니즘은 탄생할 수 없었을 것이다.

그것은 기독교가 지니고 있는 인간애의 정신과 휴머니즘의 뿌리를 배제하는 일방적 판단일 수도 있다.

이제 우리는
무엇을 반성해야 하는가?

종교개혁을 겪었고, 근대화 과정을 치른 지 500년의 세월이 지났다. 그 후에 기독교는 어떤 과정을 밟아 왔는가. 가톨릭 구교와 새로 탄생한 개신교는 오랜 세월 동안 서로 적대시하는 긴 역사를 보냈다. 생각해 보면, 부끄럽기도 하고 기독교 정신이 무엇인지도 모르고 살아온 것 같은 생각이 들기도 한다. 400년이 지난 후에야 가톨릭교회가 희랍 정교회 지도자를 만나면서 대단한 업적을 남긴 듯이 선전되기도 했다. 아직 우리나라에서는 가톨릭과 개신교 간의 이해와 협력은 요원해 보이는 때가 있다.

내 친구 목사는 장로교 합동 측의 지도자급에 속하는 목사였다. 내가 천주교 얘기를 하면 장로교에서 자란 신앙은 어디 가고 천주교를 장로교와 같이 생각하느냐고 나무라기도 했다. 어떤 때는 천주교 걱정은 왜 하느냐고 의아해하기도 했다. 나는 웃으면서 아버지로 있으면서 가장 행복한 때와 고통스러운 때가 언제였는가 하고 생각해 본 적이 있느냐고 물었다. 가장 고통스러운 때는 형제간의 싸움을 보는 때이다. 서로 잘못되기를 바라는 형제가 있다면, 그것은 아버지의 사랑을 모르는 불효자식이다. 그런데 지금도 천주교와 개신교의 거리는 너무 멀다. 지성적인 그리스도인들은 그 장벽을 허문 지 오랜데, 교역자들은 두 교단의 거리를 좁히려고 생각지 못한다. 주님께서 보신다면, 서글픈 사실이다. 그러나 세월이 지나면 그 거리는 점점 좁혀질 것이다.

다행스러운 것은 천주교는 세계적인 조직이기는 해도 스스로의 잘못된 과거를 개혁하기 시작했다는 것이다. 20세기에 이르러 바티칸 회의를 거듭하면서 지금에 와서는 큰 방향 전환을 감행했다. 그 하나는 오랜 전습을 깨고, 교회가 사회를 위해 봉사하는 것이지 사회가 교회를 위해 존재하지 않는다는 획기적인 개혁을 성사시켰다. 그리고 그 섬기며 봉사하는 신앙은 그리스도의 사랑을 버림받고 고통을 겪는 사람들에게 베푸는 일이라는 기독교 본래의 뜻을 되찾아 실천하고 있다. 개신교가 있었기에 가능한 결론이었다. 불행을 겪고 있는 인간들에게 희망을 갖게 하여 희생적 사랑을 베푸는 것은 예수의 근본정신이다.

그러나 개신교는 가톨릭의 큰 가문을 벗어나 제각기 신앙적 기반을 다지기 시작했다. 그 기틀이 되는 것은 성경이었고, 교리보다는 신학의 연구와 개발이 활발히 이루어졌다. 그 결과 태어난 교파들이 루터교회, 장로교회, 뒤따르는 감리교회 등등으로 번지게 되었다. 지금은 그 수를 헤아릴 수 없을 정도로 많아졌다. 우리나라는 개신교가 대세를 이루고 있기 때문에 세계적으로 알려진 모든 교단이 대부분 참여해 있다고 보아도 좋을 정도이다.

그렇게 많은 교단이 있는 것은 자연스러운 추세이기도 하고, 또 좋은 현상일 수도 있다. 그러나 하나의 기독교 근원에서 태어났기 때문에 근원적인 아이덴티티(同一性)는 있어야 한다. 예수 그리스도를 통해 하나님의 사랑과 은혜를 믿고 따르는 신앙이며 최후의 목적은 하나님의 나라를 건설하려는 역사적 사명을 가진 신앙 공동체인 것이다. 많은 교인이 있어도 한 거대한 나무의 지엽과 같은 존재이며 그 열매들은 제각기 다른 자리에 있어도 동질적 열매이어야 한다. 나누어져 있으면서도 같은 목적을 위해 협력해야 한다. 교단이나 교회 간의 요청과 주장에는 지엽적인 차이가 있어도 한 생명체의 거대한 신앙의 공동체이어야 한다.

또 우리는 신앙의 공동체로서의 교회는 가장 중심이 되는 모체라고 볼 수 있으나 교회 밖 공동체의 존재를 인정하지 않으면 안 된다. 기독교 대학과 같은 교육 기관으로서의 공동체도 수없이 많은가 하면, 의료 봉사로서의 공동체의 책임도 소홀히 해서는 안 된다. 심지어는 교회주의의 폐단을 벗어나기 위해 기성교회나 전습적인 교회제도를 벗어나려는 공동체들도 있다. 전통적인 교회는 그 모든 공동체를 도우면서도 신앙으로 이끌어 주는 책임을 가져야 한다.

그리고 또 하나의 문제가 있다. 성직자와 평신도와의 관계이다. 사실 예수께서 다시 세상에 오신다면, 신부나 목사로 오시겠는가. 그렇지는 않을 것이다. 옛날의 제사장이나 서기관을 회상해 보면, 짐작할 수가 있다. 다시 오신다고 해도 우리 모두와 꼭 같은 인간(사람의 아들)으로 오실 것이다. 가장 많은 사람은 교역자가 아닌 평범한 평신도들이다. 어떤 선입견이나 편견도 없는 인간다운 인간으로 오실 것이다. 그렇다면 기독교의 중심 되는 인물이 있다면, 그는 누구여야 하는가? 가장 인간다운 인간으로서의 신앙을 지닌 예수를 대신하는 인물이어야 할 것이다. 신부나 목사보다는 세상 속에서 그리스도를 대신하는 사람일 수 있다. 그런 대표인물은 평신도 가운데 더 많을 수 있고, 또 그렇게 되어야 하늘나라가 건전하게 성취될 수 있을 것이다. 천주교에서는 신부와 평신도 사이에는 직책 이상의 차이가 있다. 그러나 주님의 입장에서 본다면, 그런 차이는 직책상의 차이일 뿐이다. 그 장벽을 허문 것이 개신교이다. 개신교에서는 엄밀히 따지면 신앙의 상하 관계나 주종 관계는 없다. 모두가 주어진 책임을 감당하면 된다. 그 점에서는 신부나 목사는 신도를 위해 있으나 신도들이 신부나 목사를 위해 있는 것은 아니다.

우리가 걱정하는 것은 지금도 많은 교회가 교회주의로 되돌아가려 한다는 사실이다. 목회자의 관심은 무엇인가. 목회자로서 성공하는 일이다. 교회 안에서 교회와 더불어 성공하려는 목적이다. 큰 교회는 교회가 크기 때문에 교회주의에 빠지며, 작은 교회는 교회를 키우고 유지하기 위해 교회주의자가 된다.

기독교의 진리란 무엇인가. 하나님께 영광 돌리기 위한 교리가 아니다. 하나님은 인간의 도움을 받아 영광을 더하는 차원의 존재가 아니다. 예수는 하나님께 영광 돌리는 것은 이웃을 위해 섬기고 희생하는 사랑이라고 가르쳤다. 기독교는 모든 인간이 안고 있는 문제에 궁극적인 해답을 주어야 한다. "무엇을 위해 어떻게 살아야 하는가"에 확신을 주어야 한다. 세상 사람은 그 해답을 얻기 위해 종교의 문을 두드리고 있다. 그것이 진리인 것이다. 기독교의 높은 뜻이 있다면, 그 진리는 우리의 연구나 지혜에서 주어지는 것이 아니고, 예수였던 그리스도의 가르침에서 주어지는 것이다. 그 교훈이 우리 모두의 인생관이 되고, 가치관이 되어야 하기 때문이다. 그 중심 되는 목표는 교회를 통해 참 신앙을 가진 많은 주님의 일꾼을 사회 모든 분야로 보내는 책임이다.

전 인격을 갖추고 주님을 받아들이는 사람은 그리스도의 제자가 되며 새로운 사명을 갖고 하늘나라 건설에 동참하게 되는 것이다.

이 책이 새 모습으로 태어날 수 있도록 협력해 준

기독교문서선교회와 두란노서원에 감사드립니다.

타자와 교정을 도와준 '생명의 전화' 이종옥 이사께도

고마운 뜻을 전하고 싶습니다.